新兴领域产业发展的机制与政策研究

张 强 王 波 著

科学出版社

北 京

内 容 简 介

推动海洋、太空、网络、生物、新能源等新兴领域产业发展，是推进经济高质量发展的重要抓手。本书以新兴领域产业发展为研究对象，紧紧结合国家战略需求，以解决新兴领域产业发展存在的体制性障碍、结构性矛盾和政策性问题为目标，以新兴领域产业发展的战略设计、产业发展机理与结构优化、产业示范区管理体制与运行机制、制度政策创新等为重点研究内容。通过本书研究，为加快我国新兴领域产业发展提供经验借鉴，为推进我国经济高质量发展提供决策参考。

本书适用于产业管理、区域经济、公共政策及相关领域科研人员使用，也可作为高等院校相关专业研究参考书。本书也可供相关领域理论研究学者、高校师生、政府决策机构相关人员及企业管理者阅读参考。

图书在版编目（CIP）数据

新兴领域产业发展的机制与政策研究 / 张强，王波著. —北京：科学出版社，2022.6

ISBN 978-7-03-063630-0

Ⅰ. ①新… Ⅱ. ①张… ②王… Ⅲ. ①新兴产业－产业发展－研究－中国 Ⅳ. ①F269.24

中国版本图书馆 CIP 数据核字（2021）第 200750 号

责任编辑：徐 倩 / 责任校对：贾娜娜
责任印制：张 伟 / 封面设计：无极书装

科 学 出 版 社 出版
北京东黄城根北街 16 号
邮政编码：100717
http://www.sciencep.com
北京虎彩文化传播有限公司 印刷
科学出版社发行 各地新华书店经销

*

2022 年 6 月第 一 版 开本：720×1000 1/16
2023 年 1 月第二次印刷 印张：11
字数：222 000
定价：126.00 元
（如有印装质量问题，我社负责调换）

前　　言

　　随着全球化发展出现回潮和贸易保护主义行为频频出现，依靠科技创新而形成的新兴领域产业成为国家安全和发展利益的拓展区，是世界大国争夺战略主动权的博弈区。目前，作为世界上最大的发展中国家，我国的新兴产业发展所依托的全球化带来的技术扩散红利显著弱化，与其他发达国家的正面竞争日益凸显。为适应国际竞争格局的变化，我国需全面推进多领域的新兴产业发展，形成具有全局性、长远性的新兴领域产业深度发展格局，这是加快国民经济社会发展和产业结构优化升级的必然要求，是提升我国新兴领域产业自主创新能力的根本途径，也是提升我国综合国力、增强我国国际竞争优势的必然选择。

　　近年来，我国在新兴领域产业发展上迈出了坚实步伐，取得了丰硕成果，极大促进了我国经济实力及国防实力的增长，但总体来看，目前我国新兴领域产业发展还存在发展程度低、范围狭窄、速度缓慢等问题，主要原因可归结为以下几个方面：首先是我国新兴领域产业发展战略设计不够完善，导致新兴领域产业发展需求没能很好地融入地方经济社会发展规划中，新兴领域产业发展未能充分利用地方经济社会发展成果；其次是产业结构不够优化，管理部门职能存在交叉，多头管理问题较为突出，在一定程度上阻碍了新兴领域产业的发展；再次是新兴领域"门槛"过高和创新能力不足，使得我国新兴领域产业的覆盖范围较窄，且未能消除产业壁垒，以致我国新兴领域产业创新示范区建设速度缓慢；最后是我国新兴领域产业相关政策制度和法规体系还不够完善，未能优化市场资源配置，减缓了我国新兴领域产业发展进程的推进速度。当前，我国在新兴领域产业发展的战略设计、产业发展机理与结构优化、示范区建设及相关制度体系的完善等方面的实践探索程度还不够深入，为建立符合我国实际的新兴领域产业发展模式，形成新时期新兴领域产业发展格局，还需要进行更加深入的探索研究。

　　首先，本书以新兴领域产业发展为研究对象，对新兴领域产业的概念及我国新兴领域产业进行了界定，在此基础上，本书基于文献研究法，借鉴国外发达国家经验，对比研究我国和发达国家新兴领域产业发展现状，深入剖析我国新兴领域产业发展困境，指明我国新兴领域产业发展遇到的现实瓶颈与未来发展方向。其次，本书深入研究我国新兴领域产业发展的战略环境及要点，明确我国新兴领域产业发展的主要目标，梳理我国新兴领域产业发展的战略方向，同时，在考察新兴领域产业发展战略与我国其他发展战略的内在联系的基础上，明确我国新兴领域产业发展战略的特点、要求和实施路径。再次，本书通过案例分析的方式，结合我国区域发展实际，对比研究国内新兴领域产业发展典型案例，深入剖析我国新兴领域产业结构的缺陷和发展机理上的不足，同时，总结发展经验，探索完善我国新兴领域产业结构和发展机理的有效路径；结合我国新兴领域产业创新示范区的建设现状，在统筹考察我国新兴领域产业发展成效的同时，明确我国新兴领域产业建设的特征和趋势，以国内较为典型的新兴领域产业创新示范区为例，深入剖析我国新兴领域创新示范区在管理体制、运行机制及内部企业自身等方面存在的不足，借鉴国外发达国家新兴领域产业发展的成功经验，针对我国新兴领域产业创新示范区在建设中存在的主要不足，提出相应的机制创新方案。最后，本书梳理我国不同时期新兴领域产业发展的政策制度体系，深入分析现阶段我国新兴领域产业政策制度体系存在的不足，明确我国现阶段新兴领域产业发展政策制度体系建设的主要目标，在此基础上，深入研究典型区域新兴领域产业政策的主要做法，总结典型区域新兴领域产业发展政策制度体系建设的成功经验，提出促进我国新兴领域产业发展的政策制度体系建议。

新兴领域是由认知域、物理域、信息域、产业域等综合构成的统一整体，在新兴领域可以通过设施共建、技术共用、信息共享等方式，有效推动经济建设和社会发展。本书立足于我国的实际情况，有针对性地提出促进我国新兴领域产业发展的路径与机制建议，对推进我国新兴领域产业健康快速发展、加快我国社会经济的高质量发展和供给侧结构性改革、增强我国综合国力、提升我国国际竞争力、探索符合我国实际的新兴领域产业发展道路都具有重要的战略意义。本书从理论上进一步扩展了产业管理与组织理论，丰富了新兴领域产业发展的研究体系；从实践上有助于变革社会生产力的构成要素，为保护国家安全和经济社会发展，提高国家对海洋、太空、网络、生物、新能源等新兴领域的控制能力提供发展思路与决策参考。

本书依托于国家自然科学基金项目"新兴领域军民融合产业发展的机制和政策研究"（71841042）。在本书即将出版之际，特别感谢西南科技大学廖成中副教授、廖方伟副教授、陈玉芳副教授悉心参与到章节的写作当中，感谢杨韵琪、刘真君、肖番、李安娅、韩珊等各位研究生对本书出版的努力与付出，同时要特别感谢对本书写作与出版给予指导和支持的西南科技大学各位领导与同事，希望本书的出版能够引起业界对于新兴领域产业发展的关注，并积极参与到新兴领域产业发展的研究当中。本书还只是一个探索性研究，由于著者水平、理论积累和工作经验有限，不足之处希望能得到各位专家的指点和帮助。

目　　录

第一章 绪 论

当今世界新技术、新产业迅猛发展，孕育着新一轮的产业革命，全球产业格局和国际分工体系正在发生深刻变化。2008 年金融危机以后，世界各国对经济危机的反思日益深刻，主要发达国家纷纷调整和优化经济发展战略，回归实体经济，积极培育和发展新兴产业，以抢先占领未来经济领域竞争的制高点，继续保持在新一轮国际产业分工中的优势地位。随着经济全球化进程的不断深化，科技创新已经成为国际竞争的主要内容，新兴经济体也纷纷出台发展战略和举措，努力实现向国际产业价值链高端的跃升。主要发达国家在经济领域的最新举措表明，发展新兴产业已经成为各国获取国际竞争新优势，掌握下一轮经济发展主动权的必然选择。

随着中国劳动力成本的持续上升，人口红利逐渐消失，资本边际收益递减，经济进入新常态，经济潜在增长水平出现回落。与此同时，中国承接国际产业转移步伐放缓，经济有效需求不足日益显现，产能过剩问题日益突出，加之经济发展正处于结构调整和转型升级的关键时期，因此，顺应信息化、工业化深度融合和"互联网+"的发展趋势，发展新兴领域产业是中国实现"中国制造 2025"，完成产业质态提升、提高国际竞争力的必然选择，更是中国经济高质量发展的内在要求。本章主要阐述新兴领域产业发展的基本内涵和理论、国内外对新兴领域产业的研究现状与本书的主要研究内容和方法。

1.1 新兴领域产业发展基本内涵

在当前国内外背景下，发展新兴领域产业已成为中国把握新一轮产业革命机遇，实现全球价值链跃升，提高国际竞争力，稳定经济增长，缓解发展矛盾，优化产业结构，实现"中国制造 2025"的迫切需求和必然选择。

1.1.1 新兴领域产业的内涵

新兴领域产业这一概念拥有丰富的内涵，学者普遍认为，新兴领域产业是以重大技术突破和发展需求为基础，对经济社会全局和长远发展具有重大引领作用，知识技术密集、物质资源消耗少、成长潜力大、综合效益好的产业。

新兴领域产业与传统产业的关系。新兴领域产业是相对于传统产业而言的，是动态变化的，一般处于产业生命周期的初期和发展期，是基于技术革新和市场需求的变化而产生的，依靠新的技术突破或现有技术的改造而发展，且具有地区差异的产业。新兴领域产业隐含着劳动的社会分工的新任务，代表了科学技术的产业化水平和产业结构转型的新方向，相比新兴领域产业，传统产业主要指劳动力密集型的、以制造加工为主的行业，传统产业与新兴领域产业可以相互转化，新兴领域产业特别是技术路径尚不明确的新兴领域产业，仍需要传统产业为其提供资本、技术、人才支持。

新兴领域产业与主导产业的关系。主导产业是指依靠科技进步和技术创新，通过比其他行业更快地获得成长，有力地促进其他相关产业或产业群的快速发展，处于上升期的产业形态。主导产业在产业体系中居支配地位，主要通过其关联带动效应实现，对整个产业体系的完善和发展起着基础性的主导作用，它与新兴领域产业的相同之处在于产业带动能力强，在促进自身发展的同时，能够有效拉动相关产业的发展。但主导产业属于产业生命周期的成熟期，不如新兴领域产业的科技创新优势明显。

新兴领域产业与基础产业的关系。基础产业是为其他产业及整个产业体系服务的基础，其与新兴领域产业的相同之处在于两者均对国民经济有着较大的贡献。两者的不同之处在于贡献的侧重点有所不同，新兴领域产业侧重于发挥未来产业的综合竞争优势，而基础产业则侧重于对一国经济的基础支撑，相比之下，基础产业的创新能力较弱。

新兴领域产业与战略性产业的关系。当前对战略性产业的界定主要包括以下两种观点：第一种观点认为战略性产业等同于主导产业，或扩大至与支柱产业的综合，指在一个国家和地区的国民经济中占比较高，在产业结构调整和经济发展中起基础性作用的产业。第二种观点是指在一国国民经济中对产业发展和结构调整起主导作用的产业。由此可见，与新兴领域产业相比，战略性产业不涉及物质资源消耗的多少，对科技创新的要求也不高。

新兴领域产业与高技术产业的关系。高技术产业的主要特征是技术密集、产品效益好。新兴领域产业与高技术产业的相同之处在于两者都是技术密集型产业，且两个产业具有较高的关联度。两者的不同之处在于高技术产业主要体现的是它的高科技含量，其在产业生命周期中的阶段可能是成熟期，也可能正处于萌芽期和发展期，与新兴领域产业相比，高技术产业的战略作用和主导作用不如新兴领域产业。

1.1.2　新兴领域产业发展的特征

新兴领域产业具有竞争性、带动性、创新性、发展性和碳减性等五大主要特征。竞争性主要指新兴领域产业的规模较大，影响深远，具有很强的竞争力，能够促进经济的全面发展。一是新兴领域产业能够促进经济增长,提升产业体系发展水平;二是新兴领域产业能够促进经济协调发展,解决就业问题,维护社会稳定。带动性主要指新兴领域产业在发展过程中,能够通过产业关联和溢出效应带动其他产业发展,促进区域经济发展水平的整体提升。创新性主要指新兴领域产业是产业与科技的综合体,也是创新活动的集中地。此外,新兴领域产业创新还包括发展模式、营销手段及政策机制上的创新。发展性包括三个层面的含义,第一层含义是新兴领域产业本身能够产生长期效益,对一国的经济发展意义重大;第二层含义主要指新兴领域产业是随着经济发展、科技进步的步伐而相应进行调整的;第三层含义主要指新兴领域产业拥有高成长性,未来的市场需求将稳定增长,产业发展的空间较大。碳减性是指新兴领域产业是节能、环保的产业,符合低碳、节能和降耗的属性,有利于产业的持续良性发展,更有利于整个产业体系发展水平和发展质量的持续提升。

1.1.3 新兴领域产业发展的范围

在不同的历史发展时期,我国的新兴领域产业存在着一定程度的不同。2009年底,战略性新兴领域产业确定工作启动,初步确定的领域主要包括新能源、节能环保、电动汽车、新材料、新医药、生物育种和信息产业等七大产业。"十二五"时期,国家组织成立了由国家发展和改革委员会(以下简称国家发改委)、科学技术部(以下简称科技部)、工业和信息化部(以下简称工信部)、财政部等20个部门组成的战略性新兴产业总体思路研究部际协调小组,在全国范围内展开调研后,研究起草了《国务院关于加快培育和发展战略性新兴产业的决定》(国发〔2010〕32号)和《"十二五"国家战略性新兴产业发展规划》,提出了包括节能环保、新一代信息技术、生物、高端装备制造、新能源、新材料、新能源汽车等七大战略性新兴产业的重点发展方向和主要任务。"十三五"时期,我国在网络信息领域和航空航天领域取得了举世瞩目的成就,2016年,国务院印发的《"十三五"国家战略性新兴产业发展规划》指出:"着眼全球新一轮科技革命和产业变革的新趋势、新方向,超前布局空天海洋、信息网络、生物技术和核技术领域一批战略性产业,打造未来发展新优势。"[①]《中共中央关于制定国民经济和社会发展第十四个五年规划和二〇三五年远景目标的建议》指出,"发展战略性新兴产业。加快壮大新一代信息技术、生物技术、新能源、新材料、高端装备、新能源汽车、绿色环保以及航空航天、海洋装备等产业"。新兴领域产业的时代性

---

① 国务院关于印发"十三五"国家战略性新兴产业发展规划的通知. http://www.gov.cn/zhengce/content/ 2016-12/19/content_5150090.htm[2021-09-24].

和先进性更强。随着全球新兴科技发展和国际格局与环境的深度变化，我国经济进入新发展阶段，"十四五"时期将是新兴领域产业发展的重要机遇期。

1.2 新兴领域产业发展基本理论

产业发展理论是研究产业发展过程中所展示出的发展规律、发展周期、产业发展影响因素、产业转移、资源配置及产业发展政策的理论。其中，对产业发展规律的研究是产业发展理论的重点研究对象。通俗地讲，产业发展理论就是根据产业发展的相关规律来制定相应的战略，以便促进产业的发展。产业发展规律是指在某一产业发展的各个阶段中所表现出来的特点，以及发展过程中所需要的条件和环境因素，根据这些规律我们就要采取合适的发展策略。综上所述，为了更好地提升产业的竞争力，促进其发展，推动国民经济的平稳较快上升，深入研究产业发展规律是我们的必经之路。

1.2.1 产业结构理论

产业结构理论主要涉及社会再生产过程中一个国家或地区的产业组成，即资源在产业间的配置状态，产业发展水平，以及产业间的技术经济联系。通俗地讲，产业结构理论主要研究资源在产业间的配置状态，可以从以下两个角度对其进行考察：一是从"质"的角度动态地揭示产业间技术经济联系与联系方式不断发生变化的趋势，揭示经济发展过程中起主导或支配地位的产业部门不断替代的规律及其"结构"效益，从而形成狭义的产业结构理论；二是从"量"的角度静态地分析和研究一定时期内产业间联系与联系方式的技术经济数量比例关系，即产业间投入与产出的量的比例关系，从而形成产业关联理论。广义的产业结构理论包括狭义的产业结构理论和产业关联理论。

1.2.2 产业集群理论

产业集群理论是 20 世纪 80 年代出现的一种西方经济理论，其是由美国哈佛商学院的竞争战略和国际竞争领域研究权威学者麦克尔·波特创立的。其内涵是：在一个特定区域的一个特别领域，集聚着一组相互关联的公司、供应商、关联产业和专门化的制度与协会，通过这种区域集聚形成有效的市场竞争，构建出专业化生产要素优化集聚洼地，使企业共享区域公共设施、市场环境和外部经济，降低信息交流和物流成本，形成区域集聚效应、规模效应、外部效应和区域竞争力。

产业集群的研究主要集中在产业集群的机理、技术创新、组织创新、社会资本及经济增长与产业集群的关系研究、基于产业集群的产业政策和实证研究方面。国内外学者从不同方面研究产业集群，但仍然没有形成系统的理论体系，国外的研究偏重实证分析并在此基础上的归纳，而且关于产业集群的研究大多以研究论文的形式出现，缺乏系统研究的专著。归纳起来，产业集群的存在和发展主要有以下三方面的依据。

1）外部经济效应

在产业集群里，企业与企业之间的分工和合作得到了进一步的深入开展，集群内企业的生产效率也取得了长足的进步。这样就使得整个集群的竞争力大大提高，形成了一种极具优势的外部经济效应。

2）空间交易成本的节约

空间交易成本包括运输成本、信息成本、寻找成本及合约的谈判成本与执行成本。由于集群内的企业同属一个集群，对于信用机制的建立更加方便快捷，以及相互地理位置的邻近，使得企业的空间成本大大降低。

3）学习与创新效应

集群内企业间的良性竞争及企业技术的外溢都会在集群内形成一种创新效应，促进企业间的相互交流与学习，推动技术的发展与进步，使集群在其领域获得更多的竞争优势。

1.2.3　产业组织理论

产业组织理论是产业发展理论的一个重要组成部分。产业组织通常是指生产同类产品的企业或具有密切替代关系的企业之间的组织或市场关系。这种企业之间的市场关系主要包括交易关系、行为关系、资源占用关系和利益关系等。产业组织理论研究的核心内容是，通过比较现实的市场状况与严格竞争的市场之间的差距，分析产业内部企业与企业之间的竞争和垄断行为，以及由此而产生的各类经济问题。产业组织理论主要是对结构-行为-绩效的框架分析，该框架主要涉及三个方面：市场结构分析、市场行为分析和市场绩效分析。

1）市场结构分析

正确理解市场结构的前提是要了解市场。市场是从事商品买卖或交易的场所和领域，是厂商集合和消费者集合的场所。市场结构则是指卖者之间、买者之间，以及买者与卖者之间的力量对比关系，或相互竞争的厂商之间的规模分布状态。市场结构的核心内容是竞争与垄断的关系，主要体现在厂商的规模分布上。市场结构分为完全竞争的市场结构、完全垄断的市场结构、垄断竞争的市场结构、寡头垄断的市场结构。市场结构的影响因素包括市场集中度、产品的差别化、市场进入和退出的壁垒、市场需求的增长率、市场需求的价格弹性等。

2）市场行为分析

市场行为是指企业综合考虑市场供求条件，为实现既定目标而采取的各种决策行为，主要分为市场竞争行为和市场协调行为。市场竞争行为可以进一步细分为定价行为、广告行为和兼并行为；市场协调行为可以分为价格协调行为和非价格协调行为。市场协调行为是指同一市场上的企业为了某些共同目标采取的相互协调的市场行为，而它的细分类中，价格协调行为是指企业间关于价格调整的协定和共同行为，非价格协调行为是指企业间通过协定或默契形成的价格调整之外的各类共同行动。

3）市场绩效分析

市场绩效是指在一定市场结构中，由一定的市场行为所形成的在价格、产量、成本、利润、产品质量和品种及技术进步等方面的最终经济成果。产业组织理论对市场绩效的研究主要关注两个方面，一方面是对市场绩效本身进行直接描述和评价，另一方面是研究市场绩效与市场结构和市场行为之间的关系。

1.3 国内外研究现状

国内外针对新兴领域产业的相关研究主要聚焦于新兴领域产业内涵特性、影响因素、发展评价、发展模式及对策建议等。

1.3.1 对新兴领域产业内涵特性的研究

著名经济学家罗斯托最早提出"主导产业"的定义，根据经济发展的"六阶段论"，罗斯托提出在经济发展的每一个阶段都由主导产业主导着经济发展，经济增长及结构优化的过程就是主导部门变更与替代的过程。战略性产业是经济学家赫希曼最早提出的，他认为一国的经济体系中存在一个投入与产出关联度最高的产业，即"战略性产业"。Blank（2008）认为由于存在不确定性，新兴领域产业往往是处于产业发展初期阶段且充满未知性的产业，新兴领域产业的产品需求尚不明确、增长潜力也不确定。Yu 和 Liu（2016）明确指出新兴领域产业具有战略性、不确定性、复杂性与正的外部性等四个显著特征，在此基础上他们指出新兴领域产业的产业关联度和辐射带动作用大，在技术、市场和组织等方面存在不确定性，涉及的基础性研究将带来较强的外部性，在产业分工、产业技术及产业化各个环节上比较复杂。高友才和向倩（2010）指出新兴领域产业具有"五力"（引领力、创新力、持续力、集约力、聚集力）特征：引领力主要指新兴领域产业能够引领未来产业发展方向，对一国经济增长和相关产业产生较强的带动与促进作用；创新力主要指新兴领域产业能够在科技领域、产业组织和产业结构等方面实现创新和突破；持续力主要指新兴领域产业的生命周期较长，有稳定的发展前景和市场需求；集约力主要指新兴领域产业具有低能耗和低污染的特性，能够实现生产的低碳化和集约化；聚集力主要指新兴领域产业的产业链较长，带动面较广，能够有效形成产业集聚和产业集群。吴传清等（2010）总结出新兴领域产业具有全局性、潜导性和联动性等三个显著特性：全局性主要指新兴领域产业对一国经济增长的贡献较大，能有效带动社会技术进步，提升本国竞争力，事关国家经济和社会发展大局；潜导性主要指新兴领域产业是一国未来经济增长的风向标，产业发展具有很好的政策导向作用；联动性主要指新兴领域产业的产业带动力强，关联度较高，产业链较长，具有较强的就业吸纳和就业创造能力，能够有效拉动配套产业与相关产业的发展。林学军（2012）概括了新兴领域产业的另外五个特性——导向性、创新性、外部性、地域性、风险性：导向性主要指新兴领域产业代表了未来发展方向；创新性主要指新兴领域产业代表了高新技术的发展方向；外部性主要指新兴领域产业对相关产业的带动作用和对经济的促进作用；地域性主要指不同地区的新兴领域产业应该有所不同，要凸显本地的资源优势和特殊条件，因地制宜；风险性主要指新兴领域产业尚不成熟，可能带来较大的风险。宋大伟（2021）认为发展新兴领域产业，发挥其对经济社会转型的支撑性和保障性作用，对创新驱动发展的先导性和引领性作用，以及对扩大就业创业的关联性和带动性作用，有助于全面提高我国产业竞争水平、综合经济实力和国际分工地位。

1.3.2　对新兴领域产业影响因素的研究

贾建锋等（2011）在分析沈阳新兴领域产业发展的基础上，认为有四个因素是推动新兴领域产业发展的主要影响因素，即产业政策、市场需求、资源优势和科技创新，因此发展新兴领域产业必须综合考虑本地的资源禀赋情况、科技基础实力、政府支持力度、市场需求情况与资本支持情况等多方面的因素。Xu 和 Wang（2015）提出资本投入和金融体系是发展新兴领域产业的基本保障，新兴领域产业的发展受主导产业变迁因素的影响。陈锦其和徐明华（2013）研究指出新兴领域产业是科学技术和市场需求的统一体，既代表着科技进步的方向，又代表着市场需求的方向。王新新（2011）则认为发展新兴领域产业必须以市场为导向，按照市场经济的规则发展。姜大鹏和顾新（2010）明确指出发展新兴领域产业需要完善资本管理体制和人才培养机制，并提出企业规模也是影响新兴领域产业发展的动力因素。刘可文等（2021）分析指出新兴领域产业的形成与发展是内因与外因共同推动的结果，在新兴领域产业发展初期需要政府的大力支持和引导，在新兴领域产业的成长期需要市场与政府的共同作用，在新兴领域产业成熟期则必须依托市场机制，自行发展。总体来看，既有研究均认为政府政策与市场机制是影响新兴领域产业发展的最根本因素。

1.3.3　对新兴领域产业评价体系的研究

关于新兴领域产业选择基准的研究。Chen（2015）提出新兴领域产业的培育和发展不仅受基础资源禀赋与产业结构等要素的影响，还受到科技创新的重要影响，通过研究得出自主创新技术进步、产品的推广应用和自主创新政策的落实是培育与发展新兴领域产业的前提条件。刘洪昌（2011）指出新兴领域产业的选择要遵循国家意志、产业关联、就业吸纳、持续发展、技术创新和市场需求等六个原则，国家意志主要指一国未来一定时期内产业重点发展方向；产业关联主要指要考虑产业的产业链条和横向带动能力；就业吸纳主要指新兴领域产业的选择要考虑就业等社会效益；持续发展主要指选择新兴领域产业要考虑对经济发展的可持续性；技术创新主要指选择的产业必须具有科技含量高、自主创新强的特点；市场需求主要指产品的国内外市场需求要充足。程宇和肖文涛（2012）通过研究地方政府新兴领域产业的选择，提出了新兴领域产业的选择标准：一是符合本地资源禀赋特征；二是对相关产业具有明显的拉动效应；三是有利于产业创新和制度创新的实现；四是有利于发挥区域内的产业总体优势；五是有利于提高本地的总体竞争力。武瑞杰（2012）从结构调整的角度提出了选择新兴领域产业的六个标准，即节能效应、区位规划、区域优势、地域发展特征、科技贡献及相关安全措施，并指出按照这一标准构建的评价体系，能够有效选择目标产业。

关于新兴领域产业指标体系和评价的研究。一套先进有效的评价方法可以为新兴领域产业发展规划、产业政策制定提供科学合理的依据。当前学者对新兴领域产业范围的认识并不统一，相关学者从不同角度对新兴领域产业发展评价指标体系进行了初步研究。Sun 等（2014）基于主成分分析法和层次分析法构建新兴领域产业评价模型，并从四个层面构建新兴领域产业评价指标体系，具体包括基础层面、创新层面、激励层面和政策层面等内容。刘嘉宁（2013）在分析新兴领域产业评价指标体系的基础上，认为新兴领域产业评价指标体系的构建，首先要考虑到新兴领域产业的特征，其次要考虑到新兴领域产业对区域产业结构优化升级的推动路径，从而在此基础上得以综合构建，并采取模糊分析法和层次分析法综合构建评价模型。贺正楚和吴艳（2011）在对主导产业进行评价的基础上，提出了新兴领域产业的评价指标体系，包括 4 个一级指标和 27 个二级指标,并以此对湖南省的新兴领域产业进行选择评价,验证了评价指标的适用性和可行性。李勃昕和惠宁(2013)则根据新兴领域产业的特性,建立了 5 个一级指标和 10 个二级指标的评价体系,主要包括禀赋条件、基础条件、创新能力、政策条件和市场需求等内容,并利用熵值法明确各项具体指标的权重,在灰色关联分析的基础上,构建对新兴领域产业进行评价的基本模型。胡振华等(2011)使用主客观相结合的方法确定指标权重,用主成分分析法确定各级评价指标的客观权重,用层次分析法确定各级评价指标的主观权重,并据此综合赋权,明确地区新兴领域产业的选择领域。总的来看,现有研究总结了选择新兴领域产业的不同标准,并分别采用不同的分析方法对新兴领域产业进行选择,但未涉及对现有新兴领域产业发展情况的定量评价。

1.3.4 对新兴领域产业发展路径的研究

关于新兴领域产业与产业优化升级的研究。关于区域产业升级的方式,Yao 和 Bao(2014)对发展中国家的产业升级路径进行了深入研究,提出发展中国家的产业升级实质上是以国际贸易为基础的产业优化,而发展中国家产业优化的主要方式是沿着全球产业价值链向上延伸。与此同时,市场需求、就业结构、科技创新、制度体系和资源禀赋等条件也会对发展中国家产业优化升级产生重要影响。从产业优化升级的助力上看,彭苏萍(2017)认为技术进步是影响产业结构优化的最主要因素,其可以对国民经济产生正的效应,一是技术进步提高了某些产业的生产效率,使得资本和劳动力等基础因素向该部门流动;二是技术进步也在一定程度上刺激了大众对新产品的需求,并以此促进新兴领域产业比重的提高,使产业结构得到优化。董树功(2013)通过研究指出,传统产业与新兴领域产业应该是协同发展的有机体,通过技术进步和基础资源的转移,两者能够实现相互促进和协调发展。周震虹等(2004)在分析新兴领域产业与传统产业的战略关系之后,建立了两者耦合发展的评价体系和评价模型。姜泽华和白艳(2006)认为有四种主要因素影响着产业结构的优化升级,即制度安排、社会需求、资源禀赋和科技进步,其中,制度安排是保障,社会需求是根本发展动力,资源禀赋是产业结构优化的根本基础,科技进步是产业结构优化的技术支持。

关于新兴领域产业与创新的研究。国内学者普遍认为创新是新兴领域产业发展的核心动力,只有创新能够支撑新兴领域产业的持续发展。安虎森和朱妍(2003)基于中国高新技术产业发展经验证据,对比分析了国有企业与私有企业的研发行为,通过研究认为,政府的资金投入在一定程度上对企业研发产生了挤出效应,并不能充分调动企业研发的主动性和积极性,但对于私有企业而言,政府的研发投入能在一定程度上刺激其加大研发经费投入力度。纪晶华和许正良（2013）在深入研究的基础上，得出发展新兴领域产业必须依靠先进适用的核心技术，而这一技术并非来自国外的引进或是简单模仿，而是必须依靠企业的自主创新。陆国庆（2011）针对上市公司数据进行实证分析，发现创新对新兴领域产业的促进作用是明显的，且其在市场和企业业绩上都显著强于非新兴领域产业上市公司。创新的绩效程度与产品利润、创新环境和研发投入呈正相关性，尤其是与产品利润的相关关系十分显著。吴福象和王新新（2011）从人力资本的角度对新兴领域产业的创新效果进行实证分析，并据此提出发展新兴领域产业的建议，即企业应当注重产业规模化，走集团式发展的道路，应当注重产品新型化，以及目标市场的细分。

关于新兴领域产业发展模式的研究。喻登科等（2012）在分析中国经济发展现实的基础上，提出了新兴领域产业的集群式发展路径，具体而言，新兴领域产业的集群发展要结合不同地区的发展环境和市场需求，采取不同的发展路径，包括多核模式、单核模式和星形模式等。乔玉婷和曾立（2011）从国防建设的角度提出了新兴领域产业的具体发展模式，认为发展新兴领域产业要充分考虑军队需求，并充分利用现有的国防资源，瞄准军用和民用两个市场，实现新兴领域产业的融合式发展道路。涂文明（2012）在分析研究的基础上也提出了新兴领域产业的集聚发展模式，认为产业的集聚包括三个层次，即国家集聚、区域集聚和产业集聚，在此基础上提出了新兴领域产业的三种发展模式，即技术创新模式、高新区模式及创新联盟模式。林学军（2012）提出了三种新兴领域产业的发展模式，即融合式、裂变式和嫁接式。融合式主要指传统产业与高新技术全面结合，针对传统产业的各个环节，利用高新技术提升和改造传统产业；裂变式主要指在传统产业中融入新技术，在传统产业的设计、生产等环节向外衍生出新的分工，使得传统产业向新的关联产业或上下游产业发展；嫁接式主要指基于科技领域全新的高新技术，发展新兴产业新领域。王利政（2011）从技术生命周期和技术水平的国际比较优势的视角，分析了在起步、成长、成熟等不同阶段发展新兴领域产业所需的发展模式。申俊喜（2012）主张当前发展和培育新兴领域产业必须坚持研发优先与技术驱动，而不是投资拉动，必须以强大的研发能力去支撑核心技术的实质突破和实现企业的自主知识产权，并提出在产业发展的不同时期选择不同的产学研创新模式，明确产学研创新的目标定位与发展重点，此外，要科学严谨地制定新兴领域产业发展路线图，以增强企业技术创新的动力和能力。刘志彪（2012）基于全球价值链角度对新兴领域产业进行分析，明确提出新兴领域产业不是低端的"加工制造业"，必须从全球生产链的站位寻求新兴领域产业的发展方向和对策，具体包括创新链、产业链、价值链、生态链和服务链等五个方面的内容。

关于新兴领域产业发展载体的研究。杜占元（2010）认为高新区是新兴领域产业的主要载体，并据此提出有针对性的对策建议：强化辐射和带动作用，搭建公共服务平台，制定良好的人才发展环境，实现地区经济发展的增长目标。王晓阳（2010）认为高新区是新兴领域产业集聚发展的主要载体，这主要是由于高新区特别是国家高新区在产业发展环境、人力资本和产业集群等方面拥有较大优势。陈清泰（2010）通过研究指出，国有企业是新兴领域产业发展的重要支撑，中国国有企业必须充分发挥自身优势，积极展开新兴领域产业布局，研究新技术，开发新产品，实现产品结构优化升级，提高企业自身的竞争力。

总的来看，对于新兴领域产业与产业升级，国内外学者普遍认为发展新兴领域产业必须与传统产业相互融合共同发展。关于新兴领域产业与技术创新，学者普遍认为技术创新是产业发展的基础驱动因素。关于新兴领域产业的发展模式，学者阐述了技术创新和技术追随模式、区域集聚发展模式，以及产业链发展模式。关于新兴领域产业的发展载体，学者认为高新区是新兴领域产业集聚与新兴领域产业发展的主要载体。

1.3.5 对新兴领域产业发展保障机制的研究

关于新兴领域产业发展中政府定位的研究。现有研究普遍认为政府应在新兴领域产业的培育和发展过程中起到重要作用，并分别从不同角度明确政府的战略定位。汪文祥（2011）指出各地纷纷利用财政政策投入代替市场引导机制是非理性的，有必要明确政府在发展新兴领域产业中的边界和范围。郭晓丹等（2011）指出中国现有新兴领域产业企业创新动力严重不足，特别需要政府对企业的大力创新尤其是基础领域的研究提供财政等支持。时杰（2010）认为政府政策的支持是发展新兴领域产业的保证，因此政府必须注重对企业的发展引导和对市场的培育，尤其是在新兴领域产业正处于起步阶段时，更应加强政府扶持力度。

关于财政政策促进新兴领域产业发展的研究。多数学者认为财政政策对于新兴领域产业的发展意义重大。杨思辉和黎明（2011）基于税收的角度进行研究，得出税收优惠可以降低企业成本的结论，认为税收优惠可以降低产品价格，扩大市场需求，促进企业的生产，并最终实现产业结构优化。陆国庆等（2014）认为财政补贴是发展新兴领域产业的又一重要手段，利用证券市场作为研究样本和系统数据，构建了包含外溢效应的超越对数模型，对中国新兴领域产业补贴的实际效果进行研究，研究发现，政府对新兴领域产业的补贴绩效是显著的，对创新的外溢效应也是显著的。

关于科技创新促进新兴领域产业发展的研究。黄海霞和张治河（2015）采用数据包络分析（data envelopment analysis，DEA）方法，从投入与产出角度对 2009～

2012 年中国新兴领域产业的技术水平开展实证研究，结果显示，中国新兴领域产业的科技资源配置效率正在不断提升，但尚未实现最优，且不同产业之间与同一产业内部之间仍存在较大差异。武建龙等（2014）从模块化角度分析新兴领域产业技术创新的特征，以及实现技术突破的动力机制，通过综合理论分析，构建了新兴领域产业突破性的技术创新路径，并提出了不同路径之间的差异与适用条件。王雷和詹梦皎（2014）以中国 140 家新兴领域产业上市企业为样本，构建了固定效应的模型，通过实证分析，研究了政府补贴、专项资助与公共资本、薪酬激励等的交互作用，以及对企业研发（research and development，R&D）投入和创新的影响，得出了优化公共资本支出可以明显提高产业创新水平的结果。

　　既有研究对如何发展新兴领域产业得出了一定的共识，即必须通过政府政策和科技创新支持新兴领域产业的发展，但目前有关新兴领域产业的政策研究还缺乏针对性和系统性，尚未形成有效支撑新兴领域产业发展的政策保障体系，因此，有必要在借鉴国外先进经验的基础上，探索中国新兴领域产业发展的路径，有针对性地提出中国新兴领域产业发展的政策保障体系。

　　综上所述，国内外学者围绕新兴领域产业相关理论进行了大量研究，不同学者针对不同的研究方向提出了不同的对策建议。与此同时，既有研究对新兴领域产业的理论基础不断深化，研究方法不断扩充，且重视与中国经济实际发展情况相结合，为新兴领域产业研究做出了重要工作。但从目前研究状况看，现有研究内容相对存在碎片化问题，尤其是针对新兴领域产业发展的机制与路径的研究仍然缺乏系统性，具体表现为以下几个方面。

　　第一，新兴领域产业发展的战略设计不足。如何推动海洋、太空、网络、生物、新能源等新兴领域产业发展，从战略层面设计出推进新兴领域产业发展中各地区、各部门落地生根的具体举措，目前尚未形成多位一体、协同推进、跨越发展的战略路径方向。

　　第二，新兴领域产业发展的机制与路径有待进一步细化。现有研究仅提出了发展新兴领域产业的几种实现途径，但对如何实现这一路径及实现这一路径的保障机制未进行全面探求。发展新兴领域产业不仅必须充分考虑产业发展特性，还必须遵循产业成长的基本路径。新兴领域产业发展不是一蹴而就的，不能脱离新兴领域产业发展实际，必须充分考虑中国经济发展的实际情况，结合产业发展规律，深化新兴领域产业发展的路径。

　　第三，新兴领域产业发展的政策体系有待进一步完善。以新兴领域产业发展为研究对象，紧紧结合国家战略需求，如何解决新兴领域产业发展存在的体制性障碍、结构性矛盾和政策性问题及瓶颈，为区域新兴领域产业科学、高效发展提供经验借鉴，为推进我国经济高质量发展、扩宽新兴领域产业发展领域和促进地区经济建设提供决策参考，是当前研究亟须努力的方向。

1.4 本书主要研究内容与方法

1.4.1 本书研究内容

本书主要以新兴领域产业为研究对象，在对比研究我国和发达国家新兴领域产业发展现状的基础上，深入剖析我国新兴领域产业的发展困境，以新兴领域产业的发展战略设计、产业结构优化、运行管理机制创新和政策制度改良为主要切入点，对目前我国的新兴领域产业的发展及新兴领域产业创新示范区的建设提出了一些建设性的思考和建议。全书的主要研究内容可细分为以下几个主要部分。

1）研究我国和发达国家新兴领域产业发展现状，深入剖析我国新兴领域产业的发展困境

结合国外发达国家的实际情况，基于文献研究法，深入探索国外发达国家新兴领域产业的发展现状，总结国外发达国家新兴领域产业的发展机制及发展规划、制度与政策的特点，为我国新兴领域产业的发展提供借鉴。同时，也基于文献研究法，对比国外发达国家的新兴领域产业的发展，深入研究我国新兴领域产业发展情况，剖析我国新兴领域产业发展中存在的不足和发展困境，指明我国新兴领域产业的建设方向和发展所需要解决的主要问题。

2）研究我国新兴领域产业的发展环境和要点，以及我国新兴领域产业发展战略

在明确了我国新兴领域产业建设方向的基础上，深入研究我国新兴领域产业发展的环境及要点，明确我国新兴领域产业建设的主要目标，进而设计出我国新兴领域产业建设的发展战略。同时，考察新兴领域产业发展战略与我国其他发展战略的内在联系，明确我国新兴领域产业发展战略的特点、要求和实施路径。

3）研究我国新兴领域产业的发展机理，提出产业结构和发展机理的优化策略

采用文献研究的方法研究新兴领域产业的内在结构和发展机理，通过研究新兴领域产业发展和其他区域经济建设的内在联系，深入剖析我国新兴领域产业结构的缺陷和发展机理上的不足。同时，采用案例研究的方式，深入研究国内外新兴领域产业发展典型案例，总结发展经验，探索完善我国新兴领域产业结构和发展机理的有效路径。

4）研究我国新兴领域产业创新示范区的建设情况，提出其管理体制和运行机制创新路径

深入研究我国新兴领域产业创新示范区的建设现状，综合评价建设成效，明

确我国新兴领域产业建设的特征和趋势。同时，采用案例研究的方式，以国内较为典型的新兴领域产业创新示范区为例，深入剖析我国新兴领域产业创新示范区在管理体制、运行机制及内部企业自身等方面存在的不足，借鉴国外发达国家在新兴领域产业建设上的成功经验，针对我国新兴领域产业创新示范区建设中存在的主要不足，提出相应的机制创新方案。

5）研究我国新兴领域产业现有政策制度体系建设情况，提出政策制度体系建议

沿着历史脉络对不同时期我国新兴领域产业政策制度体系展开研究，深入分析现阶段我国新兴领域产业政策制度体系中存在的不足，明确我国现阶段新兴领域产业政策制度体系建设的主要目标。同时，本书运用案例研究的方式，深入研究国内外典型区域的新兴领域产业政策制度体系，总结典型区域新兴领域产业政策制度体系建设的成功经验，探索提出值得我国推广的新兴领域产业政策制度体系建设改良建议。

1.4.2　本书研究方法

本书将理论与实证研究相结合，综合产业发展理论、决策科学、公共政策的研究成果，运用产业经济、组织管理、技术经济、知识管理、多目标决策等手段，发挥管理科学和公共政策的学科交叉合作研究的优势，充分利用现有的先进理论和方法，采用基于文献研究、实地调研、案例研究及规范实证研究相结合的方式开展研究。

首先，基于文献研究方法，广泛搜集文献资料，系统梳理国内外典型区域新兴领域产业发展现状、主要发展趋势及面临的主要挑战，结合我国新兴领域产业发展实际，确定研究重点和研究方向。

其次，基于文献研究与调查研究方法，广泛搜集国内外文献资料，总结世界主要国家新兴领域产业发展的成功经验、主要做法和存在的主要问题，对各主要国家的做法进行比较分析，研究新兴领域产业发展的运行机理，提出符合我国实际情况的新兴领域产业发展结构优化策略。

再次，基于调查研究和案例研究方法，走访调研全国典型区域新兴领域企业，深入了解新兴领域产业发展现状、创新示范区运行经验及发展中存在的问题。

最后，基于实证研究与规范研究方法，结合国内外经验和做法，根据实地走访调研情况，分析、总结、创新研究新兴领域产业发展机制和政策，对我国新兴领域产业发展的机制与政策体系提出建议。

第二章 国外新兴领域产业发展趋势

2.1 国外新兴领域产业发展现状

新兴领域是国家安全和发展利益的拓展区，是世界大国争夺战略主动权的博弈区，谁能占领先机、最先在此领域取得突破，谁就能占据战略主动权。随着网络、太空、人工智能、生物技术等高科技的蓬勃兴起，国家安全和发展利益逐渐超出传统领土、领海、领空范围，开始向深海、深空、网络、生物、核能源等新兴领域拓展。世界发达国家围绕这一领域战略主导权的争夺，展开了激烈竞争博弈，掀起了新一轮全球公域"圈地运动"。

2.1.1 美国新兴领域产业发展现状

海洋、太空等全球公共区域空间是美国 21 世纪安全战略重心，美国为了获得新的不对称战略优势，继续维持其霸权地位，提出了全球公域概念。在新兴领域产业发展方面，美国市场机制较为健全，各阶段主导产业的成长主要依靠市场的力量自发完成。但是，这并不意味着政府毫无作为，相反，美国政府在新兴领域产业发展过程中推行了成效显著的促进政策。2008 年爆发的国际金融危机，使美国重新认识到发展实体经济的重要性，并提出"再工业化"战略。此后，美国政府不断提高对某些新兴领域产业的支持力度，主要有新能源、新一代信息技术、新材料、先进制造业等领域。通过对这些重点领域产业发展的支持来促进经济的发展。

近年来，美国政府十分强调新能源、干细胞和宽带网络等产业的技术开发与产业发展，这显示出美国正以新兴领域产业发展为驱动力，发动一场新的经济、技术、环境和社会的总体革命。20 世纪后半期，美国经济的持续发展得益于电子、信息、生物和新材料等一系列新兴技术的发展和应用。在所有新兴领域产业中，美国尤其重视新能源领域的发展，计划依靠科学技术开辟能源独立新路径。2009 年 2 月，美国总统奥巴马签署《2009 美国复苏与再投资法案》，推出了总额为 7870 亿美元的经济刺激方案。其中，科研基建、可再生能源及节能项目、医疗信息化分别投入 1200 亿美元、199 亿美元、190 亿美元；在科研基建计划中，新能源和提升能源利用率项目占 468 亿美元。美国政府将投入 1500 亿美元来资助替代能源的研究，重点发展混合燃料动力汽车、下一代生物燃料等产业；在医药和生物科学领域，美国政府解除了对胚胎干细胞研究方面使用政府资金的限制。2011 年政府用于国家健康研究机构的生物医药资助由 10 亿美元提高到了 321 亿美元。此外，在节能环保、新能源汽车、航空航天业等领域亦加大研发投入，采取税收补贴等方式推动其发展。美国在发展新能源的过程中，坚持政府牵动、市场拉动和科技推动三者联动，其中的核心环节则是政府的相关政策。政府借助税收补贴等手段，利用杠杆效应撬动社会资本在新能源领域的投资，还采取了组建公私合营企业探索清洁煤技术的商业化模式等一系列措施，推动民间参与科技开发和利用，以保持美国的创新活力和经济增长。

美国是信息技术产业的高地，长期处于行业发展的领头羊地位，拥有谷歌、微软、苹果、亚马逊、IBM、英特尔、思科等国际领先的信息技术企业。在下一代信息技术领域，美国确定了下一代互联网、云计算、物联网等重点研究领域，通过实施"国家宽带"计划、"联邦云计算"战略、"星云"计划、"智慧地球"战略等来继续保持美国在这一领域的领先地位。新材料是现代科技发展之本，是提升先进制造业水平的重要基础。美国早在 1991 年就把新材料列为影响经济繁荣和国家安全的六大关键技术之首。美国发展新材料产业的特点是以国防部和国家航空航天局的大型研究与发展计划为龙头，主要以国防采购合同形式来推动和确保大学、科研机构与企业的新材料研究和发展工作。在信息技术产业和新材料产业等新兴领域发展过程中，美国特别重视构建创新型政府和创新型社会网络结构来保障新兴领域产业发展的市场环境，营造有利于新兴领域产业发展的创新生态，驱动新兴领域产业发展。2015 年 10 月，美国国家经济委员会（National Economic Council，NEC）与白宫科技政策办公室（Office of Science and Technology Policy，OSTP）联合发布了 2015 版《美国国家创新战略》，提出要借助人才、创新思维和技术工具的合理组合，建设创新型政府，为美国民众提供更好的服务；同时，美国政府还将通过建设一流的现代化科研基础设施，建设高质量的科学（science）、技术（technology）、工程（engineering）、数学（mathematics）教育体系，加强创新激励，支撑新兴领域产业发展。

2.1.2 欧盟新兴领域产业发展现状

欧盟也在加速投资新兴领域产业创新。与美国努力探寻新的可利用能源不同，欧盟各国纷纷把发展的重点放在了本土已有的优势产业上，希望通过提高绿色能源的利用率、开展低碳环保技术研发和结合本国特点促进经济发展。金融危机爆发之后，欧盟委员会制订了一项发展"环保型经济"的中期规划，将筹措总金额为 1050 亿欧元的款项，在 2009～2013 年的 5 年时间中，全力打造具有国际水平和全球竞争力的"绿色产业"，初步形成"绿色能源""绿色电器""绿色建筑""绿色交通""绿色城市"（包括废品回收和垃圾处理）等产业的系统化和集约化，为欧盟的发展提供持久的动力，并以此作为欧盟产业调整及刺激经济复苏的重要支撑点，为欧盟在环保经济领域长期保持世界领先地位奠定基础。欧盟将低碳经济列为新兴领域产业发展的重点，期望能够带动经济向高能效、低排放的方向转型。在促进绿色产业发展方面，欧盟实行灵活的市场机制与严格的法律制度相结合，在鼓励低碳发展的政策上不断推陈出新，制订了很多具有法律约束力的计划，以保证欧盟节能与环保目标的实现。对于发展新兴战略产业，欧盟根据自身比较优势，选取有限少数产业领域给予财税金融的重点支持，主要包括机械装备制造产业、信息通信技术产业、民用飞机制造产业、新能源产业和新能源汽车产业等；对重点产业领域的研发给予持续的财政投入支持，并随着产业发展市场成熟度调整研发支持力度；通过资本投入、优惠贷款、产品补贴等方式对重点产业给予财税金融的综合支持；注重对重点产业领域的联合研发合作和财政金融支持。

德国在欧洲经济中具有举足轻重的地位，它的行为往往会影响整个欧洲。进入 21 世纪以来，各国争夺科技制高点的竞争更加激烈。面对未来的挑战，德国的战略目光放在"创新"上面。在发展新兴领域产业方面，德国政府非常注重战略与规划对创新活动的宏观引领，注重发挥战略计划的牵引作用，形成以"高技术战略"统领国家科技发展的理念和实践机制。德国面向未来经济和科技发展趋势，规划了新能源汽车、高端装备制造、新能源等重点发展领域，并通过多项科技研发和技术创新促进政策来推动新兴领域产业发展。德国关注气候和能源、保健和营养、交通、安全和通信等领域，并在这些领域提出各自具体的计划和措施。2006 年，德国政府出台了《高技术战略》，确立了 17 个高技术创新范围，以确保德国在世界上的竞争力和技术领先地位，创造更多的就业岗位和提高人民的生活质量，这17 个高技术创新领域被分为必需创新领域、通信与移动创新领域和横向创新领域三类，涉及新诊断和医疗技术、能源技术、信息与通信技术、运输工具与交通技术、航空航天技术、纳米技术、生物技术、微系统技术、光技术和材料技术等。该战略的实施取得了良好的结果，近几年德国创新领域有了较大的发展。与此同时，德国加强与其他欧洲国家的合作，积极参与欧洲新兴领域产业的框架。2014 年，德国加入"地平线 2020"计划，该计划将为德国创新引入国际性战略合作伙伴，使得德国可以进一步开展"基础科学""工业技术""社会挑战"三大领域的技术创新，并且与其他欧洲国家共同分享科研创新成果。通过政府、企业、高校、相关科研机构的紧密结合，将国家的经济发展战略、技术创新和产业现实相结合，从而使德国的政产学研创新体系更具有长期性、实践性和开放性。德国政府与企业在研发方面建立长期稳定的合作关系，并且通过"研究与创新"联合计划，向企业提供额度不等的资金支持。新兴领域产业以科技型企业为主，而科技型企业在其发展初期往往以中小企业为主，因此，科技型中小企业对于推动新兴领域产业的发展有不可估量的重要作用。德国联邦政府设立了专门的管理机构，在经济部设立了中小企业管理局，各州也设立了类似机构，负责制定保护中小企业发展的政策和措施。

　　20世纪50年代，芬兰政府为了改变原来靠林木加工和传统造纸的落后情况，依托技术创新，使其现代造纸技术及其机械制造水平得到整体提升，在全球造纸自动化的技术创新领域一直扮演着领导者的角色。20世纪70年代，芬兰政府制定发展战略，旨在推动国家从资源型过渡到创新科技型，实现经济增长方式的转变，这在其造船业和电梯制造业表现得尤其明显。近年来，面对日益激烈的国际竞争，芬兰政府又制定了更高的发展目标和战略。2000年提出要"迎接知识和技能的挑战"，2003年又提出要加强芬兰的"知识、创新和国际化"。2005年，芬兰在政策计划中指出，完善国家创新体系、建设一个创新型的知识经济社会将是芬兰的长远战略。因此发展世界水平的高质量教育和科研以构建强大的国家知识基础，深化政府职能，提高国家创新系统的动力和效率，积极推进企业创新和国际化成为芬兰的发展策略。

　　瑞典是一个国土面积为45万平方公里的国家，但是人口却达到了1038万（截至2020年末）。瑞典耕地稀少，寸土寸金，这就使得瑞典不可能依赖于农业，因此更加重视高科技产业发展。同时瑞典也大力发展信息、通信、生物、医药、环保等新兴领域产业，瑞典已拥有自己的航空业、核工业、汽车制造业和军事工业，在软件开发、微电子、远程通信及光子等领域居世界领先地位。相比于其他的欧洲老牌强国，瑞典没有经历过战乱，和平的外部发展环境，使得瑞典在经济、科技和新兴领域产业能够较平稳发展，这也是瑞典为何能够长期处于发达国家行列中的一个重要原因。良好的外部发展环境以及国家对科技创新的高度重视很好地保障了瑞典经济、社会和国防建设，有效推动了瑞典新兴领域产业发展，使得瑞典成为欧洲乃至世界上较为发达的国家。

2.1.3　日本新兴领域产业发展现状

　　日本是一个资源极度匮乏的国家，长期以来坚持通过提升科技创新能力促进本国经济发展。政府的产业政策在日本的经济体系中居于主导地位。在发展新兴领域产业方面，日本政府将政策支持重点放在与其传统优势产业关联度较高的行业领域，通过增加投资、税收优惠、促进研发创新等手段支持新兴领域产业发展。进入20世纪以来，日本非常重视发展信息技术等新兴领域产业，对新兴领域产业的发展给予一定程度的资金扶持。在新能源领域，长期以来对外部资源的依赖，刺激日本产生了对新能源的巨大需求，自20世纪80年代起就开始发展风电、太阳能发电、生物能废物发电等新能源产业，近年来更是通过不断研发新技术使市场化程度提高。2004年6月，日本通商产业省公布了新能源产业化远景构想，计划在2030年以前把太阳能和风能发电等新能源技术扶植成商业产值达3万亿日元的基干产业之一，石油占能源总量的比重降到40%，新能源所占比重将上升到20%；燃料电池市场规模在2010年已达到8万亿日元，成为日本的支柱产业。截至2019年，日本在新能源领域技术保持全球领先，创造1美元国内生产总值（gross domestic product，GDP）所消耗的能源只有美国的37%，是发达国家中最少的。2008年国际金融危机爆发之后，日本政府吸取以前应对危机的经验，在产业政策方面提出了不以增加短期需求为目标的指导原则，力求以"结构改革促经济发展"的方式取代"通过扩大政府支持刺激经济增长"的方法；继续提出了普及、开发节能技术，加大研究清洁能源力度的目标，并给予了相当大的预算支持，体现了通过解决危机促进能源结构转型、继续保持日本在节能方面优势地位的战略目标。日本是一个运用产业政策时间较长、效果较好的国家，在新能源产业发展及节能环保方面，日本坚持实行政策引导。例如，在政策投资的公共设施中，积极采用与新能源有关的设施，并通过提供诸如补贴和税收等措施扩大市场需求。在新能源利用方式方面，通过建立太阳能发电产业群、燃料电池和蓄电池产业群、风力及生物质能等"地产地销"的商业模式，形成与新能源产业相关的工业结构。在促进创新技术开发和试验证明方面，通过提供政策支持，开发和推广高效利用能源的创新技术，扩大对新能源风险性投资的支持。日本也开始资助具有强大科研实力的一流大学开展军事项目研究。第二次世界大战后，大部分日本大学遵循"不参与军事研究"的方针，2000年以后，日本防卫省逐步开始与大学和研究机构展开数据交流、技术开发及设施共享等活动。日本防卫省展开了直接面向以大学、独立行政法人和大学自办企业为主的法人提供研究费用的募集活动。在信息技术领域，2009年，日本出台了为期3年的信息技术发展计划，侧重于促进信息技术在医疗、行政等领域的应用。此外，日本还推出了"新增长战略"，将未来产业重点发展方向锁定在新能源汽车、低碳经济、医疗护理、清洁能源发电等方面。

日本是传统的科技强国，凭借充裕的科研投入、长期的技术积累、高效的科研制度和经验丰富的科研队伍，日本科研机构和企业在基础技术研究、应用技术开发与新产品研发等方面极具竞争力。2010年6月，为了应对资源短缺、人口老龄化等不利经济条件，发布了《日本产业结构展望2010》，提出了日本未来将重点培育的五大新兴领域产业：环保和能源产业、尖端技术产业、文化创意产业、基础设施产业，以及包括生物医疗、护理、健康等在内的社会公共产业。近年来，日本将发展重点锁定在有一定基础和规模，与民众生活息息相关的新兴领域，借助民间消费拉动新兴领域产业发展。通过发展以信息化社会、老龄化社会、环保型社会为服务对象的信息通信、医疗装备、环保装备、保健食品药品等一大批新兴领域产业，来达到产业发展与社会进步互为促进的目的。

2.1.4　韩国新兴领域产业发展现状

韩国在新兴领域产业发展方面集中了财力、物力和人力来发展低碳与绿色新兴产业。为了实现经济的跨越式发展，韩国曾多次明确提出要集中财力、物力和人力发展重要的新兴领域产业。20 世纪 80 年代以后，为了加快处于弱势地位的新兴领域产业的发展步伐，韩国专门设立了"特定研究开发事业费"用于扶植"有希望的幼稚产业"的技术开发。进入 21 世纪后，根据信息产业的发展需要，韩国在 2000～2004 年将 4 万多亿韩元集中用于互联网、光通信、数字广播、无线通信、软件和计算机 6 个新兴领域产业的技术研发，同时，投资 5000 多亿韩元用于开发互联网技术的基础核心设备及备件。2008 年 8 月底，面对国际金融危机的冲击及其影响，韩国政府在公布《国家能源基本计划》的基础上，又于 2009 年初公布了《低碳绿色增长基本法》，提出了"绿色新政"，在 2012 年向"绿色经济"投入 50 万亿韩元，建设 200 万户具备太阳能热水器等的"绿色家园"，争取到 2030 年将能源的自主性、绿色技术水平和环境绩效指数等提高到其他发达国家水平，树立绿色国家的形象，使韩国进入世界环境前十大强国。这一"绿色新政"对于促进经济增长、增加就业和帮助韩国渡过经济危机意义重大。韩国总统李明博还主持制定了《新增长动力前景及发展战略》，将绿色技术、尖端产业融合和高附加值服务等三大领域共 17 项产业确定为新增长动力产业，其中有 6 项属于绿色技术领域。同时，韩国环境部还提出了加速"绿色经济"发展的十大绿色技术，知识经济部则表示要加大对新能源和再生能源的研发投入。2009 年 7 月 6 日，韩国政府总统办公室绿色增长委员会制定了应对气候变化及能源自立、创造新发展动力、改善生活质量及提升国家地位等三大推进战略。这三大战略涉及绿色能源、绿色产业、绿色国土、绿色交通和绿色生活等领域的政策方针，确定了韩国发展绿色能源的道路，在后来的 5 年间累计投资 107 万亿韩元（1 美元约合 1265.90 韩元）发展"绿色经济"，争取使韩国在 2020 年年底前跻身全球七大"绿色大国"之列。另外，韩国政府将低碳与绿色发展作为重要的主题之一，综合推进新兴领域产业发展。韩国政府强大的资金扶持对不同时期的新兴领域产业的发展起到了极大的促进作用。此外，韩国政府还提供了一系列的减税配套措施，通过引入各种商业产品来吸引私营投资者，以期为研发机构提供支持。

2.1.5 巴西新兴领域产业发展现状

作为金砖国家之一，巴西也在大力推动新兴领域产业。巴西独特的自然条件适宜种植甘蔗和油料作物，可用于提炼乙醇和生物柴油。依托这一农业优势，巴西开发出了以乙醇为中心的产业链，成为世界上开发利用替代能源做得最好的国家之一。早在 20 世纪 70 年代，巴西就开始制定并实施了以甘蔗为原料生产乙醇燃料的替代能源发展战略，把立法作为推广乙醇燃料的必要手段，通过法律形式保障乙醇燃料、汽车生产商以及消费者的利益，并通过补贴、设置配额、统购乙醇及运用价格和行政干预手段鼓励使用乙醇燃料，为发展乙醇燃料提供了法律政策保障。

金融危机爆发后，巴西经济明显下滑，失业增加，消费下降。为了应对危机，巴西努力支持企业提高自主创新能力，加大科研投入，发展节能低碳新兴领域产业。2009 年，联邦政府在"科技创新行动计划"（2007～2010 年）的预算投入总额达到 410 亿雷亚尔（1 美元约合 1.8 雷亚尔），约占 GDP 的 1.1%～1.2%，计划到 2010 年卢拉政府任期结束时将科技创新投入进一步提高到占 GDP 比重的 1.5%。在得天独厚的自然条件下，巴西政府因地制宜，着力发展生物能源产业，鼓励发展生物燃料汽车，制订发展生物燃料的发展规划和产品标准。在第二代生物燃料研发方面，巴西已经尝试开发从甘蔗渣、各种植物纤维、秸秆及其他农产品加工废弃物中提取纤维素乙醇的技术，这加快了第二代生物燃料乙醇研发生产。巴西已经成为全球第二大乙醇燃料生产国和第一大出口国，并在此基础上继续推进风能、核能等新能源产业发展。巴西政府通过"替代电力能源激励计划"，制定了管理风电场发展的政策，已经拥有"安格拉 1 号""安格拉 2 号"两座核电站，并开始建设"安格拉 3 号"核电站。与此同时，巴西正在建立一个电动汽车计划网络，已经启动了电动汽车研发项目，并为此成立了电动汽车电池研究专项小组。巴西政府认为，发展本国电动汽车是能源技术选择的重要路径。

从巴西新能源产业发展来看，政府支持是取得成功的一个关键因素，通过补贴、设置配额及运用价格和行政干预手段鼓励使用乙醇燃料，综合运用金融、法律、经济和科技等多种手段，在生物能源发展的每个环节上扎实推进，形成了国家发展战略—科技研发—市场应用的完整链条，进而实现预期目标。

2.2　国外新兴领域产业发展机制与特点

国外经验表明，新兴领域产业发展与经济社会发展相辅相成，政府必须在推进新兴领域产业发展中发挥引领作用，必须在新兴领域产业总体发展方向上统筹战略规划，科学地制订发展规划，完善促进新兴领域产业发展的政策机制，发挥政府在推动新兴领域产业发展中的"有形之手"作用。比如，2009 年欧盟便提出发展环保型经济中期规划，计划筹措 1050 亿欧元，在未来五年内全力建设达到国际水平、具备全球竞争力的绿色产业。日本制订节能世界第一计划，确定四大目标：加快普及节能机器，集中进行革新技术的开发与验证，实现二氧化碳排放量可视化，争取到 2030 年新建公共建筑物达到零排放。在制订战略规划的过程中，许多国家和地区明确自身优势，务实选择新兴领域产业发展的侧重点。芬兰根据世界经济发展趋势和国内需求，提出发展新能源和节能环保两大新兴领域产业。英国根据本国优势，决定重点发展潮汐发电、民用核电、海洋风力发电、环保汽车、可再生材料等新兴领域产业。同时，这些国家和地区注重内部合理布局，避免了"遍地开花"的局面。无论是欧美国家，还是亚洲的日本、韩国、新加坡，乃至发展中国家巴西，都为提高自主创新能力加大投入。它们特别注重对关键核心技术及基础研究的投资，避免受制于人。例如，为推动突破性创新的发展，韩国努力掌握核心主导技术，从而提高全球竞争实力；努力进行基础性研究，从而增强国家长期发展的潜力。在提高自主创新能力的过程中，国外特别注意在政府前期投入之后，通过奖励、反向拍卖、研发资金税前扣除政策、健全创业投资引入退出渠道等措施，鼓励私人部门进行研究，从而建立技术研发的官民合作体制，共同承担风险。重视在重点领域引进产业发展急需的高端人才，加速新兴领域产业的发展。以德国为例，通过实施"绿卡工程"和"赢取大脑"工程，吸引国外高端人才留德工作。新加坡通过提供良好的科研条件、宜居的生态环境、较低的个人所得税等，吸引国外领军型科技人才到新加坡创业。面对本土人才需求的剩余缺口，日本通过修改入境管理条例、设立国际合作奖励基金、开放部分实验室等措施，吸引国外高端科技和经济管理等专业创新人才。着力搭建完善的服务平台，创造良好的政策、市场、法律和区位环境，为新兴领域产业的发展提供全方位服务与支持。因此，总结国外新兴领域产业发展的特点，可以概括为以超前规划为基础，以人才、技术、教育、资金为抓手，进而提高自主创新能力，努力将新兴领域产业做大做强。

国外发达国家、区域集团及新兴国家发展新兴领域产业的状况，在很大程度上反映了世界范围内在面对金融危机进行产业结构战略性调整的发展态势。一是从发展地位来看，面对国际金融危机，众多国家既采取多种措施减少金融危机的消极影响，又普遍抓住金融危机所蕴含的产业结构调整的机遇，以前所未有的姿态，高度重视发展具有战略意义的新兴领域产业。二是从发展目标来看，众多国家在发展新兴领域产业时，或多或少地把目光聚焦于新能源、节能环保、新一代信息技术和新能源汽车等产业，这反映了现阶段科技进步产业化和世界经济发展的走向。三是从发展原则来看,众多国家发展新兴领域产业的重点和推动思路各有特点,基点在于从本国实际出发,发挥已有优势,着眼未来占据先机的需要。四是从发展方法看,众多国家均根据新兴领域产业发展轨迹及特点,注重政府扶植推动,采取一系列政策措施,培育发展新兴领域产业并创造良好的发展环境。

从国外新兴领域产业市场培育路径来看,第一,形成新兴领域产业发展市场培育的法律法规。美国 1953 年《小企业法》授权成立了小企业管理局,其主要职能之一就是帮助小企业在联邦政府采购配置中获得"公平份额"。1980 年美国《技术创新法》规定联邦政府有责任识别那些具有商业潜力的技术,并将其向美国相关的产业部门转化。1982 年美国《中小企业技术创新促进法》资助中小企业技术创新培育研发成果满足商业市场需求。1990 年,美国商务部推出先进技术计划(Advanced Technology Program,ATP),该计划的宗旨是通过政府与工业界分担研发成本,资助私营部门难以独立承担的高风险性研发项目,加速技术的开发和商业化,增加美国的高收入就业,带动美国经济的增长和产业界的竞争力提升。第二,加大政府采购。历史上,美国高新技术产业成长和硅谷的全球崛起就得益于美国政府采购,并且形成了向科技型中小企业倾斜的政府采购制度。2011 年《欧盟公共采购政策的现代化》报告提出,政府采购要面向新技术新产品、面向创新型中小企业,对符合规定的创新型中小企业颁发"公共采购电子护照"。第三,建立和完善新兴领域产业国内市场培育体系。欧盟委员会 2011 年实施"绿色创新借记卡"制度,激励和奖励欧盟汽车制造企业将新研发的清洁创新技术应用到自己的产品中。基础设施配套建设是新兴领域产业市场培育不可缺少的条件。欧盟委员会投资 70 亿欧元用于 2014 年至 2020 年的高速宽带网建设及培育市场需求。第四,制定新兴领域产业标准体系。2009 年美国政府就公布了美国智能电网建设的第一批标准。2011 年欧盟、美国和日本一致同意提升电动汽车国际标准的制定与应用,形成了全球电动汽车相关技术标准的协调机制。欧盟委员会绿色创新行动计划对欧盟环境标准实现全面改革,并实现了标准、政策、企业研发三者的交互融合,对激发和培育消费者需求十分重要。第五,建立区域统一市场。欧盟促进节能环保和新能源产业发展的重要做法之一是借助法律法规的保障,建设统一的区域内部市场。欧盟能源政策绿皮书提出了强化对欧盟能源市场的监管,要求各成员国开放能源市场,制定共同能源政策。为实现可再生能源及节能增效目标,欧盟加速智能电网技术的发展及其推广应用,并制定智能电网发展的激励措施。第六,建立路线图,采取明确的市场需求培育措施。2009 年德国环境部公布的《新思维、新能源——2020 年能源政策路线图》提出德国促进新能源产业发展的政策措施重点是加大下一代清洁能源技术研发水平,稳步扩大可再生能源利用领域,提高能源利用效率,同时在降低一次能源消费量、提高可再生能源利用比例、改善电网等方面规定了具体的目标和任务。

美国、欧盟、韩国、日本等在培育发展新兴领域产业方面的谋篇布局不仅值得深思回味，而且值得学习借鉴。通过比较分析，可以看出主要发达国家在培育发展新兴领域产业做法上的一些共同特点。

2.2.1 重视以振兴和提升传统制造业为基础

重视振兴和提升传统制造业，夯实新兴领域产业发展基础。以美国为例，金融危机后，美国充分认识到越是新的事物越要建立在坚实的传统基础上，没有强大和先进的制造业提供生产加工、研发设计、工艺设备、在线检测、营销服务和经营管理等在内的全过程基础，新兴领域产业就只是没有依托的空中楼阁，势必成为无源之水、无本之木而枯竭、枯萎。

2.2.2 加大宏观财政政策与投融资支持力度

国外主要国家与地区为抢占新兴领域产业竞争制高点，不惜采取财政直接投入资金等手段加大重点领域和重大项目的研发与产业化。欧盟在投融资方面表现出三个共同特点：一是投入的总额大幅度提高；二是投入的领域更加集中；三是投入的数额具体明确。2010 年，德国政府为促进新兴领域产业发展，加大了财税政策支持力度，批准了总额为 5 亿欧元的电动汽车研发计划预算，支持包括奔驰公司在内的三家研发伙伴，实现锂电池的产业化生产，推动电动汽车产业的发展。新加坡政府也在 2015 年对可持续发展相关领域投入 10 亿新元。特别值得关注的是，不同于奥巴马的"再工业化"政策定位于高端制造业，特朗普政府对产业发展进行选择性干预，对最传统产业和最新兴领域产业实行"两手抓、两手都要硬"的策略，积极推动高技术产业发展。同时，特朗普政府积极推进纳米技术、先进计算和人工智能等新技术的研发，鼓励科学家并培育创新经济，放宽对无人机的监管，并利用相关规则加大对本土产业的保护力度。

2.2.3 新能源成为各国发展新兴领域产业的普选

从各主要国家和地区的战略决策中可以看出，以核能、风电、太阳能、生物质能为代表的新能源技术将持续突破，可再生能源发电成本的下降速度极可能大大超出预测，以智能电网、大规模储能电池为代表的配套技术的良好预期将进一步拉动新能源发展，提高其在能源结构中的份额。以美国为例，2009 年2 月 17 日，奥巴马签署《2009 年美国复兴与再投资法案》，被称为奥巴马能源新政，计划通过设计、制造和推广新的切实可行的"绿色能源"来恢复美国的工业，以培育一个超过二三十万亿美元价值的新能源大产业，显示出美国期待以新能源革命发动一场新的经济、技术、环境和社会的总体革命的勃勃雄心。2017年1月20日，特朗普就任美国总统，白宫网站随即公布了"美国优先能源计划"。作为新总统的能源新政，该计划延续了美国追求能源独立的基本思想，致力于降低能源成本，最大化利用国内资源。2021年3月31日，美国白宫网站发布拜登《基础设施计划》，其中对新能源发电、储能、新能源汽车、电网等进行重点支持。美国总统拜登呼吁在电动汽车、可再生能源和电网方面进行大规模投资，以此作为支持美国经济并应对气候变化的广阔蓝图的一部分。这些计划是拜登2021年3月31日在匹兹堡公布的2.25万亿美元基建和刺激蓝图中的一部分，对推动清洁能源经济的投资，鼓励抑制全球变暖的低碳排放技术应用具有重要的作用。

2.2.4　注重培育市场需求拉动新兴领域产业发展

国外主要国家和地区扶持新兴领域产业的政策更加注重通过技术创新驱动产业内生增长。但在这一轮新兴领域产业发展中，在产业初始就非常重视从需求端引导产业发展。从手段上说，除传统的政府采购、试点示范、鼓励外部市场开拓之外，将某些新兴领域产业作为国家基础设施建设的组成部分，加大引导力度。日本就特别强调将经济增长模式转向"需求引导型增长"模式，主要从利用国内要素和扩大对外开放两个方面寻求经济增长动力。2009年12月30日，日本政府公布了到2020年的"新增长战略"，提出应着重拓展有望带来额外增长的七大领域：能源环境、医疗健康、亚洲市场开拓、旅游、科技信息通信、就业、金融等。而且，计划创造价值逾100万亿日元的新需求，其措施包括：鼓励医疗企业开展更多海外业务，推动技术创新以遏制温室气体排放及吸引更多游客赴日旅游等。发达的市场是新兴领域产业得以成长与发展的关键环节。美国政府非常重视市场培育，如在技术采购中充分发挥政府采购的特殊重要作用，成功地创造新的"第一客户"，带动私人企业、用户生产和消费，产生极富有成效的"需求拉力"，为技术成果实现产业转化提供支撑与保障。

2.2.5　信息技术是新兴领域产业的枢纽性技术

信息技术在驱动了上一轮技术革命以后，势头始终不减，新一代宽带网络、智慧地球、云计算、系统级芯片等新技术、新应用极有可能推动信息产业实现新的质的飞跃。信息技术同时还会带动互联网、电子商务、文化创意等多个产业强劲增长，创造新的商业模式。信息技术不仅对其他新兴领域产业具有极强的渗透作用，还可以通过与其他产业的融合，催生一些新的产业形态。为此，欧盟提出加快建设全民高速互联网，2010 年实现高速网络 100%覆盖率。同时，高度重视物联网建设，认为物联网一方面可以提高经济的效率，大大节约成本；另一方面可以为全球经济的复苏提供技术动力，在物联网的发展上，欧洲互联网技术（internet technology，IT）和工业领域十分重视一个统一标准的制定。信息技术是提升生产力的关键要素。信息技术加快了各类技术相互融合渗透的步伐，提高生产工具数字化、智能化水平，提高工业产品信息化比重，改变产业和产品结构，大力促进了生产力的提升和生产方式转变。数据分析表明，信息技术对经济增长的贡献从 20 世纪 90 年代中期以来一直呈增长态势。1980 年到 2004 年，美国劳动生产率增长的 35%是由信息技术变革贡献的。2000 年以后，以信息技术为中心的技术复苏是日本经济生产率增长的重要原因。

2.2.6 科技创新在新兴领域产业发展中的支撑作用

新兴领域产业是新兴科技和新兴产业的有机融合，其核心在于技术的创新与应用。没有科学技术作为支撑，新兴产业就难有持续健康的发展。从发展的实践来看，无一不把科技创新摆在最重要的位置。第二次世界大战后，美国建立了现代科技创新体系，一跃成为科技强国，并保持至今。科技创新成为未来经济结构转型的重要方向。无独有偶，美国在 20 世纪 80 年代也经历了传统经济竞争力衰退，并且通过科技创新完成了经济结构转型，创造了纳斯达克指数近 20 年的科技长牛。美国一方面在多个新兴领域加大科技研发投入，另一方面积极创建创新网络，有效沟通科研与产业化。同样，德国将研究新技术、加大创新力度作为应对未来经济挑战的解决之道。日本一直以来奉行科技创新的理念，将科学技术的发展视为其赢得产业竞争优势的源泉。

2.2.7 战略规划在新兴领域产业发展中的引导作用

科学合理的国家战略规划能够为新兴领域产业的发展指明方向，能够使新兴领域产业在其发展的早期阶段少走弯路，能够使国家在某些优势领域继续保持领先地位。例如，美国在下一代信息技术、先进制造业、新材料等领域制订了一系列发展规划来确保美国在这些领域的领导地位。德国则出台了《德国 2020 高技术战略》，明确其发展的五大重点领域，并提出了各自具体的发展措施。日本在新能源、信息技术应用、低碳经济等领域制定国家战略，规划引导新兴领域产业的发展。

2.2.8　财税金融在新兴领域产业发展中的保障作用

由于新兴领域产业的培育和发展是一个长期的、持续的过程，初期投入高，社会资金往往不愿意进入这些领域，这时候就需要政府提供财税优惠政策和金融资金支持，来保障新兴领域产业的长远发展。对于美国和德国这样的市场经济占主导的国家而言，更多的是采取风险投资、信贷投放等金融手段来满足企业的融资需求，而较少使用消费者补贴和税收优惠等财政措施。

综上所述，世界各地在发展新兴领域产业方面的国际实践中具有很大的相同性和近似性，我们可以从这些相同性或相似性总结出一些促进新兴领域产业发展的某类因素，这些因素，基本上反映了新兴领域产业发展的一些内在规律。

第一，新旧产业的更新换代是经济持续繁荣的关键。纵观世界各国和地区的经济发展历程，及时选择和培育新的经济增长点，进行新旧产业之间的更新换代是所有国家和地区经济发展中的必然选择。只有适时地进行产业结构的优化和调整，不断维持较高的产业高度，才能使经济保持持续的增长态势。从世界发达国家和地区产业演进的历程看，这些国家和地区在不同的经济发展阶段，都确定了不同的主导产业和新兴领域产业。

第二，科技革命是新兴领域产业发展的原始动力。科技革命决定了新兴领域产业或战略产业的发展和演变。根据佩雷斯的技术革命周期理论，一次科技革命的生命周期大约是 50 年，前二三十年是导入期，在这个阶段，旧的技术和经济范式已经衰败，新的核心技术逐步产业化并迅速发展，而在后二三十年，科技革命在生产和社会结构中充分展开，曾经作为增长引擎的产业市场开始饱和，技术泡沫出现，技术创新的边际收益递减。

第三，先进技术的创新和应用是新兴领域产业发展的制高点。世界各国和地区产业发展的历程告诉我们，新兴领域产业的发展是建立在对先进技术的掌握和应用基础之上的，不断进行技术创新，努力发展具有自主知识产权的先进制造业，是保证新兴领域产业健康发展的关键因素。

第四，政府扶持和产业政策引导是新兴领域产业崛起的重要手段。新兴领域产业在发展之初，大多是没有竞争优势的弱势产业。因此，对这些产业进行必要的培育和扶持，是促使其快速发展的重要条件。无论是在以市场经济为主导的欧美国家，还是以政府主导型经济为主的东亚国家和地区，都会对未来需要重点发展的新兴领域产业给予必要的扶持和引导。扶持的重点一方面体现在相关配套政策体系的建立上，另一方面则更多地表现在对这些产业的技术研发、支撑体系建设等的资金投入上。另外，从很多国家和地区的产业发展历程看，制定合理的产业政策，通过产业政策的积极引导，可以促进各种要素资源向新兴领域产业的集中和倾斜，这确实是发展新兴领域产业的一种十分有效的手段。

第五，需求和市场决定了新兴领域产业的发展方向。在特定的经济社会条件下，总是存在着一种主流需求，这种主流需求对应于一个国家和地区的人们的平均收入水平。主流需求的变动引起需求结构的升级，满足特定需求的相同类型的生产和服务便构成产业。产业成长的升级是由需求的升级拉动的。从根本上说，需求创造了市场利润的空间。所以说，市场需求为新兴领域产业的发展提供了发展方向，是新兴领域产业发展的内在基础动力。市场需求随着经济的发展会出现层次性和动态性的变动。随着科学技术的不断创新及生活方式的不断转变，人们会加大对新兴领域产业产品的需求，并且对产品的功能、质量及品种多样化等方面不断提出新的要求。这有利于创造新的产业增长点，促进新兴领域产业的专业化分工，从而推动新兴领域产业体系的不断完善。

第六，投资是新兴领域产业发展的重要推动力。如果说需求对产业成长起了定向和拉动作用，那么投资则决定着产业成长能否进行和成长的程度如何，因为投资使产业成长的要素得以向产业集中并重新组合。这些要素包括技术、人力资本、机器设备及土地等。投资对产业成长的作用表现在两方面：一是在现有产业技术水平下直接作用于产业，使产业规模扩大，实现量的扩张；二是通过增加研发费用，推动技术进步，来实现产业的升级和跃迁，实现产业质的成长。具体地说，投资在产业的萌发期或创意期能催生新的产业，这是风险投资的作用；在产业的成长期则为产业获取规模经济创造条件；在产业的成熟期，投资主要作用于产业技术的升级；在产业的衰退期，投资又面临着为产业的重组和新生创造条件。产业的表征是其产品和服务具备一定的独立性与规模性，因此从本质上说，产业的形成和成长是资本的形成与积累过程，而资本的形成首先是投资的结果。

第七，国际化是新兴领域产业发展的必然选择。正是由于世界产业发展在经济全球化的背景下呈现出一种分工与合作的趋势，以至于过去的产业领域分工、产业链分工开始向价值链分工发展，国际分工与合作是任何发展新兴领域产业的国家和地区所必不可少的条件。此外，国际合作的加强，不仅能促使新材料、新医药、新能源等新兴领域产业的发展，而且能够解决环境、资源、健康等一系列人类社会发展所面临的全球性问题。

2.3　国外新兴领域产业发展经验与启示

新兴领域产业的发展得到越来越多国家的高度重视，欧盟、美国和韩国的新兴领域产业发展规划、制度与政策在世界上各有特色，促进了本国国家经济的发展和繁荣，通过对欧盟、美国和韩国等新兴领域产业政策的比较，总结其特征，以期为我国新兴领域产业的发展提供借鉴。

2.3.1　欧盟

欧盟委员会 2010 年公布了指引欧盟发展的"欧洲 2020 战略"，提出为了实现其发展以知识和创新为主的智能经济，提高能源使用效率的目标，欧盟将在创新、工业政策等方面启动 5 项发展计划，分别是面向创新的"创新型联盟"计划、面向教育的"流动青年"计划、面向数字社会的"欧洲数字化议程"、面向气候能源和交通的"能效欧洲"计划及面向提高竞争力的"全球化时代的工业政策"计划等。欧盟委员会还决定继续资助欧盟第七框架计划（7th Framework Programme，FP7）项目，将物联网领域的研究项目重点放在重要技术上，如微电子学、非硅基组件、能量收集系统、无线通信智能系统网络、基于设计层面的隐私和安全保护、软件仿真人工推理和创新应用系统等。2009 年 6 月发布《欧盟物联网行动计划》旨在构建新型物联网架构，2010 年 5 月推出《欧洲数字计划》将物联网作为构建数字欧洲的平台。2013 年，德国政府发布《国家生物经济政策战略》，将生物经济提升为国家战略，并计划用 80 亿欧元的经费投入生物技术研发领域。瑞典政府在 2009～2012 年投入 6.12 亿美元用于支持科研创新。法国政府在 2009 年制订了投资总额为 350 亿欧元的科研攻关计划，在生物医学、节能环保、信息通信和纳米新材料技术等领域开展研发工作。丹麦在 20 世纪 70 年代的石油危机后，就着手发展可再生能源，成为世界上最早调整能源战略的国家之一，也是当今能源问题解决得最好的国家之一。此外，欧盟各国通过税收优惠鼓励风险投资，法国风险投资公司免征对非上市公司投资的资本利得税；比利时的高新技术可以免 10 年的资本利得税、股息税、不动产和动产预扣税等；爱尔兰免征专利使用费的收入所得税等。为扶植中小型科技创新型企业，欧盟还在 1996 年 6 月推出了类似美国纳斯达克（National Association of Securities Dealers Automated Quotations，NASDAQ）的二板市场欧洲证券经纪商协会自动报价系统（European Association of Securities Dealers Automated Quotations，EASDAQ）。

欧盟的产业政策出自高层，追求技术领先、超越短期经济目的，为提高欧盟的国际竞争力打下了坚实的基础。对我国的启示如下：一是充分发挥市场竞争及创新型企业的作用。新兴领域产业存在诸多不确定因素，只有在市场经济下让企业之间相互竞争，才能发现市场机会并深层挖掘未来的创新点。新兴领域产业的发展和壮大，需要龙头企业和中小企业的相互支撑，龙头企业往往具有自己的核心竞争力和国际竞争优势，中小企业决策速度快、更具活力和生机。欧盟通过将新兴领域产业的基点放在企业竞争上，并通过政策促进企业之间的公平竞争，保证了创新型企业的健康发展。二是构建新兴领域产业持续发展的社会机制。社会机制的充分发挥依靠市场机制的自动调节功能。欧盟在发展新兴领域产业的过程中，没有简单地采用政府购买或政府补贴，而是通过市场机制的自动调节功能，让市场自发地调节供需。社会机制对于任何企业都是公平的，因此它能调动企业自主创新的主观能动性，有效地鼓励有创新意识的企业积极参与到企业创新活动中去，从而发现额外的市场机会。

2.3.2　美国

美国在发展经济的历程里，奉行由市场起支配作用的经济发展理念，崇尚自由竞争和经济个人主义。市场作为基础手段，优胜劣汰，配置资源。政府作为经济的参与者和市场经济的服务者，运用政策、法规等创新政策手段，对新兴领域产业进行政策性引导和扶持，积极参与高新产业发展，推动产业创新。20世纪70～80年代，由于日本、欧洲的迅速崛起，美国在世界市场的综合竞争力日益下降，在这一背景下，美国选定微电子、新能源、新材料等一批发展潜力较大的新兴领域产业加以重点扶植，加快了高新技术成果的商品化和产业化的步伐。自2008年金融危机爆发以来，为尽快摆脱困境，美国政府加大了对包括生物工程、信息技术、节能环保与航空航天等领域在内的新兴领域产业的扶持力度，积极运用多种政策手段促进这些产业快速发展，以期能带动整个国家的经济增长。

一是战略规划和布局。自2008年金融危机爆发以来，在经济危机的重创下，美国政府迫切需要一个新的产业来拉动本国实体经济，因此美国政府不断加大了对某些新兴领域产业的支持力度，主要有新能源、新材料、生物、新兴信息、节能环保和航天等领域，并将以上产业视为对经济发展具有战略意义的新兴领域产业，希望通过对这些产业的支持，带动整个国家的经济增长。以新能源产业为例，2009年2月颁布的总额为7870亿美元的《美国复苏与再投资法案》中，将新能源产业定为重点发展产业，确定了3年内让美国新能源产业倍增至足以满足全美600万用户用电需求的目标，具体政策包括积极减少温室气体排放量，利用税收优惠政策鼓励消费者购买节能汽车，对低收入家庭实行能源增效计划等。

二是财税金融政策支持。美国采取投资支持、税收优惠、政府采购等措施支持新兴领域产业的发展。在投资支持方面，2009年的《美国复苏与再投资法案》用于经济刺激的财政资金规模巨大，主要分配方案包括政府公共开支和减税两大部分，其中130亿美元用于对可再生能源生产的税收抵免，并计划在未来的15～20年内投资1720亿美元以支持潮汐能发电项目的发展。为了降低对化石能源的需求，2012年联邦政府出面提供360亿美元的贷款担保用于建设核电站。2014年美国农业部计划投资6800万美元用于农村地区的再生资源和节能项目。在融资渠道上，美国通过二板市场、创业板市场（纳斯达克）等投资市场缓解新兴领域产业对资金的迫切需求。在税收优惠方面，1978年的《能源税收法》中提出了对新能源产业的税收优惠，太阳能、风能、地热发电投资总额的25%可从所得税中抵扣。1978年《收入法案》将资本利得税税率从49.5%调低至28%，1981年的《经济恢复税法》又将个人资本利得税从28%降至20%。在政府采购政策方面，为支持半导体元件生产，20世纪60年代美国国防部采购了全部的集成电路产品和40%的半导体元件；20世纪90年代美国联邦政府采购总额占GDP的19%，金额在11 000亿美元以上；在计算机行业，政府采购占大型计算机销售额的80%。

三是美国政府采购支持技术创新。美国政府采购支持对美国计算机和信息技术产业、新能源技术等产业关键技术突破发挥了重要作用。1993年，克林顿政府出台了10份指导美国出口的《国家出口战略》，该战略进行了出口管制政策的改革，放宽了对以信息业为代表的高科技产品的出口限制，并采取多种措施积极促进信息产业的出口。美国的政府采购在维护本国安全的理由下，优先采购本国产品，歧视外国产品和企业，2006年的"联想安全门"事件就是美国考虑到IT设备供应商所有权变成了中国公司，其经济与安全委员会公开质疑原先1300万美元订单中电脑对美国国家安全带来的风险，最终对所采购电脑系统进行严格审查，并确定所购电脑只用于非保密系统。此外，美国政府一直扶持小企业健康发展，独立联邦机构小企业管理局的建立就旨在尽可能保护、援助、指导和扶持小企业的发展，从而保护自由竞争的市场环境，以保护和加强国家的经济实力。小企业管理局通过政府采购政策服务中小企业的发展，积极帮助小企业获得政府订单，并向小企业推荐经理人员等。美国的《政府采购协议》要求每年对中小企业的政府采购份额需要达20%以上。美国政府1982年还批准实施了"小企业创新研究计划"，在该计划实行的20年中，共发布了268个招标说明书，征集了40万个创新课题，资助了65 000个项目，投入资金130亿美元，并采用技术孵化器模式，在苹果、英特尔、微软等许多企业发展成为大型科技创新型企业的过程中发挥了重要作用。

四是其他政策。美国政府致力于弥补科技创新中的技术市场失灵，从规范技术市场秩序、调节技术供给和需求等方面着手，通过直接或间接资助技术研发和科研成果的商业化运作，以及全面支持知识和新技术的学习与扩散，充分调动企业和研发机构研发新产品、新技术的积极性。1980年美国的《拜杜法》鼓励大学、研究机构和企业间的交流合作，允许大学、中小企业和非营利研究机构拥有政府资助的研究成果与知识产权，并向企业转移研究成果。政府通过颁布《技术转移商业化法》（2000年）、《国家技术转移与促进法》（1995年）等诸多法律以促进企业科研开发与吸引科研人才。此外，20世纪80年代以来，美国还一直施行战略性贸易政策，通过美国政府优先采购国内最终产品的一系列制度设计，通过出口补贴、国内采购安全审查等措施扶持本国战略性产业的成长。美国"市场选择、政府推动"的产业政策固然美好，但由于中美文化差异、基本经济制度差异、经济发展阶段不同，中国不能完全借鉴美国的经验，但仍具有借鉴意义：首先，要发挥市场的力量。"政府选择"可能会造成选错主导产业、重复建设问题，因此要充分发挥市场的力量，由市场来选择主导产业，政府将重心放在产业创新能力的建设上，为企业创建良好的风险投资环境，放权于市场，让市场来选择合适的产业和企业。其次，重视中小企业、民营企业的发展。在中国能够获得政府扶持的企业往往是大型国有企业，而真正充满活力、可能进行技术创新的中小企业和民营企业往往因为投资风险大、资金不足而造成创新项目的流产。最后，加大对基础研究的投入。中国在基础研究上的投入比例远远低于世界平均水平，造成中国原创性技术不足的现象，中国在这方面需向美国学习，逐步加大对基础研究的投入，逐步减少对欧美技术的依赖。

2.3.3　韩国

20 世纪 80 年代，韩国政府就提出要建立符合本国国情的产业发展模式和具有比较优势的产业体系，以巨额投资推动新兴领域产业的发展，扶持生物技术、半导体和数码产业的发展。2009 年韩国政府专门制定了《新增长动力规划及发展战略》，规划绿色技术、高附加值服务和尖端产业融合等领域 17 项产业的发展，2010 年投入 195 亿美元财政资金支持三星、SK 能源、LG、浦项等大公司开展生物技术、电池、机器人技术、绿色轿车等领域的技术研发，使大企业快速成长以便更有效地与国外跨国公司抗衡。韩国政府还对外国高科技企业在韩国投资进行税收减免，以引进国外先进技术。

韩国"政府引导推进型"的战略型新兴产业政策促进了韩国经济的繁荣，中国的国情与韩国极为相似，我国要总结韩国的经验并吸取韩国的教训，韩国对我国的启示如下：一是政府的扶持力度要适度，在以政府引导为主的前提下，要积极引入市场公平竞争机制，通过市场竞争调节资源配置，在扶持大企业的同时兼顾中小企业的发展，为创新型企业的发展创造良好的外部竞争环境；二是推动产业结构多元化，在制定产业政策时，要根据市场趋势对产业政策及时调整，注重新兴领域产业与传统产业的融合，优化产业结构。

2.3.4　日本

日本在经济社会发展过程中，根据发展阶段的不同选择了不同的新兴领域产业作为各阶段的战略性产业重点领域，不过，日本在确定和制定支持新兴领域产业发展政策的每个阶段，均强调科技创新引领产业发展的主要发展理念，这是与其本国资源短缺特征相适应的。因此，科技引领与因地制宜是制定新兴领域产业发展的基本原则。

日本充分认识到了新兴领域产业对重整经济、创造财富的巨大潜能，并将其上升到国家战略层面，这对我国有着积极的借鉴意义。从日本支持新兴领域产业的整个历程来看，立足国情，把握新兴领域产业发展的规律和趋势；重视科技研发引领产业发展，技术创新是新兴领域产业发展的关键，日本一直重视科技研发的引领作用，以技术创新突破带动产业发展；加大新兴领域产业市场的培育力度；建立健全财税政策长效支持机制。一是充分发挥财税杠杆效应，对新兴领域产业技术研发进行财政补贴；二是丰富支持新兴领域产业发展的税收手段，鼓励企业和个人进入新兴领域产业；三是形成完善的激励补偿机制，发挥政府对民间投资的引导作用，引导市场主体从使用高能耗、高排放的技术转向使用低能耗、环保的新能源和清洁能源技术；四是保持支持新兴领域产业发展的财税政策的连贯性和长期性，发挥新兴领域产业的战略性作用；五是正确处理政府干预与市场机制之间的关系。

2.3.5　巴西

巴西政府把加快培育和发展新兴领域产业作为本国经济发展的战略重点，其政策主要有健全财税和金融政策，鼓励开展境外投资和贸易出口，加大技术创新扶持力度等。通过建立科研专项基金，增加政府财政投入，对企业科技研发与技术创新给予重点扶持；通过鼓励金融机构加强对新兴领域产业的信贷支持力度，大力发展创业投资和股权投资基金，用多种融资渠道与融资手段对新兴领域产业加以扶持。在技术创新方面，为鼓励创新，巴西制定了大型企业研发创新公共扶持政策，并努力实施《创新法》，支持企业提高自主创新能力，加大科研投入，发展节能低碳新兴领域产业等。

2.3.6　俄罗斯

俄罗斯新兴领域产业的规划和政策支持集中在生物技术、航空航天、信息技术和纳米技术领域。俄罗斯在 2012 年 4 月通过了《俄罗斯联邦至 2020 年生物技术发展综合计划》，计划在 2020 年以前提供投资 1.18 万亿卢布发展生物技术，使生物技术产品产值约占该国 GDP 的 1%，并使生物技术与信息技术、纳米工业一道成为俄罗斯经济的支柱产业。俄罗斯通过国家注资和国家信用担保等方式重点扶持一批新兴领域产业企业。为在 2020 年赶上美国的空间技术，俄罗斯政府制定了《俄联邦 2006～2015 年航天规划》，预算投入 3050 亿卢布用于项目研发；2009 年通过了军民两用的 GLONASS 全球导航系统法律，旨在改善该领域技术民用商用产业化水平低的现状，加强民用与货运物流安全。目前，俄罗斯已形成了全方位的航空航天科技开发规划，技术成果已广泛应用于地球远距探测、卫星导航、信息传播、环境监测等领域。

2.3.7　印度

印度近年来在新兴技术产业基础薄弱、先天不足的条件下，形成了特有的发展模式和思路，使其科技产业逐渐成熟，经济实力、科技实力和综合国力迅速增强。在《2020 年科技远景发展规划》中，印度政府明确提出：到 2020 年，印度不仅要成为世界经济强国，还要成为信息技术大国、生物技术大国和核技术大国。印度政府培育高技术产业，注重产业的发展规律，并采取了特有的支持模式——"政府投入模式"面向与国家战略安全紧密相关的高科技产业，如核技术、空间技术等产业，历年对这些产业的预算投入都超过了其他预算开支。与此同时，印度政府也积极推动高技术商业化与民用化，并寻求国际范围内的技术供给与商业合作。在过去的几十年里，为扶持软件业的发展，印度政府制定了完善的产业政策，具体包括税收、知识产权保护、软件基地建设、软件出口、人才培养与引进等，印度软件业取得了举世瞩目的成就。此外，在新能源领域，印度通过非常规能源部与可再生能源开发署自主进行可再生能源技术的开发和推广工作，并设立专项周转基金为风电项目提供财政支持。印度还通过减免生物技术产业进出口关税和中央货物税，免征用于生产出口商品的中间产品和原材料的关税及中央货物税等措施促进生物技术产业的全面发展。

综上所述，国外发展新兴领域产业从以下几个方面进行。

第一，重视需求侧创新政策，引导未来消费方向，降低新兴领域产业市场的不稳定性。需求侧创新政策是通过刺激创新产业和服务的市场需求来激励创新，主要政策工具包括政府采购、市场引领、终端消费者刺激等政策，目的在于引导市场方向和降低企业创新产品的市场风险。需求侧创新政策在欧盟受到高度重视，2006 年，《创造一个创新型欧洲》报告指出，欧盟应强化需求导向的创新政策，通过创新产品的市场刺激来激励新产业发展。经济合作与发展组织（Organization for Economic Co-operation and Development，OECD）于 2011 年发表《需求侧创新政策》报告，将需求侧创新政策分为六类：政府采购、法规、标准、消费者政策、用户导向型创新计划和领先市场行动计划。据统计，2012 年，75%的欧盟成员国已经制定了面向创新科技和创新产品的需求侧创新政策。需求侧创新政策首先需要政府采购来启动市场。需求侧创新政策工具主要包括三种:创新导向的政府采购、政府首购和商业化前政府采购。欧盟政府采购主要应用于健康、交通和环境领域,美国政府采购主要应用于航空航天技术、计算机、集成电路、半导体等高科技产业。加拿大政府在 2010 年初启动了创新商业计划,鼓励政府采购企业创新产品和服务于其商业化之前,帮助企业,尤其是中小企业通过创新"死亡谷"。需求侧创新政策的终极目的是引导消费新市场。从需求侧入手,欧盟提出了加速培育和形成六个领域的"领先市场计划"。但是,领先市场的建立必须刺激终端用户持续性参与,可以是直接的税收优惠、购买补贴,也可以是间接的规范限制和教育引导。例如,美国和日本均对购买混合动力汽车的消费者进行了税收优惠和购买补贴,英国政府的"清洁能源现金回馈案"则对新能源和节能措施实施者进行了直接补贴。欧盟推广生态标签,突出"欧盟生物产品"特征,引导消费者购买。德国则在对绿色消费进行直接补贴的同时,展开了全方位的环保意识宣传,引导绿色消费偏好。

第二,强化供给侧政策,重构产业发展要素。夯实新兴领域产业、发展基础供给侧政策主要通过更新、重构产业要素来激励创新主体,一般围绕人才、资金、技术展开,旨在全面提升劳动生产率,加速新兴领域产业发展,多渠道保障产业资金。首先,设置产业基金是一些发达国家和新兴经济体支持新兴领域产业的重要手段。美国成立了清洁技术基金,每年投资近百亿美元推进清洁技术产业化。美国每年在军事研究预算中拿出一定资金,作为高新技术民用化的基金,从事信息经济、生物科技等产业市场化开发。巴西先后设立了 15 个"重点行业基金",对具有战略性的产业领域给予资金支持,以确保国家新兴领域产业竞争力。其次,贴息贷款和信用担保也是政府激励科技创新的重要金融手段。例如,美国制定了总额 250 亿美元的"高科技车辆制造激励计划",为福特、日产和特斯拉等先进汽车制造商提供低息贷款,以图强化在新能源汽车领域的比较优势。欧盟"启动援助计划"通过政府优惠贷款为"空中客车"研发生产提供支持,且如果所支持项目没有取得商业化成功,贷款则无须偿还。欧盟于2013 年底启动了"地平线 2020"计划,经费预算达到 770 亿欧元。最后,支持产业技术开放创新是发达国家新兴领域产业持续发展的重要法宝。欧盟一直在努力促进成员国之间的创新合作,近 30%的创新政策在欧盟是开放和适用的。印度 2013 年提出了"开放创新与群体智慧战略",大大促进了创新资源和创新产品的国际交流与共享。

第三,支持交叉领域开发,支持创新突破。2009 年法国的《国家研究与创新战略》中指出,为更好地促进研究与创新,必须要坚持多学科交叉的原则,以求最大限度地把握新兴领域产业机遇。美国技术创新计划(Technology Innovation Program,TIP)实行跨学科、跨领域的交叉矩阵式管理,"跨办公室"工作成为常态。培养产业发展需要的交叉型技能人才。新兴领域产业最具活力的要素是交叉型高端专业技术人才。印度为培养交叉型产业创新人才，正在推动建立从小学到研究生的系统性科教体系，也比较注重建立更前沿、更高效的职教体系，为新兴技术领域和其他领域交叉融合打造高端人才库。完善产业发展基础设施。近年来，新兴经济体正不断加大产业创新的基础设施投入。2014 年初，巴西科技创新部计划将投入 178 亿美元投向信息科技、航天科技、新能源、新材料等领域的基础设施。2010 年，印度在总理辛格的提议和推动下，成立了印度国家创新委员会，并提出"包容性创新"概念，设立包容性创新基金，该基金中的一部分项目主要是为中小企业的基础设施建设提供资助，为小城镇和农村地区的创新基础设施建设提供专项支持。执行产业税收优惠政策，鼓励研发、促进创新是世界各国培育和发展新兴领域产业的重要手段之一。英国自 2011 年 4 月 1 日起，对中小企业政策进行了重大调整，给予中小企业的税前扣除由原来的 175%提高到 200%，2012 年 4 月 1 日再提高到 225%。同时，对于亏损的中小企业，可获得转让亏损的 11%现金返还。2012 年 2 月，美国白宫和财政部发布了一份联合报告，题为"总统的公司税改革框架"，将公司税率从 35%降至 28%，并特别强调要将研发税收抵免政策永久化。目前，研发税收抵免已成为美国中小企业最受欢迎的税收优惠政策之一。

第四，扶持产业创新主体，优化新兴领域产业集群网络。科技型中小企业是新兴领域产业扶持重点的实践证明，科技型中小企业对新兴领域产业发展至关重要。据统计，美国中小企业创造了 70%以上的科技专利，欧盟中小企业贡献了 2/3 以上的科技创新，德国的太阳能专利技术则只有 30%被大型企业所拥有。科技型中小企业扶持政策的核心是资金支持。科技型中小企业最缺的就是资金。英国商业、创新和技能部提出在 2012～2014 年投入 7500 万英镑支持创新型中小企业的创新，1/3 的资金将重点支持科技中小企业的概念创新、市场验证和初期调试。美国设立了专门的中小企业局，向中小企业提供各种贷款或信用担保。2010 年美国通过了一项促进小企业发展的法案，题为"小企业就业法案"，为小企业提供了分别超过 100 亿美元的贷款和减税优惠，同时进一步放宽了小企业贷款限制。政府积极支持各类产业创新主体集群化发展。集群化是世界各国新兴领域产业成长的明显趋势。日本推出了"产业集群计划"和"知识集群计划"，两个计划的核心目的均是改善创新主体的创新网络生态，帮助创新主体与集群内外的相关主体建立尽可能广泛的联系。英国通过专门的扶持政策，成功打造了高新技术产业集群。生物技术公司、光电子企业和计算机企业云集于剑桥工业园区和周边地区，成为国际创新产业网络的典范。印度科技部提出建立产业集群"卓越中心"，目标是成为未来全球供应链的领头羊。为培育和发展"卓越中心"，政府协助当地商会设立监测机制，以保证与国际标准的一致性；协助联系地方大学课程和实验室以提供技术支持；促进交流，为前往中心交流研讨的全球企业家承担 50%的旅行费用。

第五，新兴领域产业全价值链政策体系。加强需求侧与供给侧政策的同步性和互动性。全价值链设计政策，同时关注供给侧和需求侧，加强两者的协调性和一致性。欧盟"创新联盟"计划指出，创新扶持要贯穿于"创新价值链"所有环节。美国也注重从全价值链设计创新产业政策，强调需求侧和供给侧政策的平衡，不仅关注供给侧的资金资助，也关注需求侧的购买补助。通过刺激需求侧来引导供给侧，进而实现供给侧政策的设计初衷。因为需求侧的激活才是一个新兴领域产业得以顺利发展的关键，供给侧的发力是基于需求侧的激活而产生的，供给侧政策只有起到唤醒或激发需求的作用才是有效的。尤其是新兴领域产业发展初期，应注重市场需求引导和刺激的政策工具的使用，加速新兴领域产业技术和产品的市场化。

第六，减少政府和资金方对创新企业的微观干预。政府财政金融支持新兴领域产业的重点是解决重大共性问题和战略问题。首先应是一些共性关键技术和基础研究的投入，其次是发现前瞻性领域并引导民间资本进入战略性新兴领域。然而，当前我国的新兴领域产业金融支持模式属于政府主导型，政府在新兴领域产业基金使用中存在一定程度的非科学性，不少地区、部门、领域甚至出现了过度干预微观产业创新的现象。未来，实施产业技术政策时，应廓清财政、金融、企业的权责边界，减少政府对产业和企业运营的微观干预。政府财政资金和民间金融对产业创新的作用应有所区别，政府财政资金主要起到的是引导作用，是新兴领域产业起飞时期的陪跑员，而不是产业全生命周期的运动员，刺激民间资本持续进入相关产业领域才应是政府财政的本职工作。我们应强化民间金融与政府财政政策性手段的有机配合，建立顺畅的政府财政性资金退出机制，尤其是在产业进入成熟获利期时，应按照当初约定及时退出。政府财政投入不应以营利为目的，应起到一定的分散风险作用，尤其是在创新发生期要起到战略引导和适时陪跑作用。

第七，完善新兴科技中小企业担保体系，大力优化中小企业投融资环境。与国外科技型中小企业扶持政策相比，我们在具体策略和手段方面尚存在较大差距。比如，管理机构层级太多、微观干预过多、法律体制不健全等，但最关键的一个区别是科技型中小企业的信用担保体系还存在较大问题。当前，我国科技型中小企业的支持重点不是建立健全相应管理机构，也不是给予创新产品的相应补贴，而是解决难以通过有效金融市场来募集创业资金的问题。事实上，由于缺乏有效的增信担保体系，无数有潜力的科技型中小企业因无法获得"抵押贷款"而胎死腹中。为此，可适当借鉴国外增信担保体系的有益经验，建立有效的中小企业增信机制，完善信用担保风险控制、风险补偿机制，由政府或大型国有企业为科技型中小企业提供增信支持，并引导民间信用担保企业、机构向科技型中小企业适当倾斜，以帮助科技型中小企业拿到贷款，并能享受到较低的利息优惠。

第八，建立相对完备的新兴领域产业创新生态系统。新兴领域产业往往于某一条件成熟区域涌现，该区域会成为新科技创新发展的策源地和起步区。借鉴国外的有益经验和做法，可以围绕"十三五"期间五大重点新兴领域产业，选择条件适宜地区开展试点，探索建立多元化微型创新生态系统，即建设一批战略性新兴领域产业的策源地、发展区和特色平台，甚至是一批新兴领域产业特色小镇。新兴领域产业策源地应安排在相对发达的一线城市，新兴领域产业发展区应安排在一线城市郊区或发展较好的二线城市，特色平台应依托高端科研机构、大型企事业单位所在地，特色小镇则可以选择具有一定高新产业基础的园区来进行升级改造。相关政府部门在宏观上要把握新兴领域产业的发展规律，实时更新产业政策，在微观上要根据具体产业的具体需要建设各类网络化开放创新平台。

第九，注重政府规划引导，统筹新兴领域产业协调发展。发达国家在培育和发展新兴领域产业的过程中，不断强化政府在产业规划和产业布局中的引领作用，注重对重点产业、重点技术科研攻关的支持。对我国来说，在明确了产业发展目标和发布产业规划后，需要针对不同产业的特征设定有针对性的产业政策。新一代信息技术产业需要高端集成电路、新兴微纳器件在内的核心技术产业，物联网、算法、协议、标准一体的网络通信产业，云计算、高端软件、信息安全在内的信息服务产业协同性发展，产业发展过程中需不断制定统一标准，完善服务质量和商业管理模式，解决业界关键性难题。生物医药产业领域，以 2019 年为例，国际上前十位医药公司（全为欧美公司）占全球药品销售收入的 40% 以上，一个大的跨国医药公司年产值几乎相当于我国医药产业产值总额，世界发达国家医药公司垄断地位也是借助于规模发展的跨国公司。通过收购、兼并、联合等资本运作方式，提高我国医药领域产业的集中度，形成规模经济，增强技术研发力度，联合技术攻关，突破国际贸易壁垒，迅速扩大销售规模，从而提升产业整体的竞争力。我国是世界上最大的机械装备制造国，但在高端装备产业领域真正拥有的核心技术与发达国家差距较大，为改变处于国际产业链条低端的地位，应探索多种研发合作模式，与多国合作，大力提升我国装备制造产业整体的创新能力。

第十，培育新兴领域产业发展市场竞争机制。发达国家的经验表明，良好的制度设计可以有效地解决国际贸易争端，保护民族产业；良好的法律环境还可以促使新兴领域产业的知识产权得到很好的保护，培养和吸引人才从事技术研发和产业生产经营。因此我国可以通过一系列的制度设计，支持政府采购本国高技术领域产品,限制进口,并扩大出口,为国内产品创造出更广阔的国内外产品市场。例如,可以借鉴美国的做法,对国家安全的概念进行扩张性界定,将经济安全、军事安全、政治安全和文化安全都纳入政府采购制度框架中。竞争是新兴领域产业技术进步的原动力,发达国家具有完善的技术研发和风险投资机制,大型跨国公司历经市场经济竞争机制的历练,在人才、资金、研发和专利等各方面都占优势,因此我国政府应致力于形成促进产业技术进步的有利机制,努力健全社会主义市场机制和竞争机制,使这两个机制在国际市场经济环境中充分发挥作用。

第三章 我国新兴领域产业发展现状

3.1 新兴领域产业发展现状分析

3.1.1 新兴领域产业发展总体概况

习近平在中国科学院（以下简称中科院）第十九次院士大会、中国工程院第十四次院士大会上强调"科学技术从来没有像今天这样深刻影响着国家前途命运，从来没有像今天这样深刻影响着人民生活福祉"[①]。落实习近平同志的要求，形成深度发展格局，需要全面推进多领域的新兴领域产业发展。新兴领域产业是指关系到国民经济社会发展和产业结构优化升级，具有全局性、长远性、导向性和动态性特征的产业。与传统产业相比，具有高技术含量、高附加值、资源集约等特点，也是促使国民经济和企业发展走上创新驱动、内生增长轨道的根本途径。

近年来，在国内外经济形势纷繁复杂的背景下，我国新兴领域产业表现出良好发展态势，保持了相对较快的产业增速，表现为：产业规模保持了相对较快的增速，在整体经济中的比重持续提高；技术创新成果不断涌现，一大批核心关键技术研发取得突破；产业化推广进程不断加快，空间布局初具形态；政策环境不断完善，各地发展热情高昂。当前，全球经济延续缓慢复苏的步伐，而中国转经济、调结构也进入攻坚期和深水区，新兴领域产业有望迎来快速发展的最佳契机，并成为引领经济增长的重要引擎。与此同时，各个产业领域的边界区域模糊，带来新的市场需求和技术创新突破，多领域融合的集群发展态势将日趋明显。空间集聚效应进一步强化，随着全球多领域新技术的融合创新步伐加快，新兴领域产业的市场空间将不断扩大。与此同时，国家进一步加强对新兴领域产业发展的政策支持，使得新兴领域产业呈现快速增长的态势。在这个过程中，新兴领域产业的空间集聚效应将进一步强化，园区将成为新兴领域产业发展的核心载体。

具体来看，各地具有一定优势的新兴领域产业有望进一步集聚提升。山东打造了海洋工程、工程机械、电工电气等一批高端装备行业；甘肃的风能、光能、生物质能等新能源建设步入快车道；广州形成了以广州无线电、晶科电子等为龙头的新一代信息技术产业集群；深圳形成了基因、医疗器械、生物技术药物等生

---

① 习近平出席中国科学院第十九次院士大会、中国工程院第十四次院士大会开幕会并发表重要讲话. http://www.gov.cn/xinwen/2018-05/28/content_5294268.htm[2021-09-18].

物前沿产业集群。中央引导战略性新兴领域产业统筹布局并规范其发展的政策效应正在逐步显现，地方的优势新兴领域产业初具规模。据统计，2013 年前三季度，广州首批 24 个新兴领域产业基地完成投资 640 亿元，形成了超 6000 亿元的产业规模，其中，花都纯电动汽车等 4 个基地的产业规模超过 1000 亿元；青岛则加快"千万平方米"产业园区建设，国际创新园、青岛信息谷园区初具规模，重点园区相继开工，新引进企业拉动软件业务收入增长 30 亿元。随着园区建设步伐加快，配套工程逐渐完善、公共服务能力显著提升，将吸引更多高新技术企业入园，成为带动工业转型升级、推动新兴领域产业发展的重要载体和骨干力量。我国新兴领域产业发展阶段和主要特点如下文所示。

1. 第一阶段：新兴领域产业起步阶段（2010～2016 年）

1）政府持续出台利好政策，战略性新兴领域产业体系逐步开放

2012 年 5 月 30 日，国务院总理温家宝主持召开常务会议，讨论通过了《"十二五"国家战略性新兴产业发展规划》，提出了节能环保、新一代信息技术、生物、高端装备制造、新能源、新材料和新能源汽车等七大战略性新兴产业的重点发展方向与主要任务，并提出了 20 项重大工程。我国节能环保、新一代信息技术、生物、高端装备制造、新能源、新材料和新能源汽车等新兴领域产业快速发展。2015 年，新兴领域产业增加值占 GDP 比重达到 8%左右，产业创新能力和盈利能力明显提升。新一代信息技术、生物、新能源等领域一批企业的竞争力进入国际市场第一梯队，高铁、通信、航天装备、核电设备等国际化发展实现突破，一批产值规模千亿元以上的新兴领域产业集群为区域经济转型升级提供了有力支撑。在各项政策规划的扶持下，我国新兴领域产业迎来重大发展机遇，呈现较好的增长态势，成为稳增长的重要拉动力量。在这一阶段，优势行业与企业进一步发展壮大，国际竞争力有所提升。产业集聚趋势更加明显，中部地区成为新的增长极。我国新兴领域产业加快发展，其中，工业机器人市场需求进一步加大，政策因素推动新能源汽车发展加快，新能源行业国际竞争力进一步增强，公共私营合作制（public private partnership，PPP）模式助力节能环保产业大幅增长。

信息革命进程快速演进，物联网、云计算、大数据、人工智能等技术广泛渗透于经济社会各个领域，信息经济繁荣程度成为国家实力的重要标志。三维（three dimensions，3D）打印、机器人与智能制造、超材料与纳米材料等领域技术不断取得重大突破，推动传统工业体系不断分化变革，重塑制造业的国际分工格局。基因组学及其关联技术飞速发展，精准医学、生物合成、工业化育种等新模式加快演进推广，生物新经济引领人类生产生活迈入新天地。应对全球气候变化助推绿色低碳发展是大势所趋，清洁生产技术应用规模持续扩大，新能源革命改变国际能源格局。数字技术与文化创意、设计服务深度融合，数字创意产业逐渐成为

促进优质产品和服务有效供给的智力密集型产业，创意经济作为一种新的发展模式兴起。创新驱动的新兴领域产业成为推动全球经济复苏和增长的主要动力，引发国际分工和国际贸易格局重构，全球创新经济发展进入新时代。

2）国内新兴领域市场基础较弱，进入高速成长期

尽管新兴领域产业发展成效显著，但对比全球产业同期发展态势、对照国内产业高质量发展的需求，仍然存在着制约产业发展与升级的一些问题。部分产业领域的关键核心技术受制于人的现象未能得到根本性消除。基础元器件、原材料、核心装备、高档工业软件等对外技术依存度较高，价值链的高端有所缺位，"卡脖子"问题依然存在。产业发展的顶层设计和统筹协调有待完善。产业区域布局没有体现出差异化分工，区域特色和比较优势不足，产业趋同现象明显，产业链的协调配套不齐备。相关法规和标准体系不健全。国家和行业标准、设计规范、质量控制规范等不成体系，部分细分领域的行业准入制度尚未建立。例如，节能环保相关立法仍属空白，重点用能产品能效标准、重点行业能耗限额标准和污染物排放标准等明显滞后。产业创新环境和市场机制有待完善。"产学研用"有效结合的产业创新机制未能形成，技术创新成果的转化效率不高；部分行业存在创新产品进入市场难的问题，企业融资难、融资贵等市场性问题未能有效解决。

在我国正处于经济转型时期的背景下，国家战略发展下的新兴领域产业可成为稳增长的法宝。近年来，提升产业创新能力、提高发展质量、壮大新兴领域产业集群、推进产业开放融合，是我国新兴领域产业多年发展过程中积累形成的发展经验。特别是随着全国各个地区响应新兴领域产业发展规划号召，电子信息类产品、新材料、新能源等新兴板块持续走高。加快发展壮大一批新兴支柱产业，推动新兴领域产业发展成为促进经济社会发展的强大动力。

节能环保产业趋向高端化、成套化。随着国内对节能环保需求的持续升温，国家在节能环保产业的产品、技术及服务体系建设方面继续提供政策支持，以促进节能环保产业的快速发展。在这个背景下，节能环保产业产品向高端化、成套化方向发展。在这一时期我国在节能环保常规技术产品方面已经成熟，但在高端技术产品方面仍较为缺乏。例如，湿式静电除尘设备、脱硫脱硝一体化设备、高浓度难降解有机废水处理设备、高可靠性垃圾渗滤液处理设备等方面。为解决该问题，国家重点支持发展一批先进的设备，并给予相应的优惠政策，促进节能环保设备产业逐步从低端产品向高技术产品方向发展，从而实现重大节能环保装备的国产化、自主化，提高自主知识产权占比。具有研发实力的国内节能设备、污染治理设备、资源综合利用设备骨干龙头企业面临更广阔的发展空间，得到更好的发展机遇，政府也促进市场和行业秩序的进一步整合与规范。发展中国家对中等技术水平、较高性价比的节能环保产品与服务有较高需求，而我国环保企业在"走出去"方面，已经具备了比较好的技术和产品储备，在传统的工程建

设、环保设备及产品制造等方面具有较强优势。在满足国内需求的同时，拓宽海外节能环保市场，成为我国很多节能环保企业重要的战略选择。我国围绕企业的国际合作出台相关支持政策。比如，重点支持国内节能环保装备企业开拓国际市场，鼓励国内企业和研发机构在境外设立研发机构，推动节能环保装备由单机或成套设备出口向海外投资或工程总承包带动环保装备出口转变等。

生物产业进入大规模产业化。在保障人口健康、粮食安全和推进节能减排目标的推动下，新型药物、作物新品种、绿色种植技术、生物燃料和生物发电、生物环保技术、生物基产品等技术的开发培育和推广应用将不断加快，在此带动下，生物产业继续呈现高增长态势。随着生物医药技术的巨大突破和医药产业发展环境的不断变化，医药产业自身的创新格局及体系发生深刻变化。跨国公司原有的研发模式压力越来越大。在外包创新方面，将研发过程的一个环节或者一个季度分包给具有研发实力的小型专业公司，成为很多企业的首选方案。随着我国生物医药产业向高品质、国际化、产业链协同化方向发展，迎来新一轮的投资热潮与创新浪潮，国内生物产业的规模和质量也得到进一步提升。与此相呼应，行业内竞争加剧促进产业逐步整合，产业集中度随之提升，产业结构在竞争中持续优化，综合实力强的大企业集团逐步占据市场。

事实上，除了节能环保产业、生物产业，新一代信息技术产业、新能源产业、新材料产业等一系列新兴领域产业都迎来全新的发展机遇和挑战。十八届三中全会明确提出，要"发展重要前瞻性战略性产业"。宏观政策导向为新兴领域产业发展提供了有利契机，这不仅带动了新兴领域产业的技术创新，也加速了一批新产品技术的产业化进程，为新兴领域产业开辟一条以内需为引领、以创新为依托的快速发展道路。

3）重点依托战略性新兴领域产业布局，逐步渗透国民经济体系

新兴领域产业的发展需要抓住科技爆发与产业变革的历史性机遇，着眼前沿领域、颠覆性技术进行全方位布局，产业主体进入全球价值链的中高端。梳理六大产业发展方向，聚焦新能源、人工智能、生物医药等重点领域，打造先进技术体系，引领基础研究和前沿研究，在产业核心技术突破层面与世界同步，构建多类别、宽覆盖、有机联络的新兴领域产业集群。

（1）人工智能产业。人工智能是推动人类社会进入智能时代的决定性力量，是科技革命的重要环节。在错综复杂的国际环境和我国经济转型的关键时期，人工智能成为提升国际竞争力的新动能和经济发展的新引擎。多数国家已强化人工智能战略布局，并将其上升至国家战略，加强顶层设计，加快推动人工智能产业体系建立，从政策、资本、需求等多方面保障人工智能产业的快速发展。人工智能是实现实体经济自主创新的重要突破口，也是引领未来的战略性技术。人工智能不断地渗透到各行各业，引领商业模式的新变化，促进数字经济产业发展，为

推动实体经济的发展注入新动能。依据产业链上下游关系，人工智能划分为基础层、技术层和应用层。总体来看，我国人工智能产业链已初步形成，但存在结构性问题，侧重于技术层和应用层，基础层短板突出，底层基础技术和高端产品主要被欧美日等垄断，在人工智能芯片、智能传感器等领域比较薄弱，特别是在高端芯片领域，国际科技巨头已基本构建了产业生态，而我国在核心技术方面较为缺乏，高端芯片严重依赖进口。技术层是基于基础理论和大数据、面向细分领域应用开发的技术，较容易向产业链上下游扩展，适合展开广泛布局。

（2）生物产业。生物产业指以生命科学理论和生物技术为基础，结合信息学、系统科学、工程控制等理论和技术手段，通过对生物体及其细胞、亚细胞和分子的组分、结构、功能与作用机理开展研究并制造产品，或改造动物、植物、微生物等并使其具有所期望的品质特性。生物产业是可以为社会提供商品和服务的行业的统称，包括生物医药（服务产业）、生物农业（资源产业）、生物能源、生物环保等，以及生物工业（生物制造产业），微生物工业为最早的生物工业。在新药创制领域，形成并壮大从科研到成药的全产业链能力，奠定持续产生新药物和新疗法的基础。围绕构建创新药物研发技术体系的能力目标，以精准药物设计为核心，综合现代生物学、信息技术和材料科学，建立原创新药发现体系；加强基因治疗、细胞治疗、免疫治疗、代谢调控等技术的深度研发与通用化应用。重视出原创新药、出引领技术的阶段性发展目标，尽快推动我国从医药生产大国向医药创新强国转变。

（3）网络产业。深化电信体制改革，全面推进三网融合，进一步放开基础电信领域竞争性业务，放宽融合性产品和服务的市场准入限制，推进国有电信企业混合所有制试点工作。破除行业壁垒，推动各行业、各领域在技术、标准、监管等方面充分对接，允许各类主体依法平等参与市场竞争。

（4）海洋产业。增强海洋工程装备国际竞争力。推动海洋工程装备向深远海、极地海域发展和多元化发展，实现主力装备结构升级，突破重点新型装备关键技术，提升设计能力和配套系统水平，形成覆盖科研开发、总装建造、设备供应、技术服务的完整产业体系。重点发展主力海洋工程装备。加快推进物探船、深水半潜平台、钻井船、浮式生产储卸装置、海洋调查船、半潜运输船、起重铺管船、多功能海洋工程船等主力海工装备系列化研发，构建服务体系，设计建造能力居世界前列。加快发展新型海洋工程装备。突破浮式钻井生产储卸装置、浮式液化天然气储存和再气化装置、深吃水立柱式平台、张力腿平台、极地钻井平台、海上试验场等研发设计和建造技术，建立规模化生产制造工艺体系，产品性能及可靠性达到国际先进水平。加强关键配套系统和设备研发及产业化。产学研用相结合，提高升降锁紧系统、深水锚泊系统、动力定位系统、自动控制系统、水下钻井系统、柔性立管深海观测系统等关键配套设备设计制造水平，大力发展海洋工程用高性能发动机制造技术，提升专业化配套能力。加强相关法律法规建设。针对互联网与各行业融合发展的新特点，调整不适应发展要求的现行法规及政策规定。落实加强网络信息保护和信息公开有关规定，加快推动制定网络安全、电子商务等法律法规。

（5）新能源产业。立足能源发展规律、能源国情现状、能源新技术发展趋势，聚焦能源资源清洁高效利用、碳约束下的能源安全、能源新技术及关联产业有效支撑经济增长等突出问题，重点发展煤炭清洁高效利用产业、非常规天然气产业、综合能源服务产业、核能产业、风电产业、太阳能光电产业、生物质能产业、地热产业。

（6）太空产业。伴随着时代的发展，太空对国家安全、全球经济和公共利益越来越重要，这使得有保障的太空活动对于世界的自由、安全和繁荣至关重要。为了维持可信赖的、安全的和具备先进技术能力的太空行动，我国必须确保在太空发射、机载服务、遥感、通信和地面基础设施创新领域处于领先地位，发展商业太空是一条可选之路，强大的商业太空产业，不仅能够提高工业基础能力、增加劳动力数量、增强太空系统的韧性，而且还能带动形成一个充满活力的创新环境，从而增强我国在太空产业的竞争力。

2. 第二阶段：新兴领域产业推进阶段（2017年至今）

《"十三五"国家战略性新兴产业发展规划》发布实施以来，新兴领域产业发展受到各级政府的高度重视，各地区各有关部门深入落实党中央、国务院战略部署，扎实推进《"十三五"国家战略性新兴产业发展规划》部署的各项任务，促进战略性新兴产业不断取得新进展，战略性新兴产业规模不断壮大，其创新能力和竞争实力持续提升，产业结构优化成效突出。但同时也存在诸如关键核心技术缺乏、金融人才支撑体系不完善等问题，下一步需继续加大改革力度，加强各部门协同合作，全力提升我国战略性新兴产业自主创新能力、强化金融及人才支持，推动全面完成《"十三五"国家战略性新兴产业发展规划》提出的目标任务。

1）战略性新兴领域产业保持蓬勃发展的良好态势

新兴领域产业呈现推进措施有力、发展势头强劲、创新体系强化、开放发展升级的局面，其高质量发展特征突出、发展成绩优异。

（1）发展速度快。"十三五"以来，战略性新兴领域产业增速持续快于总体经济增速水平。2017年，全国战略性新兴领域产业工业增加值同比增长11.0%，高于同期规模以上全国工业增加值增速40%以上。2018年上半年，战略性新兴领域产业延续快速增长态势，其工业增加值同比增长8.7%，比同期规模以上工业高2个百分点。2019年，全国战略性新兴领域产业规模以上工业增加值年均增速达到8.4%，高于同期规模以上全国工业总体2.7个百分点。2017年，全国战略性新兴领域产业服务业营业收入同比增长17.3%，比同期全国服务业整体增速高出 1 倍左右。2019 年，全国战略性新兴领域产业规模以上服务业企业营业收入增速达到 12.7%，高于同期规模以上全国服务业企业总体近 3 个百分点。战略性新兴领域产业上市公司同样实现了快速增长，2016~2017 年其营收年均增速高达 17.8%，高于上市公司总体增速 4.3 个百分点。2017 年战略性新兴领域产业上市公司营收占上市公司总体比重达 10%，较"十二五"末提升 1.0 个百分点。

（2）盈利状况好。2016~2017 年，战略性新兴领域产业上市公司利润年均增速达到 19.8%，比上市公司（剔除金融类）11.3%的整体增速高出近 1 倍。同期战略性新兴领域产业上市公司利润率达 10.6%，比上市公司总体高出 50%。2018 年上半年战略性新兴领域产业上市公司盈利表现依然良好，利润率为 9.3%，高于同期上市公司总体（剔除金融类）1.0 个百分点。2019 年以来，在总体经济利润状况不佳的背景下，战略性新兴领域产业上市公司利润率达到 5.9%，仍处于较高水平。

（3）投资活力高。"十三五"以来，战略性新兴领域产业企业成为全社会资金关注及投入重点。2017 年，战略性新兴领域产业重点行业完成固定资产投资 4.34 万亿元，2016~2017 年，投资额年均增速为 8.9%，高于同期全社会完成固定资产投资年均增速 1.9 个百分点。此外，2016~2017 年共有 203 家战略性新兴领域产业企业在 A 股融资上市，共募资 1273 亿元，占同期 A 股首次公开发行（initial public offerings，IPO）募资总额的 33.6%。同期，超过 4000 家战略性新兴领域产业企业获得风险资本投资，投资额超过 8000 亿元，占风险资本总投资额约 90%。截至 2019 年末，国家新兴领域产业创业投资引导基金募资总额将近 760 亿元，参股设立基金总规模近 2000 亿元，支持创业企业数量超过 5000 家。

（4）企业信心足。国家信息中心战略性新兴领域产业千家企业景气调查显示，2017 年末企业家信心指数达到 154.9，处于"十二五"末以来的最高值区间，而同期国家统计局调查的工业企业整体企业家信心指数仅为 123.9。2018 年上半年，在复杂严峻的国内外环境下，战略性新兴领域产业企业家信心指数保持高位运行，2017 年以来连续 5 个季度保持在 150 以上，处于较强景气区间。2019 年战略性新兴领域产业上市公司平均研发支出达到 2.4 亿元，较"十二五"末提升 92.7%，同期研发强度达 7.66%，高出上市公司总体 2.08 个百分点，较"十二五"末提升 1.22 个百分点。

2）新兴领域在重点产业实现全面发展

（1）新一代信息技术和生物产业领头羊地位进一步巩固。"十三五"以来，新一代信息技术和生物产业作为新兴领域产业中规模最大、创新最密集的两个产业领域，实现了较快增长，持续发挥了支柱作用。一方面，信息消费带动电子信息产业延续快速发展态势。2016~2017 年，规模以上电子信息制造业增加值年均增长 11.9%，增速快于同期全部规模以上工业 5.6 个百分点，2017 年电子信息制造业增加值占规模以上工业增加值的比重达到 7.7%。2017 年，全国软件和信息技术服务业完成业务收入 5.5 万亿元，同比增长 13.9%，收入规模较"十二五"末增长了近 3 成。2017 年，网民及手机网民规模分别为 7.72 亿人和 7.53 亿人，手机网民占比达 97.5%，较"十二五"末提升 7.4 个百分点。此外，信息技术与经济社会各领域跨界融合不断加深，数字经济、平台经济和共享经济广泛渗透，移动支付、网络购物和共享单车的应用处于全球引领地位。信息消费从生活消费加速向产业消费渗透，成为创新最活跃、增长最迅猛、辐射最广泛的经济领域之一。另一方面，随着我国经济的发展、生活环境的变化、人们健康观念的转变，以及人口老龄化进程的加快，与居民生活质量密切相关的生物产业近年来保持了快速增长的态势。2017 年医药制造业主营业务收入达 2.8 万亿元，该指标 2016~2017 年年均增速达 11.1%，2018 年上半年增速升至 13.5%，分别高于同期工业、企业整体 3.1 个百分点和 3.6 个百分点。2017 年，我国医疗器械市场规模达 4176 亿元，同比增长 13.0%，规模较"十二五"末增长 35.6%；同时，在分级诊疗制度落地、鼓励国产器械发展，以及设立特别审批通道等诸多政策红利带动下，我国医疗器械产业规模迅速扩大，一批优秀国产医疗器械企业不断壮大，在国内市场的份额逐年提升。

（2）绿色低碳和数字创意产业增长新引擎作用突出。伴随着节能环保政策的加快推进落实，绿色低碳产业继续实现快速增长。2016~2017 年节能环保产业上市公司营收总额年均增速达 32.1%，高于同期战略性新兴领域产业上市公司整体营收增速 15.1 个百分点，增速连续 2 年领跑。2017 年，节能服务产业总产值达 4148 亿元，同比增长 16.3%，产值规模较"十二五"末增长 32.7%。2017 年，合同能源管理项目形成年节能能力 3812.3 万吨标准煤，较 2016 年增长 6.5%，相应形成年减排二氧化碳能力超过 1 亿吨。2017 年废旧资源综合利用业主营业务收入达 4061.3 亿元，同比增长 16.9%，比 2016 年提升 10.4 个百分点。"十三五"以来，我国新能源产业保持快速增长态势，在装机量不断攀升的同时，产业化技术水平逐渐提高，正从新能源大国向新能源强国快速转型。2017 年电力发电新增装机中新能源占比首次超过 50%，新能源发电替代成效显著。截至 2017 年底，风电、光伏发电及生物质发电累计装机量分别为 1.64 亿千瓦、1.30 亿千瓦和 1476 万千瓦，装机量较"十二五"末分别提升 27.1%、201.1% 和 43.2%；2017 年三者发电总量占比达 7.8%，较"十二五"末提升 2.9 个百分点。截至 2017 年底，我国投入商业运行的核电机组达 37 台，较"十二五"末增加 7 台，规模位列世界第四，在建核电机组规模位列世界第一。大规模消纳新能源是世界性难题，与国外相比，我国资源禀赋、能源结构、市场条件等有很大不同，新能源消纳问题更为突出。不过随着一系列促进新能源消纳政策的出台和支撑新能源大规模友好并网技术的攻克，新能源消纳难题得到明显缓解。2017 年，弃风电量 419 亿千瓦时，同比减少 78 亿千瓦时，弃风率 12%，同比下降 5.2 个百分点；弃光电量 73 亿千瓦时，弃光率 6%，同比下降 4.3 个百分点。

（3）新能源汽车由示范阶段进入快速普及阶段，行业景气度持续保持高位。2017 年我国新能源汽车全年总销量 77.7 万辆，同比增长 53.3%，销量较"十二五"末增长 134.7%，连续 3 年位居世界首位。2017 年，纯电动车和插电式混动车年销量分别达 65.2 万辆和 12.5 万辆，分别较"十二五"末增长 163.5%和 49.5%。虽然增速快，但截至 2017 年底我国新能源汽车渗透率仍不足 3%，未来渗透率提升空间仍然巨大。

（4）移动互联网与数字技术的快速发展驱动数字创意产业爆发式增长。一方面，以数字音乐、网络文学、动漫、影视、游戏、直播等为代表的一大批新兴数字文化行业快速崛起，出现了一批极具爆发力的产业发展热点，这些典型行业在 2012~2017 年年均增长速度超过了 20%。2017 年我国数字音乐市场规模达到 180 亿元，2016~2017 年年均增长 32.3%；截至 2017 年底，中国网络文学用户规模已达到 3.68 亿人，占网民总体的 45.6%，规模较"十二五"末增长 23.9%；2017 年国内游戏市场规模达到 2036.1 亿元，2016~2017 年年均增长 20.3%；2017 年我国网络表演（直播）市场整体营收规模达到 304.5 亿元，2016~2017 年年均增长 83.9%。另一方面，消费需求升级和创新发展驱动数字创意装备和创意设计产业实现高速增长。智能手机、智能电视市场渗透率超过 80%，智能可穿戴设备、智能家居产品、虚拟现实（virtual reality，VR）设备等新兴数字创意装备产品种类不断丰富。2017 年，中国智能可穿戴设备规模达 264.2 亿元，2016~2017 年年均增长 56.5%；2017 年我国 VR 产业市场规模达到 160 亿元，规模约为"十二五"末的 10 倍。

（5）高端装备制造产业继续保持平稳较快增长。在产业升级需求和技术创新的引领下，高端装备制造业在"十三五"以来实现平稳较快增长。2017 年高端装备制造（含高端装备制造及新材料产业）上市公司营收总额达 6555.7 亿元，2016~2017 年年均增长 6.8%。高端装备制造领域，航空装备、卫星及其应用，智能制造等重点子行业均表现良好，2016~2017 年上述行业上市公司营收规模年均分别增长 10.6%、18.6%和 23.3%。新材料领域，随着上游原材料需求的快速增长，产业实现较快发展，"十三五"以来新材料上市公司营收规模年均增长 23.7%。

3）新兴领域产业区域发展特色突出

（1）激活创新发展源头。大力支持开展技术研发成果转化。以科技重大专项、重点研发计划和"科技创新 2030—重大项目"为主体，推进与战略性新兴领域产业发展紧密相关的重大技术研发。中科院也部署实施了"高比能量锂硫电池"等 41 项科技服务网络计划项目，为新兴领域产业发展提供新技术支撑。《国务院关于印发国家技术转移体系建设方案的通知》的发布加强了技术转移和成果转化工作的系统设计，形成了体系化推进格局，进一步推动了科技成果的加速转化，为战略性新兴领域产业发展提供了现实动力。

（2）完善创新平台布局。截至 2017 年底，我国已建成国家工程研究中心 131 家，国家工程实验室 217 家，国家地方联合工程研究中心（包括国家地方联合工程实验室）896 家，国家企业技术中心 1276 家，国家工程技术研究中心 346 家，为战略性新兴领域产业培育发展提供了有效的技术研发平台、工程化平台和公共服务平台，支撑战略性新兴领域产业开展技术创新与产业化的条件更加完善。

（3）创新成果持续涌现。2017 年全国战略性新兴领域产业发明专利申请量达到 36.8 万件，比"十二五"末增加 10.3 万件，相较于 2012 年的水平提高了近 2 倍。其中，来自海外的专利申请比重进一步降低，仅为 13.3%，比"十二五"末降低了 4.3 个百分点。在新一代信息技术领域，量子通信技术取得突破，在国际上首次成功实现了白天远距离（53 千米）自由空间量子密钥分发；京东方科技集团股份有限公司开发的高级超维场转换（advanced super dimension switch，ADSDS）技术是世界领先的超硬屏技术之一，提升了我国显示产业在全球高端显示领域的竞争力。在生物医药领域，我国独立研发的具有完全知识产权的"重组埃博拉病毒病疫苗"在全球首家获批，该疫苗还突破了病毒载体疫苗冻干制剂的技术瓶颈。在高端装备领域，国产大飞机 C919 和我国制造的全球最大水陆两栖飞机 AG600 首飞成功，实现了航空领域的重要突破。在新能源领域，我国在南海北部神狐海域进行的可燃冰试采获得成功，创造了天然气水合物试采产气时长和总量的世界纪录。

（4）创新氛围浓厚活跃。广泛深入推进大众创业、万众创新。《国务院关于强化实施创新驱动发展战略进一步推进大众创业万众创新深入发展的意见》出台，形成了推动"双创"工作的顶层设计，为战略性新兴领域产业发展注入创新创业动力。截至 2017 年底，全国批复建设"双创"示范基地共计 120 家，国家新兴领域产业创业投资引导基金成功参股上百只创业投资子基金，为推动战略性新兴领域产业创新创业提供了有力支持。"十三五"期间成功举办全国"双创"活动周和"创响中国"等系列活动，在全国营造有利于创新创业的良好氛围。

4）新兴领域产业开放发展水平明显提升

（1）国际竞争实力增强。一是部分产业处于世界领先水平。中国新能源发电装机量、新能源汽车产销量、智能手机产量、智能电视产量、工业机器人产量、海洋工程装备接单量等均位居全球第一；在新一代移动通信、核电、光伏、高铁、互联网应用、基因测序、纳米技术等领域也具备世界领先的研发水平和应用能力。二是领军企业具备国际影响。2017 年，华为、阿里巴巴、腾讯等创新引领型巨头企业均入围世界 500 强，中国战略性新兴领域产业企业在世界 500 强榜单中占有 25 个席位，数量较"十二五"末增加 7 个。2018 年上半年，华为智能手机发货量超过 9500 万台，仅次于三星手机成为全球第二大智能手机厂商。根据科技部火炬高技术产业开发中心统计，2017 年中国独角兽企业达到了 164 家，较"十二五"末增加 94 家，形成了一批具有较强国际竞争优势的企业。三是新兴领域产业成为出口贸易主要支撑。2017 年，战略性新兴领域产业 26 个重点工业行业累计出口交货值达 4.2 万亿元，同比增长 14.5%，对中国整体规模以上工业出口增长的贡献率达 131.5%。其中，新一代信息技术产业累计出口交货值 3.7 万亿元，同比增长 15.3%，对战略性新兴领域产业工业出口增长的贡献率达 93.4%。四是积极制定和推广国际技术标准。中国主导制定手机（移动终端）动漫标准，这一标准是由我国主导制定的文化领域首个国际技术标准。我国的地面数字电视广播传输标准在巴基斯坦和东帝汶落地，并逐步走向世界。

（2）开展多层次国际合作。一是积极开展多边国际合作。例如，在二十国集团（Group 20，G20）、金砖国家、亚太经济合作组织（Asia Pacific Economic Cooperation，APEC）等多边框架下，有关部门持续倡导"新工业革命""数字经济"相关发展理念和主张，初步建立了合作创新的国际框架。各部门着力构建区域技术转移协作网络，围绕科技人文交流、共建联合实验室、科技园区合作、技术转移四项行动制订具体实施方案。二是积极开展与发达国家的国际合作。国家发改委按照中英新兴产业合作协议建立中英创新中心，推动项目联合孵化。三是积极开展与发展中国家的国际合作。例如，国家发改委落实与智利政府签署的《关于开展信息通信领域合作谅解备忘录》，推进"中智电信合作及跨境海缆项目"；国家海洋局组织对发展中国家科技援助项目"适用热带海岛的高浓缩反渗透海水淡化技术研究与应用"立项实施，推动与佛得角、文莱等国在海水淡化设备方面的合作交流。四是积极开展与跨国公司的国际合作。例如，国家发改委与 IBM 签订合作谅解备忘录；深圳市政府与美国思科公司围绕研究开发、人才培养、信息交流、采购等内容签署合作谅解备忘录。各地积极引导外商投资战略性新兴领域产业，一批战略性新兴领域产业外资企业落户中国，波音 737 完工和交付中心落户浙江舟山，空客天津 A330 宽体机完成和交付中心启动建设。五是积极开展人才领域国际合作。更加重视以人才开发体制机制改革促进人才引进，《国务院办公厅关于推广支持创新相关改革举措的通知》印发，逐步形成高层次外籍人才申请永久居留的政策渠道，为外国留学生在华就业、创业提供更大便利。

3.1.2　典型区域新兴领域产业发展现状

2010 年《国务院关于加快培育和发展战略性新兴产业的决定》明确提出，战略性新兴产业是以重大技术突破和重大发展需求为基础，对经济社会全局和长远发展具有重大引领带动作用，知识技术密集、物质资源消耗少、成长潜力大、综合效益好的产业。国务院在 2012 年和 2016 年分别制订了"十二五""十三五"期间战略性新兴领域产业的发展规划，明确界定并区分了战略性新兴领域产业的细分领域，对各细分产业分别提出发展目标和行动路线。2018 年 11 月国家统计局公布《战略性新兴产业分类（2018）》，新兴领域产业的统计标准进一步清晰。目前战略性新兴领域产业已成为全球各国经济实力角逐、科技发展竞争的制高点。

我国新兴领域产业以江苏、广东、山东三省的发展最为突出，与其他省份相比具有明显优势，这三个省份均属于东部沿海发达省份，拥有扎实的经济基础，集聚高水平人才，加之政策扶持力度不断加大，近年来已初步打造了多个具有产业特色的新兴领域产业集聚区。比如，江苏省战略性新兴领域产业规模总量位居全国前列，江苏南通高新区已逐步形成相对完整的新一代信息技术产业生态链条，在 22 个国家生物产业基地中，江苏省占有南京、苏州和泰州三个席位，在领军企业集聚方面优势明显。"十二五"期间，广东战略性新兴领域产业年均增速超过 12%，其中，高端装备制造业相对突出，在新一代移动通信、平板显示、高端软件、半导体照明、生物医药、智能制造装备、新材料等领域发展形成产值规模超千亿元的新兴领域产业集群。除此之外，环渤海地区依托其临海优势，已成为我国海洋工程装备产业重要的研发、设计、制造基地，大连、青岛、烟台等地聚集了众多海洋工程装备制造业，大连船舶重工集团有限公司、大连中远船务工程有限公司、烟台中集来福士海洋工程有限公司等龙头企业在行业内发挥领军地位。

1. 新兴领域产业园区数量逐渐增多

自 2007 年以来新兴领域产业不断更新迭代，中国新兴领域产业园区迅速发展，数量激增。据统计，截至 2017 年，我国国家级产业园区共计 626 家，省级产业园区共计 1166 家，而市级产业园区数量更是不胜枚举，区中涵盖着区，园里包含着园。我国的经济开发区大都以新兴领域制造业为主，高新区大都以高科技和高端制造业为主，随着国家经济的发展，各类产业园区也有较快的发展，但由于产业园区数量过大，密度过高，同类型的产业园区较多，产业园区同质化较为严重，不同省、市，甚至是同市的产业园区竞争激烈，产业空间与市场容量不足。

2. 新兴领域产业园区发展四阶段

和国外相比，我国的新兴领域产业园区仍处于起步阶段，呈现以下特点：一是新兴领域产业园区内的产业模式不完整，没有形成有序链条，各产业、企业单打独斗，未形成集群性、发散性发展，未能充分发挥创意产业园的产业集聚效应；二是新兴领域产业园区尚未建立起有效的园区公共服务平台，未能形成园区企业资源共享机制，缺乏交流平台，缺少必要的分工合作；三是新兴领域产业园区与园区之间相互分离而自成体系，缺少必要的分工合作，未能发挥园区间优势互补、资源共享效应；四是新兴领域产业园区的服务未能充分挖掘中小企业的潜在需求，目前园区服务主要集中在传统租赁服务和物业管理，发挥园区信息平台效应的能力有待提高。

3. "互联网+"企业服务成为新兴领域模式新常态

根据 2016 年政府工作报告，"十二五"期间"互联网+"企业服务发展成效显著。互联网与各行业加速融合，新兴领域产业快速增长。据估算综合创服市场规模近千亿元，而且增长迅猛。创业已经成为社会化的浪潮，"创业"无疑已经成为一个高度热化的名词。创业公司总是会遇到一个令人头疼的问题，那就是公司注册手续和各种财税、社保、法务、知识产权等手续问题，很多创业者由于对这方面了解不深，以至于上当受骗。在供给方的传统线下有着数万家的中介服务机构，价格不透明、信息不对称现象突出。供需两端的分散，给了利用互联网方式整合的巨大机会。推动基于互联网的公共服务模式创新，推进基于云计算的信息服务公共平台建设，增强公共产品供给能力。加快实施"互联网+"政务服务，逐步实现政务服务"一号申请、一窗受理、一网通办"，简化创业流程，激发创业公司的积极性和主动性。

4. 平台建设成为新兴领域新方向

随着互联网技术的不断发展，创业服务企业发展模式亟须升级，以集成服务、自主研发平台、产业聚焦为落脚点，着力解决行业痛点。管理更为扁平、资源更为开放的平台型创业服务机构逐渐成为未来创业服务支持机构的主流业态。平台型创业服务机构具备去中心化、分布式的特点，可以有效运用平台所掌握的丰富的创业资源，为创业者提供所需的全方位、综合性服务。深入推进"互联网+"，建设互联网跨领域融合创新支撑服务平台。促进基于云计算的业务模式和商业模式创新，推进公有云平台和行业云平台建设。

5. 新兴领域产业园区不断升级

当前大众创业、万众创新是产业园区的发展动力，要利用机遇实现转型。在"双创"浪潮中，新产业、新业态、新模式等经济增长新动力在加快成长，将为园区提供机遇。地方要摒弃"卖地建房""做房东收房租"的园区发展路径，整合企业、大学、研究机构、智库、中介组织、投资机构、孵化器等社会各方资源，发挥服务机构的集聚效应和创业创新规模优势，提升产业园区的"软环境"。创业服务将从早期提供场地租赁、办理注册等以硬件为主的基础服务，发展为提供创业媒体资讯、创业辅导培训、投融资对接、路演支持等在内的多元化综合服务。

3.2 新兴领域产业发展存在的主要问题

3.2.1 发展战略方面

1. 新兴领域产业发展带来新挑战

我国以新兴领域推动行业技术积累和升级换代正面临越来越严峻的外部形势。发达国家对我国的防范心理和行为将普遍加大，可能会实施更为严峻的技术性贸易壁垒。为了阻碍我国的技术突破与发展，发达国家在关键技术领域会对我国继续采取更加严苛的技术封锁。以中美之间的紧张关系为例，美国国家安全委员会和商务部也正在商讨更加严格的出口管制方案，阻止对我国的技术输出，无论是国有资本还是私有资本都将被列入监管范围。

同时，关键技术受制于人、人才结构性短缺仍是最大挑战。我国在某些领域的核心和关键技术还处于追赶，而不是引领阶段，这是我们的薄弱环节，也是我们面临的最大挑战。此外，我国还面临着人才结构性短缺的问题，其中包括技术方面领军型、创新型、技能型、工程型等人才，也包括市场开拓方面的人才。因为新的产业、新的制造、新的商业模式、新的市场开拓方式，整个创新链条和产业链条都需要不同类型的人才。此外，我国新兴领域产业发展还面临着国际竞争的压力，因为全球都处在新一轮科技产业大变革的发展阶段，未来新兴领域产业还将面临更加激烈的国际竞争。

2. 新兴领域产业组织存在的风险

面对新兴领域产业发展新机遇，各地为迎合时代背景需求，在新兴领域产业组织方面出现脱离本地区产业发展实际、发展阶段和市场需求的同质化发展态势，更多体现为产业发展方式较为粗放，在推进新兴领域产业发展过程中无法提供切实解决制约新兴领域深度发展的体制性障碍、结构性矛盾、政策性问题的针对性举措。企业热衷"包装"。面对新兴领域的强大市场空间，部分热衷"包装"的民营企业，不思在技术创新上有所作为，而是在投资机构的推动下，通过蹭热点和项目"包装"，以获得资本市场对新兴领域的高估值和定价，偏离了融合发展战略的初衷。面对大数据、云计算、物联网等新一代信息技术带来的全新挑战，面临企业在新兴领域已经处于事实上的领跑位置这一情况，一些集团决策层相对缺乏应对的思索和行动，更多表现出外延式扩张的路径依赖偏好，即"跑马圈地多、有效融合少"，偏离了新兴领域发展的初心。这不仅会降低资源要素的配置效率，从而造成不可持续发展，而且会增加社会各界对新兴领域发展的负面情绪，难以形成长远的良性发展局面。

3. 传统产业发展模式不适应新时代发展诉求

在互联网飞速发展的时代背景下，新兴领域产业发展难以摆脱传统产业发展思维定式和发展模式，大规模、线性控制的传统产业发展模式难以适应不稳定、不确定、复杂、模糊（volatile、unpredictable、complex、ambiguous，VUCA）的发展环境。无论是政府部门还是企业，对于新兴领域产业应如何发展还存在着认识上的偏差和误区，阻碍市场主体健康发展的体制性障碍仍然存在。从中央和地方关系层面看，地方政府部门反映，政策文件进入高发期，但各部门的政策间还缺乏全国一盘棋的思想，部门壁垒、行政壁垒让政策沟通存在障碍，部分政策措施也与复杂商业模式的实践发展相脱节，造成实践部门无所适从。例如，跨境电商"4.8新政"的推出，缺乏对操作环节困难和问题的周密思索，导致新政在推出过程中呈现"急起急停"（打补丁）的现象，使得企业对政策走向无法把握并存在疑虑，大部分企业呈现谨慎、观望的态度，减缓跨境电商布局，不利于新兴业态的发展。

3.2.2 产业组织与结构方面

近年来，我国在新产业领域发展上迈出了坚实步伐，取得了丰硕成果，促进了经济实力和国防实力的同步增长。但总体上看，目前我国的新兴领域组织结构还比较薄弱，范围还比较狭窄，程度还比较浅显，与加速产业转型升级、助推经济结构调整、形成新经济新动能相比，还存在不小差距，主要体现在以下几方面。

1. 顶层发展战略不完善

战略规划布局事关融合成败。当前，我国新兴领域深度发展缺乏顶层战略规划设计和统一领导，部门职能存在交叉，多头管理问题较为突出。从近年来我国推进新产业发展的实践探索来看，地方经济建设与国家宏观战略布局的衔接不够，资源、技术和人才引进与共享不足的问题比较突出。出现这一情况，在于目前我们新兴领域发展的顶层设计统筹不够、部分地方脱节的情况比较明显，导致新产业领域建设需求没能很好地融入地方经济社会发展规划中，新产业领域建设不能充分利用地方经济社会发展成果。

2. 组织领导机构不健全

新兴领域发展是党和政府的意志，需要权威机构协调管理。目前我国新兴领域还存在体制机制障碍，一些跨地区、跨部门的协调机构还不能真正发挥牵头、统筹、协调作用，难以逾越新兴领域与传统领域条块分割的体制性障碍，难以破除融合主体的利益藩篱，融合发展中各自为政、管理分散、职能重叠问题还比较突出，跨地区、跨领域、跨部门的融合重大事项还缺乏统筹管理。

3. 政策法规制度不完备

近年来，从国家到地方都相继颁布出台了一系列促进新产业发展的政策规定，相对传统领域，新兴领域发展的政策法规环境得到很大改善，但总体来看，现有的法律法规体系还存在一些问题。在融合发展规划、制度安排、政策保障等方面还缺乏高层次、统一的法律规范，现行的一些法律法规和行业政策明显滞后，新兴领域"门槛"过高等问题仍然没有得到很好解决，影响和制约了新领域新生企业参与经济建设的热情。

4. 社会信用体系不健全

对于新兴领域产业发展而言，关键的要素就是信任。然而，在宏观经济形势整体低迷的大背景下，银企间、政企间、银政间、银行间、企业间的信用关系正遭受重重考验。例如，在银企间，一方面，部分在银行业机构贷款的企业和个人存在故意逃避银行债务的情况；另一方面，部分银行机构出于自身管理考核的压力，不顾企业实际经营发展情况而抽贷、压贷、断贷，极大影响了企业正常运行。银行和企业间缺乏相互信任的关系，阻碍了新兴领域产业的发展。在政企间，某些政府部门因缺乏对产业发展内在规律的把握，并出于培育壮大新动能、助推经济发展的主观意图，对新兴领域产业的大量补贴和优惠支持，不可避免地伴生了权力寻租和脱离实际需求的"拔苗助长"现象及企业骗补等弊端，对本地新兴领域产业发展的支撑力度弱、主动性差。在企业间，部分企业受巨大利益诱惑及缺乏商业诚信的有效控制机制，通过降低产品和服务质量、以次充好、合同违约等手段造成市场经济秩序的紊乱，并导致"劣币驱逐良币"现象的发生。同时，部分领域还普遍存在着货款支付周期拉长、货款拖欠增加、承兑汇票支付增多、连环债等问题。

3.2.3 创新示范区建设方面

经过多年的发展，我国新兴领域园区和保障基地建设呈现出新兴企业集团积极参与、地方政府保障政策配套、国家有关部门协调支持等突出特点与示范效应，但也存在一些不足。

1. 在国家层面上缺乏顶层设计和统筹规划

国家针对新兴领域产业示范区建设的顶层设计欠缺，导致新兴领域产业示范区建设在战略规划、统筹推进、管理协调、监督和保障等方面存在不足，阻碍了新兴领域产业创新示范区建设。当前，关于新兴领域创新示范区建设主要是以工信部、国家发改委国民经济动员办公室、经济有关部门、军工集团及地方政府等为主导，分系统并独立分散建立。新兴领域示范区在总体目标、建设布局、功能定位等方面还没有与国家和地区经济及社会发展总体规划、年度计划之间相互衔接，缺乏总体协调，在一定程度上影响了新兴领域示范区建设的有序推进。

2. 法规制度不健全、政策措施不完善

新兴领域产业示范区建设需要良好的制度与政策环境作为保障，当前，我国针对新兴领域产业示范区建设的相关法律法规尚不健全，各级地方政府支撑新兴领域产业示范区建设的配套政策机制尚不完善，在深入推进新兴领域产业示范区发展规划、管理组织、计划执行等方面难以提供制度保障。

3. 发展思路不够清晰，尚未形成有效的产业链

我国新兴领域示范区内部企业之间的关联度并不高，相互依存的专业化分工协作网络体系尚未形成，同时部分示范区有涉及新兴领域的产业也是与传统产业相结合，未形成原有固定的发展模式，也同样未能在新兴领域示范区的建设上起到重要作用。如何促进市场发育，以大流通促进大生产，以大生产促进专业分工和合作，按照产业链聚集企业，是政府在新兴领域示范区发展中迫切需要解决的问题。

4. 公共服务体系尚需健全，平台建设有待加强

在我国新兴领域示范区发展的过程中，有关海洋、太空、网络、生物、新能源和人工智能等领域的公共服务体系支持力度与手段有限，技术研发、信息咨询服务、行业协会、技术成果发布交流平台、金融担保体系、标准体系、涉密管理体系等促进新兴领域示范区内创新要素充分融合的服务体系仍然存在较大问题，还亟须进一步完善。

3.2.4 制度与政策方面

当前，支持新兴领域发展的政策制度的文件不断完美，但不系统、不全面及存在"漏项"的问题仍然比较突出。

1. 科技与经济"两张皮"的问题依然存在

一方面，支撑新兴领域产业发展的科技储备不足，许多产业领域的关键和核

心技术仍受制于人，创新能力亟待提升。另一方面，围绕新兴领域产业的科技创新活动目标导向不明、投入产出低效等问题依然不同程度地普遍存在；科研院所、高校和企业之间在技术和人才等方面的藩篱仍未完全打破，成果转化通道还不够通畅，科技成果转化率不高，新技术产业化和规模化也面临很多体制机制上的障碍。此外，企业的创新主体地位尚未落实，创新能力总体薄弱，甚至一些高技术企业对创新的性质及其对产业战略影响的理解也还不够深刻。

2. 创新产业链及新兴领域产业生态系统不健全

我国高技术产业在全球产业链中长期处于基于产品出口战略的低端平台，缺乏产业自主性和创新整合能力，造成"被分工"格局和"强经济、弱产业"的状况。产业创新生态链能够实现创新要素跨区域和全球流动，促进创新资源的空间集聚，并惠及到各行业和领域。但是，我国在新兴领域产业创新链及产业生态系统建设方面仍不完善，补链强链、协同发展的能力尚存在不足。促进新兴领域产业发展的知识型人才流动能力不强，高水平人才储备不够，新兴领域产业发展的平台建设投入不够，载体孵化、链条服务能力不佳等问题依然存在，这些都影响到新兴领域产业的组织与发展。

3. 政府宏观管理缺乏有效的决策协调机制

由于新兴领域产业处于起步阶段，政府管理经验不足，对政府推动与市场主导的功能定位和协同互动关系把握不准，往往会陷入"一管就死、一放就乱"的困境。同时，由于体制上部门分割严重，决策协调难度较大，一些强势企业和部门利用传统势力阻碍技术的商业化，导致技术成熟的新兴领域产业在商业上和国际竞争中落后于人。从全国而言，在发展新兴领域产业的组织部署中，还存在多头布局、力量分散、定位不准、前瞻不够、政策不协调、措施不配套等问题。三网融合问题就是一个典型案例。节能环保产业的价格形成机制、生物新技术的市场准入机制、航空航天的军民结合机制等也不够健全，都对相关产业的发展形成瓶颈制约，与之相适应的中介服务机构和市场应用支撑体系建设更是任重道远。

4. 财税政策支持力度不够，投资管理不善

新兴领域产业属于高新技术产业，技术密集水平高，存在投资金额大、投资风险高的特点，新兴领域产业必须依靠政府的财税政策支持。当前，我国在支持新兴领域产业发展方面，政府和社会资源的多元投入机制正在形成。但是，适应新兴领域产业特点和要求的资本市场与投融资体系尚不健全，财税政策支持力度不够，政府对新兴领域产业的支持力度有限，资本投入分散，财税支持方式、政策体系、监督管理机制都亟待完善。

5. 区域布局缺乏统筹规划与分工协同

在重视和积极发展新兴领域产业的同时，一些地方不同程度地出现了一哄而起、低端拼抢的从众化苗头。新兴领域产业发展存在缺乏统筹规划，区域分工与协调不足，导致新兴领域产业的区域布局存在基础能力不强、创新能力不足、区域发展不平衡、国际化发展水平不高等问题，一些关键核心技术和生产装备主要依赖进口，部分新兴领域产业并未真正走上自主创新的高端路线，布局趋同，模仿式发展较为普遍。

6. 创新创业人才培养、使用和流动机制不完善

创新创业人才培养是我国教育、科技和产业界共同面对的体制性难题。目前我国创新人才队伍的规模与结构（包括学科结构、产业结构、能力结构等）都还难以适应和满足新兴领域产业的发展需求，一些产业领域特别是高技术企业，高端创新创业人才缺乏问题比较突出。高水平人才储备不够，创新型科技人才流动能力不足，难以为区域新兴领域产业发展提供人才支撑。同时，高校作为创新型人才的重要培养基地，校企合作育人机制不够健全，双师型导师教学模式应用不足，导致行业需求与人才培养的契合度不够。

3.3 新兴领域产业发展面临的挑战

当前，全球新一轮科技革命及我国人民日益增长的美好生活需要，为我国新兴领域产业发展提供了新的发展机遇，但是国际环境的复杂多变及创新发展模式的调整都对产业发展形成了一定挑战。

3.3.1 新一轮科技革命带来发展新动力

当前全球新一轮科技革命和产业变革正处于从蓄势待发到群体迸发的关键时期，伴随着信息革命进程的快速演进，基因组学及其关联技术迅猛发展，新制造技术与新型材料研发的持续突破，以人工智能、量子计算、合成生物学、石墨烯等为代表的新兴技术纷纷步入快车道，不断发展成熟，数字化、智能化、绿色化和跨领域融合等方向成为新兴技术发展新趋势，并给世界经济发展带来新希望和新契机。预计到 2025 年全球人工智能市场规模将会超过千亿美元，而大数据和云计算的市场规模将会分别超过 2000 亿美元和 4000 亿美元。全球科技创新进入空前密集活跃的时期，前沿技术呈现集中突破态势，多个技术群相

互支撑，全面涌现的链式发展局面正在形成。众多颠覆性创新呈现几何级渗透扩散，引领新兴领域产业众多领域实现加速发展，并以革命性方式对传统产业产生全面冲击。当前，信息科技、生命健康、新能源、新材料、先进制造、深空深海深地探测等新兴领域技术发展迅速。一是信息技术，目前人工智能、大数据、云计算、VR 等领域仍旧是创新的热点，此外量子信息、第五代移动通信技术（5th generation mobile communication technology，5G）、物联网、区块链等新兴技术也在不断加快应用普及。这一系列新技术互为支撑、群体演变、加速突破、广泛应用，在给自身带来巨大产业增量的同时，还推动新一代信息技术成为新一代的通用技术，引领数字经济新范式的到来，信息化、网络化、数字化、智能化日益成为所有产业发展的基点。二是生命健康技术，合成生物学、基因编辑、脑科学、再生医学等技术正在从更为根本的角度解释生命的本质，并为解决人类面临的健康、环境、能源、食物等方面的挑战提供以生物技术为基础的更高效、更低廉、更环保的解决方案，进而在生物产业内部形成以新药创制、基因技术应用服务、新型医疗器械制造、生物农业等为代表的不断加快发展的新增长点。三是新能源技术，分布式发电、先进储能、能源互联网、高效燃料电池等技术正在推动一场能源革命，随着相关技术的不断成熟，核能、太阳能、风能、氢能等新型能源应用比例不断提升，汽车、轨道交通等领域的动力结构转型不断深化，低碳、清洁、高效的新型能源体系正在加速形成。四是新材料和先进制造技术，机器人、增材制造、数字孪生、工业互联网等技术正在全面推动制造业向智能化、服务化、绿色化转型，超材料、纳米材料、石墨烯等新材料又为制造创新提供了巨大的发展空间。新材料、新制造技术将成为新兴领域产业下一步创新发展的重要推动力。五是深空深海深地探测技术，近年来深空深海深地探测技术取得快速进展，直接带来了太空、海洋等空间的开发利用成本大幅下降，在新兴产业领域，将外空、深海开发成为人类生存发展的新疆域已经成为一股热潮。

3.3.2　国际环境变化形成发展新挑战

近年来，全球化发展出现退潮，贸易保护主义行为频频出现，新兴领域产业发展的国际环境有所恶化。我国作为世界上最大的发展中国家同其他发达国家的正面竞争日益凸显。当前中美关系进入竞争合作阶段，两国间产业体系的竞争性越来越强，竞争范围向新兴领域产业等中高端产业领域扩散，中美贸易争端的爆发对我国新兴领域产业国际化发展带来了较大的不确定性，美国加大了对中国新兴领域产业发展的遏制力度，抢夺技术主导权。例如，对华为的各种或明或暗的打压，不停阻碍中国 5G 技术的发展和普及等。此外，日本于 2016 年 11 月宣布了经调整的"特惠关税"标准和国家名单，依据该标准，中国、墨西哥等五国自2019年开始，将不再享受相关关税减免。新规定实行后，有1000～2000个品目的产品关税将上涨，涉及新材料等新兴领域产业品类。长期以来我国新兴领域产业的发展所依托的全球化带来的技术扩散红利显著弱化，这将对我国新兴领域产业自主创新能力的提升提出更高的要求。国内部分产业领域的关键核心技术受制于人的现象未能得到根本性解决。基础元器件、原材料、核心装备、高档工业软件等对外技术依存度较高，价值链的高端有所缺位，"卡脖子"问题依然存在。在国际环境日益复杂的今天，要提升产业创新能力，需要坚持开放融合发展为发展方向，以筑牢产业安全体系、破解产业发展"卡脖子"问题为核心任务，以集中优势资源实施重大攻关、打造世界级产业集群为主导路径。突发的全球新型冠状病毒肺炎疫情短期内难以结束，将给全球经济造成长期波动风险，对于我国新兴领域产业国际化发展带来直接不利影响，部分产业领域市场国外需求将受到明显冲击，被迫转向拓宽国内市场空间。

3.3.3 美好生活需要催生产业发展新需求

随着我国经济水平的高速发展，人民群众对美好生活的需要愈加强烈，这也为新兴领域产业的发展提供了巨大机会。新时代的美好生活需要在教育、医疗健康、养老、托育、家政、文化和旅游、体育等社会服务领域产生了新变化，需要利用新技术以更高效率、更好质量满足新兴需求。另外，新兴需求是新兴领域产业发展的重要拉动力，随着数字技术的不断兴起，以数字文化、数字教育、数字医疗等为代表的战略性新兴服务业在不断涌现，通过实现创新发展与跨界融合，促进社会服务数字化、网络化、智能化、多元化、协同化，更好满足美好生活的新需求。例如，在资源和环境承载力不断下降的同时，提高资源利用效率、保护和改善生态环境，成为我国发展面临的紧迫任务，绿色低碳产业必将长期成为我国重要的支柱产业；同时，为了更好地满足人民群众日益增长、不断升级和个性化的需求，要加强供给侧结构性改革，不断提高质量与效率，并推动信息化与工业化、互联网、大数据、人工智能与实体经济深度融合。新兴领域产业对于新一代信息技术、高端制造及数字创意产业具有明显带动作用。随着健康中国战略的实施，居民对于更好的生活环境和医疗卫生服务能力的诉求不断增强，这对于生物产业发展也具有积极意义。新兴领域的进一步发展反过来对人民群众的教育、医疗、生活等方面带来积极的作用，为把我国建设成富强、民主、文明、和谐、美丽的社会主义现代化强国添砖加瓦，助推中华民族伟大复兴。

3.3.4　创新发展模式调整呼唤发展新思路

当前，我国经济已由高速增长阶段转向高质量发展阶段。随着我国新兴领域产业发展实力和创新能力的不断提升，创新发展模式也在逐渐调整，对应的管理方式也亟待创新。长期以来我国新兴领域产业采用的是引进、消化、吸收、再创新的道路。近年来，我国新兴领域产业的创新明显越来越多地正在从模仿创新向自主创新转变，这就对我国的管理体系提出了三方面的挑战：一是需要形成宽容失败的社会评价体系。自主创新的失败率远高于模仿创新，原有基于高成功率形成的科研、产业化体系需要较大范围的调整。二是需要形成审慎的监管体系。面对全新的技术、业态和发展模式，将不再有成熟的监管体系可以借鉴，如何做到既不限制创新，又避免监管缺位，仍需要较多探索。三是需要进一步加强知识产权保护，这是促进自主创新的核心要素。没有良好的知识产权保护体系，就很难诞生有价值的创新成果。

第四章　新兴领域产业发展战略设计

4.1　新兴领域产业发展的战略环境与要点

4.1.1　新兴领域产业发展的重要论述

2010 年 10 月 18 日,《国务院关于加快培育和发展战略性新兴产业的决定》①发布,指出"战略性新兴产业是引导未来经济社会发展的重要力量"。发展战略性新兴产业已成为世界主要国家抢占新一轮经济和科技发展制高点的重大战略。当前,我国已全面建成小康社会,正在向着全面建成社会主义现代化强国的第二个百年奋斗目标迈进。必须按照科学发展观的要求,抓住机遇,明确方向,突出重点,加快培育和发展战略性新兴产业。根据战略性新兴产业的特征,立足我国国情和科技、产业基础,现阶段重点培育和发展节能环保、新一代信息技术、生物、高端装备制造、新能源、新材料、新能源汽车等产业。

2012 年 7 月 9 日,国务院发布《"十二五"国家战略性新兴产业发展规划》②,2016 年 12 月 19 日,国务院发布《"十三五"国家战略性新兴产业发展规划》③。新兴领域产业代表新一轮科技革命和产业变革的方向,是培育发展新动能、获取未来竞争新优势的关键领域。要把新兴领域产业摆在经济社会发展更加突出的位置,紧紧把握全球新一轮科技革命和产业变革重大机遇,按照加快供给侧结构性改革部署要求,以创新驱动、壮大规模、引领升级为核心,构建现代产业体系,培育发展新动能,推进改革攻坚,提升创新能力,深化国际合作,加快发展壮大新一代信息技术、高端装备、新材料、生物、新能源汽车、新能源、节能环保、数字创意等新兴领域产业,促进更广领域新技术、新产品、新业态、新模式蓬勃发展。

2017 年 2 月 4 日,国家发改委发布《战略性新兴产业重点产品和服务指导目录(2016 版)》,战略性新兴产业包括节能环保产业、新一代信息技术产业、生物

---

① 国务院关于加快培育和发展战略性新兴产业的决定. http://www.gov.cn/zwgk/2010-10/18/content_1724848. htm[2021-08-20].

② 国务院关于印发"十二五"国家战略性新兴产业发展规划的通知. http://www.gov.cn/zwgk/2012-07/20/content_2187770.htm[2021-08-20].

③ 国务院印发《"十三五"国家战略性新兴产业发展规划》. http://www.gov.cn/xinwen/2016-12/19/content_5150197.htm[2021-08-24].

产业、高端装备制造产业、新能源产业、新材料产业、新能源汽车产业、数字创意产业和高技术服务业。

2017年10月18日，习近平同志在中国共产党第十九次全国代表大会上的报告指出：供给侧结构性改革深入推进，经济结构不断优化，数字经济等新兴产业蓬勃发展，高铁、公路、桥梁、港口、机场等基础设施建设快速推进[①]。

2018年10月12日，国家统计局通过《战略性新兴产业分类（2018）》，该分类以国家战略性新兴产业发展政策为指导，根据《国务院关于加快培育和发展战略性新兴产业的决定》（国发〔2010〕32号），以落实《"十三五"国家战略性新兴产业发展规划》为目的，以国家发改委发布的《战略性新兴产业重点产品和服务指导目录（2016版）》和国家其他相关文件为主线，分类规定新兴领域产业是以重大技术突破和重大发展需求为基础，对经济社会全局和长远发展具有重大引领带动作用，知识技术密集、物质资源消耗少、成长潜力大、综合效益好的产业。除此之外，2018年中国工程院启动了"新兴产业发展战略研究（2035）"咨询项目，旨在贯彻落实十九大精神，以创新驱动发展战略、"一带一路"倡议为指引，依据国际新兴领域产业发展的新趋势，梳理各个重点领域的系统性技术、产业瓶颈突破技术、跨领域技术，开展面向2035年的新兴领域产业技术预见及产业体系前瞻研究。

2019年3月5日，李克强总理代表国务院在十三届全国人大二次会议上作《政府工作报告》时提出：坚持创新引领发展，培育壮大新动能，并强调"促进新兴产业加快发展，深化大数据、人工智能等研发应用，培育新一代信息技术、高端装备、生物医药、新能源汽车、新材料等新兴产业集群，壮大数字经济。坚持包容审慎监管，支持新业态新模式发展，促进平台经济、共享经济健康成长"[②]。

2019年4月19日，中共中央政治局会议强调，"要把推动制造业高质量发展作为稳增长的重要依托，引导传统产业加快转型升级，做强做大新兴产业"[③]。

2019年4月20日，"2019创新与新兴产业发展国际会议"第一次筹备会议在上海召开，会议由大会组委会主任、中国工程院副院长钟志华院士主持。中国工程院、上海市经济和信息化委员会、复旦大学、上海交通大学、同济大学、上海大学、上海院士中心等单位和工程院"新兴产业发展战略研究（2035）"重大咨询项目组有关同志共20余人出席了会议。2019年9月17日，"2019创新与新兴产

---

① 习近平：决胜全面建成小康社会 夺取新时代中国特色社会主义伟大胜利——在中国共产党第十九次全国代表大会上的报告. http://www.gov.cn/zhuanti/2017-10/27/content_5234876.htm[2021-08-24].

② 2019年政府工作报告全文. http://www.gov.cn/zhuanti/2019qglh/2019lhzfgzbg/index.htm[2021-09-24].

③ 中共中央政治局4月19日召开会议 习近平主持. http://news.cctv.com/2019/04/19/ARTINFXaz0kOzP4maIEeHjyX190419.shtml[2021-09-24].

业发展国际会议"在上海成功举办①，该次会议以"科技创新引领新兴产业发展"为主题，聚集世界著名企业家和专家等有识之士，就具有颠覆性的新兴产业发展方向和政策等方面进行开放式交流，集中智慧迎接挑战，抓住机遇引导促进全球重大科技创新和新兴领域产业发展。

《中共中央关于制定国民经济和社会发展第十四个五年规划和二〇三五年远景目标的建议》提出"发展战略性新兴产业"，并强调"加快壮大新一代信息技术、生物技术、新能源、新材料、高端装备、新能源汽车、绿色环保以及航空航天、海洋装备等产业。推动互联网、大数据、人工智能等同各产业深度融合，推动先进制造业集群发展，构建一批各具特色、优势互补、结构合理的战略性新兴产业增长引擎，培育新技术、新产品、新业态、新模式"。"十四五"时期是我国战略性新兴领域产业发展的关键时期，越来越多的高新技术将进入大规模产业化、商业化应用阶段，成为驱动产业变革和带动经济社会发展的重要力量。《中共中央关于制定国民经济和社会发展第十四个五年规划和二〇三五年远景目标的建议》指明了"十四五"时期发展壮大战略性新兴产业的方向和重点领域，既要优化发展已有一定基础的产业，也要前瞻性谋划布局一批新产业②。

4.1.2 新兴领域产业发展的战略目标

1. 抓住机遇，加快培育和发展新兴领域产业

新兴领域产业是以重大技术突破和重大发展需求为基础，对经济社会全局和长远发展具有重大引领带动作用，知识技术密集、物质资源消耗少、成长潜力大、综合效益好的产业。加快培育和发展新兴领域产业对推进我国现代化建设具有重要战略意义。加快培育和发展新兴领域产业是实现可持续发展的必然选择。我国人口众多、人均资源少、生态环境脆弱，又处在工业化、城镇化快速发展时期，面临改善民生的艰巨任务和资源环境的巨大压力。要实现可持续发展，必须大力发展新兴领域产业，加快形成新的经济增长点，促进资源节约型和环境友好型社会建设。要立足我国国情，走出一条中国特色新兴领域产业发展的路子，把新兴领域产业发展理念和决策部署贯彻落实到经济建设全领域全过程。要发挥我国社会主义制度能够集中力量办大事的政治优势，坚持国家主导和市场运作相统一，综合运用规划引导、体制创新、政策扶持、法治保障及市场化等手段，最大程度凝聚新兴领域发展合力，发挥好新兴领域产业对经济社会发展的支撑拉动作用，

① "2019创新与新兴产业发展国际会议"在上海成功举办. https://www.cae.cn/cae/html/main/col99/2019-09/24/20190924163039600717354_1.html[2021-09-24].

② 发展战略性新兴产业. http://theory.people.com.cn/n1/2020/1210/c40531-31961433.html[2021-09-24].

实现经济建设综合效益最大化。"十四五"时期，面对错综复杂的国际形势、艰巨繁重的国内改革发展稳定任务，特别是受到新型冠状病毒肺炎疫情严重冲击，需要更加紧密地团结在以习近平同志为核心的党中央周围，始终不忘初心、牢记使命，团结带领全党全国各族人民砥砺前行、开拓创新，奋发有为推进党和国家各项事业，更加需要在新兴领域产业全面深化改革，加快新兴产业领域治理体系的完善和治理能力现代化。

加快培育和发展新兴领域产业是推进产业结构升级、加快经济发展方式转变的重大举措。新兴领域产业以创新为主要驱动力，辐射带动力强。加快培育和发展新兴领域产业，有利于加快经济发展方式转变，有利于提升产业层次、推动传统产业升级、高起点建设现代产业体系，体现了调整优化产业结构的根本要求。同时，新兴领域产业的培育和发展有利于国民经济的可持续增长与产业结构的高度优化，有利于提高我国综合科技能力和产业竞争力，发挥后发优势，形成新的经济增长点。

加快培育和发展新兴领域产业是构建国际竞争新优势、掌握发展主动权的迫切需要。当前，全球经济竞争格局正在发生深刻变革，科技发展正孕育着新的革命性突破，世界主要国家纷纷加快部署，推动海洋、新能源、生物等新兴领域产业快速发展。我国要在未来国际竞争中占据有利地位，必须加快培育和发展新兴领域产业，掌握关键核心技术及相关知识产权，增强自主发展能力。加快培育和发展新兴领域产业具备诸多有利条件，也面临严峻挑战。经过改革开放40多年的快速发展，我国综合国力明显增强，科技水平不断提高，建立了较为完备的产业体系，特别是高新技术产业快速发展，规模跻身世界前列，为新兴领域产业加快发展奠定了较好的基础。但同时，也面临着企业技术创新能力不强、掌握的关键核心技术少、新技术新产品进入市场的政策法规体系不健全、创新创业的投融资和财税政策及体制机制不完善等突出问题，所以必须充分认识加快培育和发展新兴领域产业的重大意义，进一步增强紧迫感和责任感，抓住历史机遇，加大工作力度，加快培育和发展新兴领域产业。

2. 坚持创新发展，加快培育先导产业和支柱产业

发展新兴领域产业要以扩大开放、打破封闭为突破口，不断优化体制机制和政策制度体系，推动融合体系重塑和重点领域统筹。把新兴领域产业发展战略和创新驱动发展战略有机结合起来，加快建立新兴领域产业创新体系，培育先行先试的创新示范载体，拓展新兴领域产业发展新空间，探索新兴领域产业发展新路子。坚持政府主导编制新兴领域产业技术发展规划与指南。要从新兴领域产业技术的指导思想、基本原则、发展目标等方面进行规划，理清技术基础、产业基础和市场需求，确定中长期发展目标。

（1）指导思想。坚持以马克思列宁主义、毛泽东思想、邓小平理论、"三个代表"重要思想、科学发展观、习近平新时代中国特色社会主义思想为指导，把握世界新科技革命和产业革命的历史机遇，面向经济社会发展的重大需求，把加快培育和发展新兴领域产业放在推进产业结构升级与经济发展方式转变的突出位置。积极探索新兴领域产业发展规律，发挥企业主体作用，加大政策扶持力度，深化体制机制改革，着力营造良好环境，强化科技创新成果产业化，抢占经济和科技竞争制高点，推动新兴领域产业快速健康发展，为促进经济社会可持续发展做出贡献。

（2）基本原则。坚持充分发挥市场的基础性作用与政府引导推动相结合。要充分发挥我国市场需求的巨大优势，创新和转变消费模式，营造良好的市场环境，调动企业主体的积极性，推进产学研用结合。同时，对关系经济社会发展全局的重要领域和关键环节，要发挥政府的规划引导、政策激励和组织协调作用。坚持科技创新与实现产业化相结合。要切实完善体制机制，大幅度提升自主创新能力，着力推进原始创新，大力增强集成创新和联合攻关，积极参与国际分工合作，加强引进消化吸收再创新，充分利用全球创新资源，突破一批关键核心技术，掌握相关知识产权。同时，要加大政策支持和协调指导力度，充分发挥高素质人才队伍的作用，加速创新成果转化，促进产业化进程。坚持整体推进与重点领域跨越发展相结合。要对发展新兴领域产业进行统筹规划、系统布局，明确发展时序，促进协调发展。同时，要选择最有基础和条件的领域作为突破口，重点推进。大力培育产业集群，促进优势区域率先发展。坚持提升国民经济长远竞争力与支撑当前发展相结合。要着眼长远，把握科技和产业发展新方向，对重大前沿性领域及早部署，积极培育先导产业。同时，要立足当前，推进对缓解经济社会发展瓶颈制约具有重大作用的相关产业较快发展，推动高新技术产业健康发展，带动传统产业转型升级，加快形成支柱产业。坚持党的全面领导。坚持和完善党领导经济社会发展的体制机制，坚持和完善中国特色社会主义制度，不断提高贯彻新发展理念、构建新发展格局能力和水平，为实现高质量发展提供根本保证。坚持以人民为中心。坚持人民主体地位，坚持共同富裕方向，始终做到发展为了人民、发展依靠人民、发展成果由人民共享，维护人民根本利益，激发全体人民积极性、主动性、创造性，促进社会公平，增进民生福祉，不断实现人民对美好生活的向往。坚持新发展理念。把新发展理念贯穿发展全过程和各领域，构建新发展格局，切实转变发展方式，推动质量变革、效率变革、动力变革，实现更高质量、更有效率、更加公平、更可持续、更为安全的发展。坚持深化改革开放。坚定不移推进改革，坚定不移扩大开放，加强国家治理体系和治理能力现代化建设，破除制约高质量发展、高品质生活的体制机制障碍，强化有利于提高资源配置效率、有利于调动全社会积极性的重大改革开放举措，持续增强发展动力和活力。坚持系统观念。加强前瞻性思考、全局性谋划、战略性布局、整体性推进，统筹国内国际两个大局，办好发展安全两件大事，坚持全国一盘棋，更好发挥中央、地方和各方面积极性，着力固根基、扬优势、补短板、强弱项，注重防范化解重大风险挑战，实现发展质量、结构、规模、速度、效益、安全相统一①。

（3）发展目标。新兴领域产业逐渐形成健康发展、协调推进基本格局，能够吸纳、带动就业能力。节能环保、新一代信息技术、生物、高端装备制造产业成为国民经济的支柱产业，新能源、新材料、新能源汽车产业成为国民经济的先导产业；创新能力大幅提升，掌握一批关键核心技术，在局部领域达到世界领先水平；形成一批具有国际影响力的大企业和一批创新活力旺盛的中小企业；建成一批产业链完善、创新能力强、特色鲜明的新兴领域产业集聚区。新兴领域产业的整体创新能力和产业发展水平达到世界先进水平，为经济社会可持续发展提供强有力的支撑。面向"十四五"及更为长远的周期，新兴领域产业将成为我国现代经济体系建设的新支柱，是破解经济社会发展不平衡、不充分难题的关键产业。"十四五"时期，全面贯彻新发展理念，培育壮大新兴领域产业，筑牢现代化经济体系基础，推动新兴领域产业成为经济社会发展和产业转型升级的重要力量。引导互联网、大数据、人工智能等信息技术与实体经济在更深层面上融合，促进粤港澳大湾区、长江经济带、长江三角洲区域、京津冀等国家重点区域内的世界级产业集群发展。通过发展新旧动能转换，支撑区域协调发展，促进经济发展迈向更高质量阶段。着眼未来，我国新兴领域产业发展可能面临长期挑战。夯实产业基础，壮大产业规模，确保产业安全及未来领先优势，这是新兴领域产业发展的优先方向和着力点。加大培育发展力度，集中资源与力量，积极引导企业把握产业技术的制高点，利用好全球范围内的创新资源，全面提升国际合作水平。

3. 立足国情，努力实现重点领域快速健康发展

根据新兴领域产业的发展阶段和特点，要进一步明确发展的重点方向和主要任务，统筹部署，集中力量，加快推进新兴领域产业的发展。

（1）海洋领域。面对新时代新要求，海洋经济领域要深化供给侧结构性改革，围绕打造现代化海洋经济体系的核心目标下功夫、补短板、破瓶颈，科学谋划转向高质量发展的路径和模式，既侧重当务之急，又注重整体延续，以此推动海洋经济发展质量变革、效率变革、动力变革。实现高质量发展就要扎实推动海洋产业转型升级。实现海洋产业提质增效的关键在于能否实现增长动力的去旧换新，

---

① 中共中央关于制定国民经济和社会发展第十四个五年规划和二〇三五年远景目标的建议. http://cpc.people.com.cn/n1/2020/1103/c419242-31917562.html[2021-09-24].

即实现增长动力的转化。新形势下，要继续加速海洋传统产业优化升级，稳步化解部分产业产能周期性过剩问题；培育海洋新兴领域产业尽快发展成为海洋主导产业、支柱产业，有效破解部分产业发展存在的政策性、体制性障碍；促进海洋服务业通过模式创新向产业链高端延伸，不断增强拉动就业和支撑经济增长的能力。同时要加快推动现有涉海国家级园区的整合提升，完善园区管理的制度体系，优化园区布局，培育若干具有世界影响力、竞争力、特色鲜明的海洋产业集群。围绕 21 世纪海上丝绸之路建设，聚焦全球海洋产业价值链分工体系，加强国际产能和装备制造合作，鼓励海洋产业"走出去"，为海上丝绸之路沿线国家或地区提供更多、更优质的海洋产品和公共服务。

（2）太空领域。我国在太空领域的发展主要体现在航天产业的发展。重点发展以干支线飞机和通用飞机为主的航空装备，做大做强航空产业，主要在航空装备领域、航天装备领域，积极推进空间基础设施建设，促进卫星及其应用产业发展。航天产业的发展不仅可以为我国带来巨大收益，而且由于航天经济的产业链众多，还可以全面带动我国重工业、制造业、电子机械行业和尖端科技等领域的发展。太空领域有着广阔的市场前景，可以通过商业应用的方式，将空间产业里成熟的航天科技转移到其他产业，可以迅速实现经济发展的倍增，如发动机技术及新材料技术等。

（3）生物领域。近年来，我国大力发展用于重大疾病防治的生物技术药物、新型疫苗和诊断试剂、化学药物、现代中药等创新药物品种，提升生物医药产业水平。加快先进医疗设备、医用材料等生物医学工程产品的研发和产业化，促进规模化发展。着力培育生物育种产业，积极推广绿色农用生物产品，促进生物农业加快发展。推进生物制造关键技术开发、示范与应用。加快海洋生物技术及产品的研发和产业化。"十四五"时期重点发展疾病预防、早期诊断、治疗技术与药物、康复及再造、中医药、能源生物炼制、化工与材料生物制造、生物反应器及装备技术。到 2035 年，努力使我国成为世界生物科学技术中心和生物产业创新高地，力争在多个领域涌现出重大原创性的科学成果、国际顶尖的科学大师，成为生物技术高端人才创新创业的重要聚集地。

（4）网络空间领域。当前信息技术发展日新月异，互联网已经深刻影响了人类生活和社会发展进程。必须要加快推动网络立法进程，着力完善网络安全、内容管理、信息化等基础性立法配套制度，依法整治网上各类违法违规有害信息，持续加大对各类网上违法违规行为和违法违规网站的核查处置力度，持续形成警示震慑效果。同时，通过法治宣传教育提升广大群众特别是青少年的网络安全法治意识、树立正确的网络安全观。对于网络空间领域的发展，一是要更加突出新发展理念，坚持安全和发展并重，处理好数据流通与个人信息、数据权利之间的平衡，提升数据安全治理和数据开发利用水平，促进以数据为关键要素的数字经济发展，加快数字化发展;二是要着眼"十四五"规划,强化底线思维和忧患意识,切实把关于这一时期数据安全的重要要求体现到具体法律制度之中;三是要面向全球,加强数据领域国际交流合作,提供数据治理的"中国方案",助推全球数字化进程。

(5)新能源领域。新能源产业是衡量一个国家和地区高新技术发展水平的重要依据,也是新一轮国际竞争的战略制高点,世界发达国家和地区都把发展新能源作为顺应科技潮流、推进产业结构调整的重要举措。加之,我国提出区域专业化、产业集聚化的方针,并大力规划、发展新能源产业,相继出台一系列扶持政策,使得新能源产业园区不断增加。"十三五"时期,我国新能源在能源结构中的比重显著上升,新能源发挥调整能源结构、减排温室气体、推进战略性新兴领域产业发展的重要作用。按照集中开发与分布式利用相结合的原则,积极推动太阳能的多元化利用,鼓励有条件的地方建设大型光伏电站,重点支持和推广与建筑结合的分布式并网光伏发电系统的应用。提高太阳能发电的经济性和统筹各类生物能资源,合理选择利用方式,因地制宜发展生物质能源。积极研发新一代核能技术和先进反应堆,发展核能产业。加快太阳能热利用技术推广应用,开拓多元化的太阳能光伏光热发电市场。提高风电技术装备水平,有序推进风电规模化发展,加快适应新能源发展的智能电网及运行体系建设。

(6)人工智能领域。人工智能融于安全,网络空间安全防护势必将成为人工智能应用规模发展、新型智慧社会美好发展的重中之重,特别是在以5G为首、人工智能为核的"新基建"的加持下,万物互联和数据汇聚持续加速,大大降低了人工智能技术引入和应用"门槛",全面推动人工智能深度融入经济社会发展。另外,随着全球网络空间安全协作逐渐达成共识,相关政策法规和安全标准完善统一,以及计算机视觉、机器学习、自然语言处理、音视频识别等人工智能技术的不断进步,引入人工智能技术是提升网络空间安全防护水平的必然要求。整体来看,人工智能技术在传统的通信网络安全领域发展已较为成熟且全面,在内容、数据、业务和终端等领域的布局与融合尚需进一步推动和完善。总体来说,人工智能不仅可以解决现在网络安全难题,还可以进一步深化和发掘人工智能的潜在应用,这对于新兴领域产业的发展具有重要意义。

4. 强化科技创新,提升产业核心竞争力

增强自主创新能力是培育和发展新兴领域产业的中心环节,为此,必须完善以企业为主体、市场为导向、产学研相结合的技术创新体系,发挥国家科技重大专项的核心引领作用,结合实施产业发展规划,突破关键核心技术,加强创新成果产业化,提升产业核心竞争力。

(1)加强产业关键核心技术和前沿技术研究。围绕经济社会发展重大需求,结合国家科技计划、知识创新工程和自然科学基金项目等的实施,集中力量突破

一批支撑新兴领域产业发展的关键共性技术。在生物、信息、航天、海洋、地球深部等基础性、前沿性技术领域超前部署，加强交叉领域的技术和产品研发，提高基础技术研究水平。

（2）强化企业技术创新能力建设。加大企业研究开发的投入力度，对面向应用、具有明确市场前景的政府科技计划项目，建立由骨干企业牵头组织、科研机构和高校共同参与实施的有效机制。依托骨干企业，围绕关键核心技术的研发和系统集成，支持建设若干具有世界先进水平的工程化平台，结合技术创新工程的实施，发展一批由企业主导，科研机构、高校积极参与的产业技术创新联盟。加强财税政策引导，激励企业增加研发投入。加强产业集聚区公共技术服务平台建设，促进中小企业创新发展。

（3）加快落实人才强国战略和知识产权战略。建立科研机构、高校创新人才向企业流动的机制，加大高技能人才队伍建设力度。加快完善期权、技术入股、股权、分红权等多种形式的激励机制，鼓励科研机构和高校科技人员积极从事职务发明创造。加大创新型人才支持力度，吸引全球优秀人才来华创新创业。发挥研究型大学的支撑和引领作用，加强新兴领域产业相关专业学科建设，增加急需的专业学位类别。改革人才培养模式，制定鼓励企业参与人才培养的政策，建立企校联合培养人才的新机制，促进创新型、应用型、复合型和技能型人才的培养。支持知识产权的创造和运用，强化知识产权的保护和管理，鼓励企业建立专利联盟。完善高校和科研机构知识产权转移转化的利益保障与实现机制，建立高效的知识产权评估交易机制。加大对具有重大社会效益创新成果的奖励力度。

（4）实施重大产业创新发展工程。以加速产业规模化发展为目标，选择具有引领带动作用并能够实现突破的重点方向，依托优势企业，统筹技术开发、工程化、标准制定、市场应用等环节，组织实施若干重大产业创新发展工程，推动要素整合和技术集成，努力实现重大突破。

（5）建设产业创新支撑体系。发挥知识密集型服务业支撑作用，大力发展研发服务、信息服务、创业服务、技术交易、知识产权和科技成果转化等高技术服务业，着力培育新业态。积极发展人力资源服务、投资和管理咨询等商务服务业，加快发展现代物流和环境服务业。

（6）推进重大科技成果产业化和产业集聚发展。完善科技成果产业化机制，加大实施产业化示范工程力度，积极推进重大装备应用，建立健全科研机构、高校的创新成果发布制度和技术转移机构，促进技术转移和扩散，加速科技成果转化为现实生产力。依托具有优势的产业集聚区，培育一批创新能力强、创业环境好、特色突出、集聚发展的新兴领域产业示范基地，形成增长极，辐射带动区域经济发展。

我国新兴领域产业发展面临长期挑战，应对复杂国际环境，"十四五"时期要筑牢产业安全体系、提升产业创新能力、打造世界级产业集群。聚焦重点领域的产业共性技术、产业瓶颈技术、前沿跨领域技术等，构建新兴领域产业创新发展体系，实现新兴领域产业高质量发展。到 2035 年，我国将跻身创新型国家前列，发展驱动力实现根本性转换，经济社会发展水平和国际竞争力显著提升。新兴领域产业的发展需要抓住科技爆发与产业变革的历史性机遇，着眼前沿领域和颠覆性技术，进行全方位布局，推动产业迈向全球价值链的中高端。

5. 积极培育市场，营造良好市场环境

运用法治思维和法治方式推动工作，发挥好法律法规的规范、引导、保障作用，加快推进新兴领域产业相关法律法规立改废释工作。优化新兴领域产业发展的制度环境，坚决拆壁垒、破坚冰、去"门槛"，加快调整完善市场准入制度，从政策导向上鼓励更多符合条件的企业、人才、技术、资本、服务等在新兴领域发展上有更大作为；还要充分发挥市场的基础性作用，充分调动企业积极性，加强基础设施建设，积极培育市场，规范市场秩序，为各类企业健康发展创造公平、良好的环境。

（1）组织实施重大应用示范工程。坚持以应用促发展，围绕提高人民群众健康水平、缓解环境资源制约等紧迫需求，选择处于产业化初期、社会效益显著、市场机制难以有效发挥作用的重大技术和产品，统筹衔接现有试验示范工程，组织实施全民健康、绿色发展、智能制造、材料换代、信息惠民等重大应用示范工程，引导消费模式转变，培育市场，拉动产业发展。

（2）支持市场拓展和商业模式创新。鼓励绿色消费、循环消费、信息消费，创新消费模式，促进消费结构升级。扩大终端用能产品能效标识实施范围。加强新能源并网及储能、支线航空与通用航空、新能源汽车等领域的市场配套基础设施建设。在物联网、节能环保服务、新能源应用、信息服务、新能源汽车推广等领域，支持企业大力发展有利于扩大市场需求的专业服务、增值服务等新业态。积极推行合同能源管理、现代废旧商品回收利用等新型商业模式。

（3）完善标准体系和市场准入制度。加快建立有利于新兴领域产业发展的行业标准和重要产品技术标准体系，优化市场准入的审批管理程序。进一步健全药品注册管理的体制机制，完善药品集中采购制度，支持临床必需、疗效确切、安全性高、价格合理的创新药物优先进入医保目录。完善新能源汽车的项目和产品准入标准，改善转基因农产品的管理，完善并严格执行节能环保法规标准。

6. 深化国际合作，提高国际化发展水平

当前和今后一个时期，我国发展仍然处于重要战略机遇期，但机遇和挑战都有新的发展变化。当今世界正经历百年未有之大变局，新一轮科技革命和产业变

革深入发展，国际力量对比深刻调整，要通过深化国际合作，尽快掌握关键核心技术，提升我国自主发展能力与核心竞争力。把握经济全球化的新特点，深度开展国际合作与交流，积极探索合作新模式，在更高层次上参与国际合作。

（1）大力推进国际科技合作与交流。发挥各种合作机制的作用，多层次、多渠道、多方式推进国际科技合作与交流。鼓励境外企业和科研机构在我国设立研发机构，支持符合条件的外商投资企业与内资企业、研究机构合作申请国家科研项目。支持我国企业和研发机构积极开展全球研发服务外包，在境外开展联合研发和设立研发机构，在国外申请专利。鼓励我国企业和研发机构参与国际标准的制定，鼓励外商投资企业参与我国技术示范应用项目，共同形成国际标准。

（2）切实提高国际投融资合作的质量和水平。完善外商投资产业指导目录，鼓励外商设立创业投资企业，引导外资投向新兴领域产业。支持有条件的企业开展境外投资，在境外以发行股票和债券等多种方式融资。扩大企业境外投资自主权，改进审批程序，进一步加大对企业境外投资的外汇支持。积极探索在海外建设科技和产业园区。制定国别产业导向目录，为企业开展跨国投资提供指导。

（3）大力支持企业跨国经营。完善出口信贷、保险等政策，结合对外援助等积极支持新兴领域产业的重点产品、技术和服务开拓国际市场，以及推广自主知识产权技术标准在海外应用。支持企业通过境外注册商标、境外收购等方式，培育国际化品牌。加强企业和产品国际认证合作。

7. 加大财税金融政策扶持力度，引导和鼓励社会资金投入

加快培育和发展新兴领域产业，必须健全财税金融政策支持体系，加大扶持力度，引导和鼓励社会资金投入。

（1）加大财政支持力度。在整合现有政策资源和资金渠道的基础上，设立新兴领域产业发展专项资金，建立稳定的财政投入增长机制，增加中央财政投入，创新支持方式，着力支持重大关键技术研发、重大产业创新发展工程、重大创新成果产业化、重大应用示范工程、创新能力建设等。加大政府引导和支持力度，加快高效节能产品、环境标志产品和资源循环利用产品等推广应用。加强财政政策绩效考评，创新财政资金管理机制，提高资金使用效率。

（2）完善税收激励政策。在全面落实现行各项促进科技投入和科技成果转化、支持高新技术产业发展等方面的税收政策的基础上，结合税制改革方向和税种特征，针对新兴领域产业的特点，研究完善鼓励创新、引导投资和消费的税收支持政策。

（3）鼓励金融机构加大信贷支持。引导金融机构建立适应新兴领域产业特点的信贷管理和贷款评审制度。积极推进知识产权质押融资、产业链融资等金融产品创新。加快建立包括财政出资和社会资金投入在内的多层次担保体系。积极发展中小金融机构和新型金融服务。综合运用风险补偿等财政优惠政策，促进金融机构加大支持新兴领域产业发展的力度。

（4）积极发挥多层次资本市场的融资功能。进一步完善创业板市场制度，支持符合条件的企业上市融资。推进场外证券交易市场的建设，满足处于不同发展阶段创业企业的需求。完善不同层次市场之间的转板机制，逐步实现各层次市场间的有机衔接。大力发展债券市场，扩大中小企业集合债券和集合票据发行规模，积极探索开发低信用等级高收益债券和私募可转债等金融产品，稳步推进企业债券、公司债券、短期融资债券和中期票据发展，拓宽企业债务融资渠道。

（5）大力发展创业投资和股权投资基金。建立与完善促进创业投资和股权投资行业健康发展的配套政策体系与监管体系。在风险可控的范围内为保险公司、社保基金、企业年金管理机构和其他机构投资者参与新兴领域产业创业投资和股权投资基金创造条件。发挥政府资金的引导作用，扩大政府在新兴领域产业中的投资规模，充分运用市场机制，带动社会资金投向新兴领域产业中处于创业早中期阶段的创新型企业。鼓励民间资本投资新兴领域产业。

8. 推进体制机制创新，加强组织领导

加快培育和发展新兴领域产业是我国新时期经济社会发展的重大战略任务，必须大力推进改革创新，加强组织领导和统筹协调，为新兴领域产业发展提供动力和条件。

深化重点领域改革。建立健全创新药物、新能源、资源性产品价格形成机制和税费调节机制。实施新能源配额制，落实新能源发电全额保障性收购制度。加快建立生产者责任延伸制度，建立和完善主要污染物与碳排放交易制度。建立促进三网融合高效有序开展的政策和机制，深化电力体制改革，加快推进空域管理体制改革。加强宏观规划引导，组织编制国家新兴领域产业发展规划和相关专项规划，制定新兴领域产业发展指导目录，开展新兴领域产业统计监测调查，加强与相关规划和政策的衔接。加强对各地发展新兴领域产业的引导，优化区域布局、发挥比较优势，形成各具特色、优势互补、结构合理的新兴领域产业协调发展格局。各地区要根据国家总体部署，从当地实际出发，突出发展重点，避免盲目发展和重复建设，加强组织协调。

4.1.3　新兴领域产业发展的战略要点

1. 强化新兴领域战略规划，增强新兴领域产业技术融合

加强新兴领域技术融合，进一步贯彻落实各级政府部门对新兴领域产业技术发展的工作部署，加快新兴领域产业技术成果的转化。注重标准对接，加强新兴领域技术研究与实施。在对产品的标准研究上，借鉴国外先进的产品复合型标准，重点在技术标准体系的理论化建设上进行研究，在具体的标准对接上，要利用新兴领域产业的高技术含量，提高企业产品标准的准入条件和标准体系。

强化政策保障，激发地方科技力量参与新兴领域产业技术研发积极性。通过政策法规鼓励引导地方力量积极参与新兴领域产业技术研发，明晰合作双方权责。要在确保国家利益的前提下，同时兼顾参与新兴领域产业技术开发定点单位的利益，规范新兴领域产业技术产品招标的管理办法，出台鼓励企业参与新兴领域产业生产的有关政策，对企业在人才使用、资金利用、税收优惠、市场拓展、知识产权保护等方面予以支持，为新兴领域产业技术创造良好的政策环境。

尽快补充完善新兴领域的政策法规漏洞，尤其要基于伦理道德要求和国际通行规则设置若干底线与红线。中国作为负责任的全球大国，必须坚持底线思维，对新兴领域带来的伦理、道德、国家安全和公平竞争等风险进行预判与约束引导，确保新兴领域安全、可靠、可控发展。

塑造鼓励多样性的创新文化和创新生态。新兴领域发展为我国在世界上树立科学权威和创造独特的创新文化体系提供了契机。在新兴技术领域，民间科学家、民间创新者等多元主体涌现，开源、众包、分布式制造等研发模式催生了多种新兴业态和大量高度异质性的创新成果，需要我国建立支持多样化创新主体和创新业态的文化体系与生态。政府与创新主体之间要建立一种契约型的关系，采取包容性的政府监管和治理模式，各个地方之间敢于竞争、同台竞技，打造一批各具特色的大学、新型科研院所和国家实验室。

2. 强化新兴领域产业创新示范区管理体制与运行机制创新

要强化顶层规划和政策引导，全国一盘棋，统筹思考，统一布局，按领域分专业，在全国先选择有区位优势、历史传承、产业优势、辐射能力强的区域设立国家级新兴领域产业示范园区。

引导新兴领域产业健康持续发展。借鉴国家级高新技术开发区的经验，强化示范区的行政引导职能，探索示范区管理者既作为管理方，又作为投资方的新发展模式，合理引导区内企业谨慎投入，要重点在技术领先、方案可靠、潜在市场较大、利润空间较大的领域精耕细作，避免在同一领域或相近领域与同行展开白热化竞争。

创新产业示范园区产业模式。示范园区要坚持以国有资本或国有企业为主导，同时，探索技术入股、产业合作、委外生产、产业联盟等多种模式，利用国有企业自身品牌影响力，以有限的投资形成自主产业方向，推动产业不断发展，实现合作方互惠共赢。示范区企业要创新管理模式，在运营机制上充分借鉴华为等现代企业先进模式，探索借鉴"双创"模式，长期注重吸纳社会先进技术理念，吸引先进创新创业团队，快速形成自有成果和生产力。

4.2　新兴领域产业发展与国家其他战略的关系

4.2.1　与新时代强国战略关系

党的十九大报告提出了七大战略——科教兴国战略、人才强国战略、创新驱动发展战略、乡村振兴战略、区域协调发展战略、可持续发展战略、军民融合发展战略[①]，在国家战略体系中处于引领性、基础性、全局性的地位，构成了一个有机的强国战略体系。新兴领域产业是引导未来经济社会发展的重要力量，发展新兴领域产业已成为世界主要国家抢占新一轮经济和科技发展制高点的重大战略。我国已经全面建成小康社会，当前国家的安全利益和发展利益已经高度融为一体，已被锻造成为体现国家根本利益的"一块整钢"，在这一时代背景下，通过强有力的国家战略意志，加强新兴领域产业发展，构建起一体化的国家战略体系和能力，是我国新时代强国战略的基础。抓住机遇，明确方向，突出重点，加快培育和发展新兴领域产业也能更好贯彻科学发展观的要求。

当前，坚定实施新兴领域产业发展，要立足中国特色社会主义进入新时代这一新的历史方位，拓宽战略视野，创新战略指导，创新制度设计，把新兴领域产业发展打造为国家由富向强的"加速器"，塑造成为强国的基础性机制和制度安排。要将统筹配置、开放共享、双向转化、体系优化的发展理念贯穿到新兴领域产业发展的全过程，给新兴领域产业发展插上"翅膀"，使其快速发展。

4.2.2　与创新发展战略的关系

创新是推动国家民族向前发展的重要力量，十八大以来，以习近平同志为核心的党中央高度重视创新驱动发展。十八大提出"实施创新驱动发展战略"[②]，十八届五中全会明确提出"坚持创新发展"的理念[③]，十九大强调"创新是引领发展的第

---

① 习近平：决胜全面建成小康社会　夺取新时代中国特色社会主义伟大胜利——在中国共产党第十九次全国代表大会上的报告. http://www.gov.cn/zhuanti/2017-10/27/content_5234876.htm[2022-05-20].

② 中国共产党第十八次全国代表大会上的报告（全文）. http://www.moa.gov.cn/ztzl/sbdhd/zyjs/201211/t20121127_3074189.htm[2021-10-10].

③ 中国共产党第十八届中央委员会第五次全体会议公报. http://news.12371.cn/2015/10/29/ARTI1446118588896178.shtml[2021-10-10].

一动力"①,十九届五中全会进一步强调"坚持创新在我国现代化建设全局中的核心地位"②。中国未来的发展要靠科技创新,而不是传统的劳动力及资源能源,这就要求我们必须进行新兴领域产业发展,更好贯彻创新发展战略,能够推动以科技创新为核心的全面创新,形成新的增长动力源泉,推动经济持续健康发展,加快从经济大国走向经济强国。

新兴领域产业发展,对我国形成国际竞争新优势、增强发展的长期动力具有战略意义。改革开放 40 多年来,我国经济快速发展主要源于发挥了劳动力和资源环境的低成本优势。进入发展新阶段,我国在国际上的低成本优势逐渐消失。与低成本优势相比,技术创新具有不易模仿、附加值高等突出特点,由此建立的创新优势持续时间长、竞争力强。加快新兴领域产业发展,加快实现由低成本优势向创新优势的转换,可以为我国持续发展提供强大动力;加快新兴领域产业发展,对我国提高经济增长的质量和效益、加快转变经济发展方式具有现实意义;加快新兴领域产业发展,可以全面提升我国经济增长的质量和效益,有力推动经济发展方式转变。

实施创新发展战略,加强新兴领域产业发展,对降低资源能源消耗、改善生态环境、建设美丽中国具有长远意义。加强新兴领域产业发展,可以加快产业技术创新,用高新技术和先进适用技术改造、提升传统产业,既可以降低消耗、减少污染,改变过度消耗资源、污染环境的发展模式,又可以提升产业竞争力。这就要求我们要深化科技体制改革,倡导创新文化,大力加强创新人才的培养。要在全社会积极营造鼓励大胆创新、勇于创新、包容创新的良好氛围,完善人才评价体系,为人才发挥作用、施展才华提供更加广阔的天地。

4.2.3　与区域协调发展战略的关系

实施区域协调发展战略,是贯彻落实协调发展理念、补齐短板、缩小差距、促进区域协调发展的必然要求。由于自然、地理和社会历史等多方面原因,我国地区之间经济发展长期存在较大差别。1999 年以来,我国逐步形成了西部开发、东北振兴、中部崛起、东部率先的区域发展总体战略。十八大以来,以习近平同志为核心的党中央提出并实施了"一带一路"建设、京津冀协同发展、长江经济带建设等新的构想和重大举措,进一步丰富发展了区域协调发展的理论和实践。

---

① 习近平:决胜全面建成小康社会 夺取新时代中国特色社会主义伟大胜利——在中国共产党第十九次全国代表大会上的报告. http://www.gov.cn/zhuanti/2017-10/27/content_5234876.htm[2021-10-10].
② 中国共产党第十九届中央委员会第五次全体会议公报. http://www.12371.cn/2020/10/29/ARTI1603964233795881.shtml[2021-10-10].

十九大报告总结十八大以来的经验，对实施促进区域协调发展战略做出了新的重大部署，强调要加大力度支持革命老区、民族地区、边疆地区、贫困地区加快发展，强化举措推进西部大开发形成新格局，深化改革加快东北等老工业基地振兴，发挥优势推动中部地区崛起，创新引领率先实现东部地区优化发展；以城市群为主体构建大中小城市和小城镇协调发展的城镇格局，加快农业转移人口市民化；以疏解北京非首都功能为"牛鼻子"推动京津冀协同发展，高起点规划、高标准建设雄安新区；以共抓大保护、不搞大开发为导向推动长江经济带发展；坚持陆海统筹，加快建设海洋强国①。

当前国内经济发展的空间结构正在发生新的变化，人口等要素跨区域流动日益频繁，城乡融合发展趋势明显，地区优势正在重塑。因此，立足各地实际条件，高质量推进区域协调发展，更好地发挥地区优势和完善空间治理体系，对形成优势互补的区域经济布局至关重要。新兴领域产业发展，必须继续贯彻区域协调发展战略；区域协调发展战略的实施，也离不开新兴领域产业发展。二者相辅相成，通过健全市场机制、合作机制、互助机制、扶持机制，逐步扭转区域发展差距拉大的趋势，形成东中西相互促进、优势互补、共同发展的新格局。

4.2.4　与国家安全战略的关系

当前，国际形势风云变幻，中国经济社会发生深刻变化，改革进入攻坚期和深水区，社会矛盾多发叠加，将面临各种可以预见和难以预见的安全风险挑战，必须始终增强忧患意识，做到居安思危。海洋、太空、网络、生物、新能源和人工智能新兴领域蓬勃兴起，国家安全和发展利益逐渐超出传统领土、领海、领空范围，开始向深海、深空、网络、生物、核能源等新兴领域拓展。新兴领域已成为世界大国争夺战略主动权的博弈区、未来发展的制高点，关系到科技、经济、社会、军事乃至国家安全的全局，成为衡量一个国家现代化程度、军事实力、国际竞争力的重要标准。

国家安全是安邦定国的重要基石，必须毫不动摇坚持中国共产党对国家安全工作的绝对领导，坚持集中统一、高效权威的国家安全工作领导体制。认清国家安全形势，维护国家安全，要立足国际秩序大变局来把握规律，立足防范风险的大前提来统筹，立足我国发展重要战略机遇期大背景来谋划。世界多极化、经济全球化、国际关系民主化的大方向没有改变，要引导国际社会共同塑造更加公正合理的国际新秩序。要切实加强国家安全工作，为维护重要战略机遇期提供保障。

---

① 习近平：决胜全面建成小康社会 夺取新时代中国特色社会主义伟大胜利——在中国共产党第十九次全国代表大会上的报告. http://www.gov.cn/zhuanti/2017-10/27/content_5234876.htm[2022-05-20].

不论国际形势如何变幻，要保持战略定力、战略自信、战略耐心，坚持以全球思维谋篇布局，坚持统筹发展和安全，坚持底线思维，坚持原则性和策略性相统一，把维护国家安全的战略主动权牢牢掌握在自己手中。在新形势下维护国家安全，必须坚持以总体国家安全观为指导，坚决维护国家核心和重大利益，以人民安全为宗旨，在发展和改革开放中促安全，走中国特色国家安全道路。要做好各领域国家安全工作，大力推进国家安全各种保障能力建设，把新兴领域产业发展贯穿于维护国家安全的全过程。

4.3　新兴领域产业发展战略实施路径

4.3.1　新兴领域产业发展特性

1. 战略性

新兴领域关系一国在世界格局中的地位，是关系国家长远发展的根本性和全局性的问题，因此具有战略性。一国的新兴领域产业一般由国家制定和组织实施。例如，在日本，新技术、新能源、新资源、新材料等各种"新"字开头的产业已成为政府和经济界关注的重心。2010 年，日本首相亲自领导和协调科技研发与新兴领域产业发展，日本政府也大幅提高新能源研发和利用的预算，并将预算由原先的 882 亿日元增加到 1156 亿日元。2016～2018 年，美国投入到替代能源、电动汽车等的研究和推广费用达到 700 多亿美元，以确保美国在新兴领域产业的领先地位。日本和美国政府的做法都说明新兴领域产业的重要性。

2. 时代性

每个新兴领域的形成、发展和演变，都建立在特定的历史条件和生产力发展水平上，曾经的新兴领域可能成为当前的传统领域，而现在的新兴领域也将成为未来的传统领域。对于新兴领域产业而言，技术是新的，产品是新的，需求是新的，它代表了产业发展的时代要求。以日本为例，日本在工业化初期，选择纺织、食品、钢铁、电力为重点产业；进入工业化中期以后，又及时地确定了造船、石油化工、汽车、家电、机械等作为重点扶持产业；石油危机后，日本减少了对能耗高、污染大的产业支持，转而发展计算机、电子、新材料、新能源等产业；进入 21 世纪以后，信息通信、现代物流、节能和新能源开发、环保、生物工程、宇宙航空、海洋开发等产业成为日本重点扶持的领域。这就说明，新兴领域产业的选择具有时代性，符合产业发展的时代要求。

3. 先进性

新兴领域大多孕育脱胎于传统领域，但其发展演变过程，反映了不同时代最先进生产力和战斗力的发展要求，体现了生产力与生产关系的辩证统一规律。新兴领域产业具有先进的技术，符合经济社会发展先进性的要求。新兴领域产业主要涉及海洋、太空、网络、生物、新能源和人工智能等依靠技术创新的新兴技术领域。新兴领域产业大多突破了现有的技术体系，发展中需要交叉融合多种科技要素，因此往往对产业体系产生较大的关联效应，客观上提高了经济发展的整体效率。譬如，云计算与物联网，显著提高了生产效率，深刻地改变了生产组织方式、服务模式乃至生活方式。需要注意的是，新兴领域产业不仅局限于高新技术产业，现代物流、现代传媒等现代服务业也是新兴领域产业，因为它们都注入了科技含量，符合经济社会发展先进性的要求。

4. 成长性

新兴领域产业是有着远大发展前景、正在茁壮成长、地位和影响力趋于上升的产业，类似事物中的新事物。新兴领域产业是实现新旧产业更新换代、经济持续繁荣的关键。综观世界各国和地区的经济发展历程，及时选择和培育新的经济增长点，进行新旧产业之间的更新换代是所有国家和地区经济发展中的必然选择。例如，韩国政府在推动新旧产业之间的更新换代过程中，集中财力、物力、人力，扶持重要的新兴领域产业。为了加快处于弱势地位的新兴领域产业发展步伐，韩国专门设立了特定研究开发事业费，以扶植"有希望的幼稚产业"的技术开发，其根本原因在于新兴领域产业的成长性好，能推动国家产业转型升级。

5. 创新性

新兴领域产业是产学研用深度整合的产业。新兴领域产业发展应以新时期国家安全和发展战略需求为牵引，把战略重心放到创新发展方面，在关键性、基础性、原始性技术方面取得重大突破，从而实现创新型发展。

按照经济学家波特的创新理论，新兴领域产业的出现，不外乎技术创新、相对成本的变化、新消费需求的出现或其他经济及社会方面的变化，致使某个新产品或某项新服务得以实现市场化。无论是产品创新、工艺创新，还是市场创新，都指向创新，创新是新兴领域产业发展的共同要求。

6. 带动性

新兴领域产业是指关系国民经济社会发展和产业结构优化升级，具有全局性、长远性、导向性和动态性特征的产业，与传统产业相比，具有高技术含量、高附加值、资源集约等特点，也是促使国民经济和企业发展走上创新驱动、内生增长轨道的重要产业。新兴领域产业可以对传统产业进行改造，使社会生活发生根本性变化，能够提高国民经济的整体效率，支撑经济持续增长。可以通过优化新兴领域增量资源投向，带动传统领域存量资源调整，以新的增长极为引擎，不断向更高层次、更高水平迈进。

4.3.2　新兴领域产业发展战略要求

推进新兴领域深度发展取得突破，需要不断更新发展理念、强化顶层设计、重构体制机制、优化政策支持。"十四五"时期是我国新兴领域产业发展的关键时期，越来越多的高新技术会进入大规模产业化、商业化应用阶段，成为驱动产业变革和带动经济社会发展的重要力量。《中共中央关于制定国民经济和社会发展第十四个五年规划和二〇三五年远景目标的建议》提出"加快壮大新一代信息技术、生物技术、新能源、新材料、高端装备、新能源汽车、绿色环保以及航空航天、海洋装备等产业"，指明了"十四五"时期发展壮大新兴领域产业的方向和重点领域，既要优化发展已有一定基础的产业，又要前瞻性谋划布局一批新产业，打造一批高端新兴领域产业特色基地，形成一批在全国有位置、有较高知名度的优势产业。

1. 更新发展理念，创新发展模式

新兴领域产业发展，需要树立新的发展理念。一是强化抢占先机意识。新兴领域多为全球公域，这些领域表面上看好像空间广阔、资源无限、通行自由，其实优质资源、可用资源非常有限。我们应该在美国等西方大国全球公域概念尚处于摸索和争论阶段，在倡导全球公域"共治""共享"等包容性原则的同时，增强战略主动性，尽快形成战略能力。二是增强一体化意识。新兴领域与传统领域相比，多数项目属于新建工程，而不是对已有存量资源的调整，因此，在项目起步论证阶段，就要坚持一体化统筹、一体化设计、一体化实施的思路，充分发挥社会主义市场经济条件下的举国体制优势，统筹各方面力量资源，构建一体化的国家战略能力。三是树立改革创新意识。在新兴领域产业，不掌握核心技术，不占有优势，就无安全可言。创新既是新兴领域产业发展的重要驱动力，也是新兴领域产业发展水平的重要标志，需要把创新意识贯穿于新兴领域产业发展全过程、各领域，坚持理论创新、科技创新、管理创新、实践创新不动摇。

2. 加强顶层设计，聚集优势资源

新兴领域产业是一项全新的开创性事业，没有现成经验可供借鉴，涉及多个主体利益，迫切需要强化顶层设计、凝聚全社会资源和力量。一是尽快编制新兴领域产业发展的战略规划，明确新兴领域产业发展的战略目标、基本原则和战略任务。二是放眼全球进行谋篇布局，新兴领域产业超越传统国家主权范围，需要运用全球眼光整合资源和力量，统筹好国内国际两个大局，利用好国际国内两个市场，不断拓展新兴领域产业范围。三是选择一批有重大影响的工程项目。着眼新兴领域国家安全和新兴领域产业发展需求，选择启动一批国家急需、带动作用大、综合效益高的工程项目，以点带面、点面结合，整体推进新兴领域产业发展。

3. 重构体制机制，强化统管合力

当前，我国新兴领域产业正处于转型过渡期和改革深化期，需要以新兴领域产业发展为引擎，通过重构新兴领域产业领导管理体制，引领新兴领域产业发展不断走向深入。一是加快建立国家层面统一领导体制。坚持在党中央统一领导之下，整合各机构力量，形成纵向贯通、横向兼容、政令通畅、运行高效的宏观管理体制。二是建立各部门协调对接机制。国家、相关部门及地方相关单位之间建立定期会商、信息通报、需求对接和协作攻关机制，及时互相通报新兴领域最新动态和重大事件，协作处置重大突发事件，形成新兴领域共治共管的良好氛围。三是建立信息资源和成果共享机制。新兴领域更加注重对信息情报资源和科技成果的共享共用，可以借助现代信息技术建立面向社会服务的信息资源公共服务中心和技术转移平台。

4. 优化政策支持，激发内在活力

海洋、航天、网络等新兴领域有其特殊性，传统领域的法规制度和政策文件已经难以适应现实发展需要，亟须修改完善、建立健全新的政策法规体系。一是研究制定海洋、太空、网络等新兴领域产业发展相关法规制度，明确政府、企业和社会力量在新兴领域中的职责分工与权利义务。二是完善支持新兴领域产业发展的政策体系，通过价格、税收、信贷技术支持等形式，给承担义务的企业主体予以政策支持，建立相应的激励和约束机制，对承担直接经济损失的企业，给予相应的经济补偿。

4.3.3　新兴领域产业发展战略重点

1. 加强产业发展规划，完善新兴领域产业发展制度体系

新兴领域产业发展必须坚持以习近平新时代中国特色社会主义思想为统领，以《国务院关于加快培育和发展战略性新兴产业的决定》《"十二五"国家战略性新兴产业发展规划》《"十三五"国家战略性新兴产业发展规划》等为依据，全面

贯彻落实发展重大战略决策，强化统一领导、顶层设计和改革创新，坚持发展和安全兼顾、质量和效益并举，聚焦重点领域、重点项目和重点工程，以创建国家创新示范区为抓手，不断创新发展思路，树立典型示范，努力开创新兴领域产业深度发展新局面。

强化顶层设计，进一步优化制度环境。党的十九届五中全会对"加快发展现代产业体系，推动经济体系优化升级"做出重要部署，并对新兴领域产业发展提出明确要求。在科技成果转化方面，以创新示范区建设为契机，争取在科技成果转化方面走在全国前列，提供可复制可推广的经验。逐步完善税收优惠、土地供给、金融支持等措施，拆除新兴领域产业发展的政策壁垒。支持符合条件的企业上市融资、发行融资债券和企业债券等，引导更多符合条件的企业、资本及人才等在新兴领域产业发展中做出贡献。

坚持改革创新，进一步提升新兴领域产业发展活力。党中央多次指出，突破自身发展瓶颈、解决深层次矛盾问题，根本出路就在于创新；要推广发展理念、体制机制、商业模式等全方位、多层次、宽领域的创新。第一，要逐步建立需求对接机制，通过开展成果展示、专项合作等交流活动，实现信息共享；第二，要逐步完善建立协调沟通机制。要在各级发展委员会统一领导下，建立专项协调机构，制定发展战略和规划计划，消除妨碍新兴领域产业发展的政策壁垒和利益藩篱，解决工作推进中遇到的重大问题和共性问题，形成统抓统管合力。

抓好典型带动，进一步拓宽新兴领域产业发展思路。第一，大力推进国家级新兴领域产业园区建设，积极创建以科技创新为引领的国家级园区，打破阻碍新兴领域产业发展的体制机制障碍，探索新兴领域产业发展、人才联合培养、科研基础设施共建共享新模式，在提高科技自主创新能力、地方经济与建设融合发展等方面发挥引领作用；第二，结合各区域经济建设实际，按照统筹规划、突出重点、分步实施等原则，在新兴领域产业基础扎实、资源丰富、需求明确的地区建设一批具有地方特色的新兴领域产业园区。

2. 坚持政府主导与市场牵引并举，加速培育新兴领域产业市场

正确处理好政府与市场的关系，是做好新兴领域产业培育工作的关键。在各区域新兴领域产业发展过程中，既要加强政府在明确发展重点、引导社会投向、指导产业发展、区域布局等方面的作用，又要发挥市场在资源配置中的决定性作用、企业在产业发展中的主体作用，有效促进各区域新兴领域产业资源优化配置。

加强政府政策支持和执行力度。第一，完善政策配套措施。合理划分各级政府颁布的总体性政策措施中的政策工具，制定具体的专项文件，确保政策工具有效施行。第二，明确政策受体。文件中应明确指出不同政策涵盖的不同主体，避

免政策错位、政策普惠等问题。第三，明晰政策执行责任。明确各类政策工具执行与权责归属，避免出现相关机构间互相扯皮与缺位等问题。第四，建立政策协同机制。上下级政策主体之间关于新兴领域产业的政策要一致，同时上级政府应推动所有下级政府间的政策协调，在各区域间实现新兴领域产业合理布局。

强化投融资创新。第一，大力发展风险投资业。优化国有企业风险投资管理制度，实现风险投资与科研资源有效对接，发挥示范作用，创建科技型中小企业创新创业基金，完善风险投资政策法规制度。第二，加强金融创新。鼓励银行等金融机构创立适合新兴领域产业的信贷产品，积极建立包括国有资本与民间资本的多层次担保体系，实施风险补偿等政策优惠措施，促进金融机构增强新兴领域产业投融资支持力度。

降低企业发展"门槛"。各地政府应致力于降低两个"门槛"：第一，降低创业"门槛"。优化审批程序，简化注册过程，为企业创业提供优质高效的服务；降低企业注册资金"门槛"，创建注册资本分期付款方案，对初创企业税费提供优惠政策，构建企业创业网络服务体系。第二，降低市场准入"门槛"，贯彻落实国家相关优惠政策，鼓励新兴领域产业中科技型中小企业发展，努力保证中小企业和国有企业在法律与经济上的平等地位。

完善政府管理方式。第一，推进简政放权、放管结合、优化服务改革。在电信、新药和医疗器械、新能源汽车生产准入等领域，进一步完善审批方式，最大限度减少事前准入限制，修改和废止有碍发展的行政法规与规范性文件，激发市场主体活力。坚持放管结合，区分不同情况，积极探索和创新适合新技术、新产品、新业态、新模式发展的监管方式，既可以激发创新创造活力，又可以防范可能引发的风险。对发展前景和潜在风险看得准的"互联网+"、分享经济等新业态，量身定制监管模式；对看不准的领域，加强监测分析，鼓励包容发展，避免管得过严过死；对潜在风险大、有可能造成严重不良社会后果的，切实加强监管；对以创新之名行非法经营之实的，坚决予以取缔。严格执行降低实体经济企业成本各项政策措施，落实中央财政科研项目资金管理相关政策措施，推进科技成果产权制度改革。第二，营造公平竞争市场环境。完善反垄断法配套规则，进一步加大反垄断和反不正当竞争执法力度，严肃查处信息服务、医疗服务等领域企业违法行为。建立健全工作机制，保障公平竞争审查制度有序实施，打破可再生能源发电、医疗器械、药品招标等领域的地区封锁和行业垄断，加大对地方保护和行业垄断行为的查处力度。完善信用体系，充分发挥全国信用信息共享平台和国家企业信用信息公示系统等作用，推进各类信用信息平台建设、对接和服务创新，加强信用记录在线披露和共享，为经营者提供信用信息查询、企业身份网上认证等服务。第三，加强政策协调。充分发挥新兴领域产业发展部际联席会议制度作用，推动改革措施落地，加强工作沟通，避免相关政策碎片化。持续开展产业发展状况评估和前瞻性课题研究，准确定位改革发展方向。建立高层次政企对话咨询机制，研究制定促进新兴领域产业发展的配套政策与措施。

3. 夯实技术基础实现新兴领域产业科技资源共享互通

科技资源共享互通既是实施创新驱动发展战略的必然选择，又是实现科技强国目标的重要途径，更是推进新兴领域产业发展的内在要求。加快各区域新兴领域产业发展，应充分调动各区域主体的创新积极性，整合科技资源，为新兴领域产业发展提供强大的技术支撑。

（1）推动新兴领域产业技术互通共享。以新兴领域通用工业为基础，建设尖端工艺、先进技术和关键材料数据库，为新兴领域科技互通提供平台；创建新兴领域产业技术交流中心，及时发布最新技术、人才与资源信息，推动生产要素共享共用；大力加强产学研合作载体建设，集中力量建设技术成果交易、技术公共服务、社会化人才服务及创新创业融资服务"四大平台"，提高科技公共服务能力。

（2）推动新兴领域科技联合研发。以新兴领域共性核心技术攻关在航空航天、新一代信息技术、机械装备及新材料等领域的优势为基础，加快突破一批具有引领性的新兴领域核心技术，同时对有能力的民用企业进行资格认证，建立一批新兴领域科研生产基地。新兴领域联动推进新兴技术研发，以各区域国家级（重点）实验室为依托，综合技术优势，发挥区域特色优势，开展航空航天、新能源、信息及新材料等具有战略性意义的新兴技术研究。

（3）构建全球创新研发体系。从国内外的实践来看，协同创新主要体现为具有共同利益的不同创新主体分别投入各自的优势资源和能力，进行多方位的交流和多样化的协作，分散创新风险，实现创新目标，共享创新成果，产生"1+1＞2"的效果。可见，有别于原始创新、集成创新、引进消化吸收再创新，协同创新是一种管理方式的创新。为了在一定程度上解决我国若干新兴领域产业布局雷同、技术重复研发和研发滞后及高端人才缺失等问题，我国更需要坚持开放式创新理念，打破各创新体系的界限，构建全球创新研发体系，从而实现产学研各主体共同承担新兴领域产业发展的竞争前共性技术研发成本和风险。一方面我们要继续积极参与国际大科学工程，在大科学工程平台上加强科学家的交流与合作；另一方面我们也要积极推动中国的高校、科研机构与跨国公司和世界一流科研机构开展高水平实质性合作研究，在互利共赢、合理分享合作研发成果的基础上，建立长期、稳定的合作伙伴关系。

（4）分领域、分国别地组建国际产学研创新联盟。科技部国际合作司从2006年开始在全国设立了"国际科技合作基地"项目，目的是充分有效地利用国内外科技和智力资源，全面提升国际科技合作的规模和质量，增强我国在前沿技术、竞争前技术和基础科学领域的科技创新能力。在协同创新和开放创新的大背景下，组建国际产学研创新联盟既是国家战略的顶层设计，也是需要多方联合行动的系统工程。一方面，为了有效地发挥国际科技合作基地的先锋作用；另一方面，为了提高合作的效果和避免浪费的现象，需要国家按照国别和具体的新兴领域产业合理布局组建国际产学研创新联盟，如需要客观地评价美国、日本、英国、芬兰等创新型国家在新兴领域产业的优势和劣势，从而选择合适的合作伙伴与我国国内的企业、大学和科研机构对接。

（5）统筹空间布局，发挥协同创新效应。统筹战略新兴领域产业新型研发机构空间布局，使空间布局密集度与地区经济承载力及产业价值链相匹配，实现区域研发资源合理配置。以新兴领域产业研发机构的空间辐射半径为标准，划设空间辐射边界和范围。技术领域同构的研发机构之间，所辐射的空间范围避免交叉重合，而技术领域异质的研发机构之间，可允许一定的交叉重叠。基于此，可从以下两个方面开展工作。一方面，新兴领域产业研发机构布局要符合地区经济承载力。新兴领域产业研发机构的设立需要满足区域经济发展需要，若区域内研发机构布局量供过于求，则易造成研发资源浪费。此外，过量的研发机构也难以获取适度的财政扶持空间，加剧财政扶持压力。实践中，可通过测度若干强度指标予以考察，如"区域经济总量"与"区域研发投入量"之比，或"区域财政预算额度"与"区域研发机构数量"之比等指标，并与典型城市同类指标对比，以考察本地区研发机构布局合理度。另一方面，新兴领域产业研发机构布局要匹配区域产业发展规划。一般而言，在区域新兴领域产业规划中，均有较为明晰的产业发展领域和目标，而研发机构的布局应与此相匹配。实践中，可梳理各产业技术研发领域，并汇总产业内部存量研发资源。在此基础上，测算区域内新兴领域产业研发资源缺口，以此布局适量研发机构。

第五章 新兴领域产业发展机理与结构优化

5.1 新兴领域产业发展特殊性

新兴领域产业是指海洋、太空、网络、生物、新能源、人工智能等领域。新兴领域产业发展有利于把提升综合国力和资源开发利用有机结合起来，通过多方联动、共用和共享，最大限度发挥资源使用效益，最终实现社会主义现代化强国的伟大目标。近年来，新兴领域产业虽然呈现出加速发展的态势，但尚处于起步探索阶段，还存在着有热度缺深度、有潜力欠能力、有共识难落实等问题，迫切需要更新发展理念、加强顶层设计、重构体制机制、优化政策支持，加快形成一体化国家战略能力。

新兴领域产业的发展，需要政府的规划引导和社会的需求拉动，以避免企业的短期趋利。以新能源汽车为例，全国上下遍布产业园，众多企业都在上马，有传统跨界的、有新成立的，而真正掌握关键技术的不多。随着新能源汽车的市场需求逐渐加大，急需政府不断完善发展规划来引导新能源汽车产业发展，优化新能源汽车产业结构，提高企业可持续发展能力。尤其是部分国有企业在新能源汽车领域缺乏市场活力，部分国有企业依然存在"等靠要"思想，成本效益管理意识、市场意识较弱，缺乏应对信息化发展和市场竞争环境的勇气，在激烈的市场竞争中缺乏快速反应能力和敏锐的市场洞察力，也缺乏对新兴市场的拓展经验。

新兴领域缺乏供应链优势，负担较大，控制成本的难度大。国有企业要进入新的技术产品领域，需要培育新的产品供应链渠道，在缺乏规模和价格优势的情况下，成本支出会增加，加之在生产上没有任何经验可谈，以原有的生产理念生产新兴领域产品，产品成本无法有效控制。长期对某一专业性的发展，导致专业技术单一，市场应用有限，拓展新兴领域的能力不强。在新中国成立初期，全国工业体系还未成形，工业生产能力相对较弱，为了充分利用有限的国家资源生产出能够保障全国的各类产品，国家从决策层面对各企业按专业进行详细分工，以通信专业为例，就有国营涪江有线电厂、上海有线电厂、南京无线电厂、国营重庆无线电厂等各专业厂家，分布于不同区域，专攻于不同领域。在长期的集全国之力的专业化发展过程中，各企业逐渐形成了专业化程度极高的技术方向和业务范围，市场格局基本固化于某一领域，或关联性较强的相关领域。这种专业的单一技术发展之路，在当时环境下，有利于企业充分调配资源做精关键技术，形成技术优势，形成市场互补。然而进入市场经济后，优势变为劣势，单一的技术无法应对复杂多样的市场需求，同时对新兴领域的拓展能力较弱。

我国新兴领域产业发展在国际合作上面临困境。2015 年我国提出制造强国战略的第一个行动纲领"中国制造 2025"，引发全球各发达国家密切关注，甚至有少数国家对我国实施的"中国制造 2025"采取压制或敌对的措施，并筑建更高的技术壁垒。总体上，我国新兴领域产业在部分领域依然受制于发达国家。例如，节能环保产业中的无氟制冷技术，我国远远落后于欧美国家；欧美国家在高端精密设备的嵌入式软件研发领域占据主导地位，目前中国的技术水平与之差距甚远；在芯片的研发制造中，我国存在不少空白区域；我国电子信息制造业基本处于低利润率的产业链下游；美国的生物产业占据全球市场绝大部分份额，到 2010 年，已形成旧金山、波士顿、华盛顿、北卡、圣迭戈等五大生物技术产业区，其技术水平居于国际顶端，也是包括我国在内的众多发展中国家难以匹敌的；在精密数控机床与工业机器人领域，我国常常受到技术领先的日本的压制。

5.2 新兴领域产业发展机理

新兴领域产业是培育发展新动能、获取未来新优势的关键领域。《国家创新驱动发展战略纲要》提出，要发展引领产业变革的颠覆性技术，不断催生新产业、创造新就业。着眼于我国新兴领域产业发展，把握产业变革方向，要瞄准技术前沿，促进我国经济和国防建设协同发展。

新兴领域产业具有明显的创新驱动特征。"科学发现—技术创新—产业化"是其发展的基本模式。新兴领域产业发展的创新驱动特征主要体现为通过科学发现实现技术创新和产业化，即新兴领域企业、高等院校及研究机构等各创新主体组成协同创新共同体，在市场需求引导下，通过技术创新成果转化实现产业化推广和应用。

资源整合共用是新兴领域产业发展的基本要求。新兴领域产业要求企业在基础设施、科技创新、服务保障、装备制造及人才培养等方面，充分考虑到企业资源的共享共用，从而使有限的资源发挥出最大效益，避免重复投资和建设，最大限度地实现资源共享。一方面，需要加强沟通协调，扩大民用产品的影响力，增强企业既要为国家服务也要为社会服务的双重责任意识；另一方面，要完善利益补偿、政策支持和制度保障机制，最大限度地发挥企业的经济效益和社会效益。

利益共享是新兴领域产业发展的动力源泉。从国家层面上看，新兴领域产业发展的结果是提高综合国力，促进经济高质量发展。从社会层面上看，新兴领域产业发展的结果是优化升级产业结构，不断满足人民对美好生活的需要。当前需要加快新兴领域产业转化，通过减少内耗和多余环节，降低成本的同时增加效益，尽快形成集约高效的运行机制。

市场化运作是新兴领域产业发展的重要手段。市场化运作是市场经济的基本运行方式和本质要求，也是新兴领域产业发展的重要手段。新兴领域产业是在社会主义市场经济条件下发展的，必须按照市场经济规律办事，按照市场经济法则运行。在推进新兴领域产业发展的过程中，无论是国家主导的项目还是高校、科研机构牵引的建设，无论是共同合作、双方委托还是独自承担，都必须放在市场经济的大背景下，在这个统一的平台上遵循市场规律地实施。要充分体现市场竞争，确保在竞争中将最先进的技术、最优良的质量、最完善的服务纳入新兴领域产业发展之中。在高新技术的科研生产等各个实践环节，尤其是在组织招标、采购、入围、审核等关键环节，必须充分体现和尊重市场竞争原则，确保新兴领域产业企业的良性竞争与融合发展。

产业政策可以作为市场化运作下的缺陷增补项，在产业政策的推动下构建更加良性竞争的市场环境。新兴领域产业的发展仍然要依赖于以市场竞争为主导的市场机制，然而，市场经济要实现资源的最优配置只有在完全竞争条件下才能实现，因为很多不确定因素，通过产业政策的干预及市场机制的共同作用才能达到最优配置状态。强有力的政府支持体系是我国新兴领域产业形成和发展的助推力。

5.2.1　立足国情

充分学习国外新兴领域产业发展的精华之处和借鉴国外有益经验，立足国情，把新兴领域产业发展理念和决策部署贯彻落实到经济建设高质量发展和综合国力提升的全领域、全过程。要发挥我国社会主义制度能够集中力量办大事的政治优势，坚持国家主导和市场运作相统一，综合运用规划引导、体制创新、政策扶持、法治保障及市场化等手段，最大程度凝聚新兴领域产业的发展，形成合力，发挥好新兴领域产业对综合国力提升和经济社会发展的双向支撑拉动作用，实现经济建设高质量发展和综合国力提升效益最大化。

5.2.2　改革创新

以扩大开放、打破封闭为突破口，不断优化、深化改革体制机制和政策制度体系，推动融合体系重塑和重点领域统筹，全面深入地推进改革创新的进程。要把新兴领域产业发展战略和创新驱动发展战略有机结合起来，加快建立新兴领域产业创新体系，培育先行先试的创新示范载体，拓展新兴领域产业发展新空间，高技术产业和自主创新工作积极拓展思路，探索新兴领域产业发展新路子。

党的十九届五中全会审议通过了《中共中央关于制定国民经济和社会发展第十四个五年规划和二〇三五年远景目标建议》，在全面建成小康社会的基础上，"十四五"将开启全面建设社会主义现代化国家新征程，步入新阶段，提出"以改革创新为根本动力"，为我国发展指明方向。加快提升产业创新能力是新兴领域产业发展的核心。实施创新驱动发展战略，强化现代化经济体系的战略支撑，推进科技创新与经济创新的深度融合。

5.2.3 市场需求驱动

市场需求对新兴领域产业形成和发展方向有直接的影响。新兴领域产业在其引入期间具有技术价值与市场价值高度不确定的特征，在成长期对于资金和市场需求产生极大的依赖性，在稳定期对于市场及行业规范的要求增强，进入调整期后则开始与其他产业实现跨界融合，催生新一轮产业创新。在不同的区域获得更多的市场认可，同时也会不断抢占新的市场先机，市场需求也可以理解为市场牵引，是产业最初始、最直接的创新动力，市场需求包括市场规模的大小及对新兴产品和产业的潜在需求，对市场需求的准确把握是进行创新投入及研发活动的有效前提，市场需求不仅来自市场自发地对新技术、新应用、新产品的需求，也来自该产业对市场需求的积极培育和对市场应用环境的完善。市场需求不是恒定不变的，随着社会进步、科技发展、技术创新对市场带来的刺激及市场规模和消费环境的变化，市场需求会不断地被加以明确、修订和升级，形成新一轮的市场需求。对于生物医药产业而言，市场需求驱动对整个行业的发展至关重要。经济的飞速发展和生活条件的不断改善都不断地刺激着生物医药产业的市场需求。目前我国对于新兴领域产业发展持十分肯定的态度，也为其提供了很宽松的政策，尤其是得到了大量风险投资的支持，具有良好的金融发展环境，发展形势良好。

5.2.4 法律与政策保障

目前我国的新兴领域产业已经形成一定的经济规模和产业集聚效应，但是要领先于传统产业而成为主导或者先导性支柱产业，还有很多制约因素，尤其是需要政府政策的大力扶持，需要政府积极落实各项优惠政策，创造良好的政策支持环境，在产业发展的不同阶段应给予不同的政策支持方式，对于较高投入和较高风险的产业，应重点给予优惠政策保障，同时要完善市场准入制度和行业标准及简化审批手续等，对于发展相对稳定的产业，给予稳定而持续的政策支持，促进新兴领域产业向着更成熟的方向发展，对于衰退期的产业，政府应完善相应退出机制，尽量减少原有企业的损失。运用法治思维和法治方式推动工作，发挥好法律法规的规范、引导和保障作用，加快推进新兴领域产业相关法律法规立改废释工作，推进新兴领域产业相应的法律法规体系的健全，优化新兴领域产业发展的制度环境，在确保法律制度开放度和透明度的基础上，坚决拆壁垒、破坚冰、去"门槛"，保证市场竞争中的公平公正，加快调整完善市场准入制度，从政策导向上鼓励更多符合条件的企业、人才、技术、资本和服务等在新兴领域产业发展上有更大作为。美国、日本等多个国家主要通过财税政策、金融政策、科技政策、对外贸易政策和产业组织政策等促进新兴领域产业发展。以日本为例，日本的中小企业占全国企业的90%，其中新兴领域产业相关的政策多数与中小企业有关。因此，我国也应该吸取国外有益经验，为国内中小企业制定相关政策，对其进行保障。

5.2.5　聚焦重点

向重点领域聚焦用力，以点带面推动整体水平提升。海洋、太空、网络、生物、新能源、人工智能等新兴领域产业的潜力巨大，要强化资源整合力度，盘活、用好存量资源，优化配置增量资源，发挥新兴领域产业深度发展的最大效益，要在筹划设计、组织实施、成果使用全过程贯彻新兴领域产业发展理念和发展要求，重点解决好突出问题，加快形成多维一体、协同推进、跨越发展的新兴领域产业格局。例如，美国很早就开始探索人工智能技术多领域的应用。除了传统制造业外，还往教育、互联网等行业不断拓展。2019年6月，美国发布《国家人工智能研究和发展战略计划：2019年更新版》，明确了需要联邦政府投资的八大领域，包括持续长期投资人工智能研发、开发人与人工智能协作的方法、确保人工智能系统安全可靠等；2019年11月，美国国家科技委员会发布《2016~2019年进展报告：推进人工智能研发》报告，总结了美国政府各机构遵照《国家人工智能研究和发展战略计划：2019年更新版》的指示要求在人工智能研发方面取得的重要进展。因此，我国也应该加快新兴领域产业的纵深发展，推动形成新兴领域产业发展新格局，使其在多领域、全方位为我国社会主义现代化服务。

5.2.6　做实基础

新兴领域的发展以基础设施建设大发展为依托，坚持"政府主导，企业实施，科学谋划，健全法规，重点突破"的原则。在新时代，要推进新型基础设施建设来匹配新兴领域的发展。国家发改委指出，新型基础设施主要包括三方面内容：一是信息基础设施，主要指基于新一代信息技术演化生成的基础设施，如以 5G、物联网、工业互联网、卫星互联网为代表的通信网络基础设施，以人工智能、云计算、区块链等为代表的新技术基础设施，以数据中心、智能计算中心为代表的算力基础设施等；二是融合基础设施，主要指深度应用互联网、大数据、人工智能等技术，支撑传统基础设施转型升级，进而形成的融合基础设施，如智能交通基础设施、智慧能源基础设施等；三是创新基础设施，主要指支撑科学研究、技术开发、产品研制的具有公益属性的基础设施，如重大科技基础设施、科教基础设施、产业技术创新基础设施等。伴随技术革命和产业变革，新型基础设施的内涵、外延也不是一成不变的，将持续跟踪研究。与传统基础设施建设相比，新型基础设施建设更加侧重于突出产业转型升级的新方向，无论是人工智能还是物联网，都体现出加快推进新兴领域产业发展的大趋势。

5.3　新兴领域产业发展典型案例

21 世纪以来，世界科技发展呈现新的态势，技术融合催生了一些新的学科和融合技术领域，随着各领域科学技术的迅速发展和交叉融合，新兴领域产业在世界范围内逐渐涌现并快速发展起来。科技创新为产业升级换代、新兴领域产业发展提供了强大的动力，新兴领域产业的快速发展和繁荣正成为全球经济的新引擎。近年来，随着信息技术、航天技术、生物技术和人工智能等高新技术的快速发展，海洋、太空、网络、生物、新能源和人工智能等领域成为未来战争胜负新的较量场，也是新质战斗力生成的新空间。美国的新兴领域产业实施以复兴制造业为核心的"再工业化"战略。欧盟将低碳产业列为新兴领域产业重点，重在将绿色技术、信息技术，尤其是将物联网技术、生物技术和其他高新技术提高至全球领先水平，并大力发展"绿色经济"。英国重视低碳经济，还通过建立增材制造研究中心等政策措施，发展高附加值制造、信息、生物、海洋等新兴领域产业。日本重点发展新能源、节能环保、信息技术、新型汽车、海洋技术等领域。韩国将低碳与绿色发展作为重要主题，重点培育可再生能源、信息、纳米技术等产业。纵观这些国家在新兴领域产业的举措，一个共同做法就是从国家层面优化配置和整合利用各方面的资源力量。相应地，其战斗力生成空间呈现出向更为广阔的领域拓展的态势，由国家地理疆界向全球公域领域拓展、由有形物理领域向无形信息领域拓展、由要素投入驱动向创新驱动拓展。

5.3.1　国外新兴领域产业发展典型案例

美国在推进新兴领域产业发展进程中以复兴制造业为核心推进"再工业化"

战略。奥巴马政府将政策重点放在新能源和新一代信息技术产业上，同时也十分强调先进制造、生物与医药、新一代信息与网络技术、电动汽车技术、纳米技术等技术的开发和产业发展。为走出经济衰退，推动可持续增长和高质量就业，美国国家经济委员会、总统经济顾问委员会、科技政策办公室发布了《美国国家创新战略》。这是美国政府需要承担的任务规划，是政府和美国各界对重振美国竞争力，特别是美国政府为支持创新活动、激发创新活力而做出的最新思考和举措。《美国国家创新战略》的核心理念是构筑创新金字塔。《美国国家创新战略》共有六个部分，包括三大创新要素和三大战略举措。三大创新要素指的是投资创新生态环境基础要素、推动私营部门创新、打造创新型国家；三大战略举措指的是创造高质量就业岗位和持续经济增长、推动国家优先领域突破、建设创新型政府。奥巴马政府希望通过三大战略来进一步激活三大创新要素，以此创造一个良好的创新生态系统，《美国国家创新战略》主要发展九大战略领域，分别为先进制造、精密医疗、大脑计划、先进汽车、智慧城市、清洁能源与节能技术、教育技术、太空探索和计算机新领域。此外，美国政府还将继续投资有利于未来战略计划的通用技术，这些通用技术将会持续地影响人类经济社会发展，如纳米技术、机器人技术和自动化系统，先进材料、生物学和工程学等。

欧盟将低碳产业列为新兴领域产业重点，大力发展"绿色经济"。欧盟发展的低碳技术包括典型低碳能源技术、碳捕捉运输封存技术、智能电网、新能源汽车、储能技术、生物燃料与建筑节能技术等。欧盟的研发框架计划从第一期研发框架计划（1st Framework Programme，FP1）（1984～1987 年）发展到 FP7（2007～2013 年），其整体规划、策略措施、监控手段、支持领域、资助力度、人才培养等各个方面都在运作中不断调整、完善和加强。通过系列研发框架计划的实施，促进了欧盟科研、工业、商业、社会等各方面的发展。在 FP7 执行期间，为恢复欧盟成员国的经济活力，欧盟委员会制定了"欧洲 2020 战略"，作为落实该旗舰计划的创新政策工具，"地平线 2020"于 2014 年正式启动实施。"地平线 2020"是欧盟实施创新政策的资金工具，计划周期 7 年（2014～2020 年），预算总额约为 770.28 亿欧元。"地平线 2020"要求欧盟所有的研发与创新计划聚焦于三个共同的战略优先领域，其中每个优先领域都分别部署多项行动计划，另外单列了 4 项不便分类的资助计划。"地平线 2020"被欧洲领导人和欧洲议会视为推动经济增长和创造就业机会的手段，是欧盟对未来的投资，其目标是确保欧洲产生世界顶级的科学，消除科学创新的障碍，在创新技术转化为生产力的过程中，融合公众平台和私营企业协同工作。"地平线 2020"的提出标志着欧盟在研究创新计划上进入了新纪元。

目前主要发达国家对新兴领域产业部门的金融支持模式大致可以分为两种，分别为市场主导型与银行主导型。在产业创新与新兴领域产业发展中，以美国、英国等为代表的第一梯队"领先型"国家，属于市场主导型，重点表现为以资本市场为基础，金融资本的定价和配置是由市场决定的。美英形成市场主导型的金融支持模式，主要基于其健全的市场机制和完善的配套法规，运行效率相对较高，虽然银行与企业破产的比率相对较高，但有利于把损失限制在最低程度，将风险逐步分散于市场，整体来看有利于维护金融稳定。日本、德国等国家的金融支持模式多为银行主导型，其中以日本最为典型。在银行主导型的金融支持模式下，产业发展高度依赖银行金融机构的贷款，银行与产业间具有很强的相互依存性。银行主导型模式使承担新兴领域产业发展载体的企业更加注重自身的长远发展，这对于形成资本和技术密集型的大型企业与企业集团非常有利；然而从金融稳定角度看，银行主导型模式存在极大隐患，由于银行与关系企业之间相互持股，企业和银行的财务状况难以有效披露，财务风险难以有效控制，容易引发金融危机。

在可再生能源发展方面，比较有代表性的是意大利的热那亚市。作为意大利最大的海港，截至 2019 年，热那亚市人口仅为 60.7 万，面积 243 平方公里。热那亚市是最早实施可持续能源行动的城市之一。2008 年热那亚市签署欧洲市长盟约，成为最早签署欧洲市长盟约的城市之一。2010 年 8 月热那亚市可持续能源行动方案获得批准，发展目标是在 2005 年的基础上 2020 年温室气体减排 23.7%，减排领域集中在绿色交通和可再生能源方面，其中绿色交通对减排贡献率为 30%，可再生能源对减排贡献率为 70%。热那亚市对城市的能源生产供应、能源负荷需求、新型能源技术的推广应用也做出了详尽规划和设计，确保实现温室气体减排 23.7% 的重要目标。提升概念打造智能城市。在完成城市可持续能源行动方案的基础上，热那亚市开始关注城市能源体系与建筑、交通、港口、环境、水等各方面问题的协调和发展，并提出了建设智能城市的目标。着力推动可持续能源发展体系与基础设施、管理系统的整合和全面发展，以实现宜居、可持续发展的城市发展目标。在大学校区开展智能城市示范。热那亚大学 Savona 校区实施的智能城市示范主要活动包括：第一，增加光伏发电、地热能利用等可再生能源生产；第二，智能绿色建筑建设和改造；第三，开展校园现有设备的升级和节能改造，通过智能微电网的能源管理系统实施优化管理。2019 年，已可实现校区内的电力、热力和制冷能源体系优化控制多能互补，微电网内的能源自供比例可达到 75%，其中可再生能源占 50%，同时智能微电网建设和优化管理系统有效降低了校区的能源运行成本，每年可节省 10 万欧元左右的用能成本。

5.3.2　国内新兴领域产业发展典型案例

改革开放特别是党的十八大以来，我国经济实力、科技实力大大提高。有些领域已由过去"跟跑"变为"并跑"，甚至是"领跑"。"蛟龙号"潜水器创造了下潜 7000 多米的载人深潜纪录，意味着我国具备了 99.8%以上全球海洋深处载人作业能力；我国发射的世界首颗量子卫星"墨子号"，首次实现了卫星和地面之间的量子通信；我国首辆时速 600 公里高速磁浮试验样车在青岛下线，实现了我国在高速磁浮技术领域的重大突破；在国际上率先开启称霸标准研究的国防科技大学计算机学院吴俊杰带领的 QUANTA 团队，联合国内外科研机构，提出了量子计算模拟的新算法，该算法在"天河二号"超级计算机上的测试性能达到国际领先水平。如此种种，中华民族正迎来伟大复兴，我国日益走进世界舞台中央，我们有信心、决心在 21 世纪中叶将我国建设成为富强、民主、文明、和谐、美丽的社会主义现代化强国。

济南市对新兴领域产业规划较早，发展成效显著。早在 2010 年，济南市政府就制定了《济南市战略性新兴产业发展规划（2010—2015 年）》，明确了新兴领域产业的发展基础、发展重点和保障措施。2017 年 4 月，济南市政府又印发了《济南市十大千亿产业振兴计划》，着力做大、做强重点产业，增创实体经济发展新优势，集中突破发展大数据与新一代信息技术、智能制造与高端装备、量子科技、生物医药、先进材料等十大产业。2017 年，济南市高新技术产业产值占工业总产值的比重达到 45.15%，居全省首位。在 2018 年 1 月 10 日国务院批复的《山东新旧动能转换综合试验区建设总体方案》中，确立了"三核引领、多点突破、融合互动"的新旧动能转换总体布局，其中济南就位于三核引领中的核心地位。另外，其产业特色鲜明，基础雄厚。济南市云计算、大数据、物联网、量子通信等新技术蓬勃发展，十大千亿级产业迅速成长，规模效应和关联带动能力不断增强。2017 年，济南市数字经济规模已达 2500 亿元以上，约占全市经济总量的 35%，约占全省数字经济总量的 1/4；智能制造与高端装备产业主营业务收入达到 3300 亿元，占全市工业总量的 50%以上；全市"两化融合"指数达79.7，列全省第二位。

山东是海洋大省，海洋资源丰富，海洋科技创新基础较好。多年来，山东省委、省政府深入贯彻党中央战略部署，坚持新发展理念，高度重视海洋科技创新在供给侧结构性改革中的引领带动作用，明确实施创新驱动发展战略、建设创新型省份的思路举措，持续深化改革、综合施策、统筹推进，海洋科技创新工作取得明显成效，为突破海洋产业关键共性技术、促进海洋经济发展和加快海洋强省建设提供了重要支撑。《国家海洋创新指数报告 2017》显示山东区域海洋创新指数全国排名第三，科技创新引领支撑海洋经济发展作用明显。山东海洋科学区域创新体系建设不断完善，国家及省级以上涉海科研机构 42 家，占全国涉海科研机构的 32%，先后创建了国家级黄河三角洲农业高新技术产业示范区和山东半岛国家自主创新示范区，构建了各具特色的区域发展模式和路径，基本形成了以青岛海洋科学与技术试点国家实验室、中科院海洋大科学研究中心、国家深海基地等为新发展龙头，"国字号""中科系""央企系""国海系"四大海洋科研力量集聚的发展新格局。源头科技创新能力不断增强，实施"透明海洋""蓝色药库"等海洋领域重大科技创新工程，催生出以智能浮标、深海 Argo、水下无人航行器为代表的一批具有自主知识产权的高端装备，提高了海洋装备国产化率，摆脱了海洋环境监测探测装备长期受制于人的局面。建设海洋智能超算与大数据中心，实现对海洋调查大数据、观测大数据、计算大数据和网络大数据的分析处理，打破了发达国家对海洋大数据的技术垄断。在海洋动力过程与气候变化、海洋生命过程与资源利用等领域，已具有世界领先的研究能力。

我国对太空领域的探索时间不长，但成绩斐然。中国政府把发展航天事业作为国家整体发展战略的重要组成部分，始终坚持为和平目的探索和利用外层空间。中国航天事业自 1956 年创建以来，已走过 60 多年光辉历程，创造了以"两弹一星"、载人航天、月球探测为代表的辉煌成就，走出了一条自力更生、自主创新的发展道路，积淀了深厚博大的航天精神。1987 年，在酒泉卫星发射中心发射的第九颗返回式卫星，为法国马特拉公司搭载了两个微重力试验装置。卫星成功回收后，该公司的相关试验取得圆满成功，这是中国航天界打入世界航天市场的第一次尝试。1998 年 5 月 2 日，中国自行研制生产的"长二丙"改进型运载火箭在太原卫星发射中心发射成功，标志着中国具有参与国际中低轨道商业发射市场竞争力。长征系列火箭已具备把多种试验卫星、地球观测卫星、气象卫星、通信卫星或太空飞船等送入太空的能力，并能够为国外用户提供商业发射服务。世界上最大的商业卫星供应商美国休斯飞机公司已与中国长城工业总公司签订了长期合作协议。据《2016 年中国的航天》白皮书显示，2011 年以来，中国航天事业持续快速发展，自主创新能力显著增强，进入空间能力大幅提升，空间基础设施不断完善，载人航天、月球探测、北斗卫星导航系统、高分辨率对地观测系统等重大工程建设顺利推进，空间科学、空间技术、空间应用取得丰硕成果。中国积极鼓励和支持企业参与空间领域的国际商业活动，如这些企业完成了尼日利亚通信卫星、委内瑞拉一号通信卫星、玻利维亚通信卫星、老挝一号通信卫星、白俄罗斯一号通信卫星等卫星出口和在轨交付，为土耳其"蓝突厥-2"地球观测卫星提供商业发射服务，成功搭载发射厄瓜多尔、阿根廷、波兰、卢森堡等国的小卫星，积极开展空间信息商业服务。和平探索和利用外层空间是人类的不懈追求，站在新的历史起点上，中国将加快推动航天事业发展，积极开展国际空间交流与合作，使航天活动成果在更广范围、更深层次、更高水平上服务和增进人类福祉，同各国一道，不断把人类和平与发展的崇高事业推向前进。

智能制造既是全球制造业的发展趋势，也是"中国制造 2025"的主攻方向。近几年，作为东北三省的核心城市——沈阳，依托传统老工业基地的积累和新技术的研发，在装备制造领域，特别是在智能制造方面取得了丰硕的成果。新松机器人在平昌冬奥会闭幕式的"北京 8 分钟"中惊艳世界,中国科学院沈阳自动化所"海星 6000"创造了我国有缆遥控水下机器人的深潜纪录。截至 2020 年底,全市科技型中小企业达到 1431 家,其中高新技术企业达到 1230 家。然而与北京和广州等城市相比,沈阳的智能制造企业在行业内并未形成应有的影响力,距离"技术创新与研发基地"的发展目标仍有一定的差距。究其原因,一方面在于行业内部资源整合仍需推进,专业集群效应有待放大;另一方面是品牌推广与宣传力度不够,人们对于东北制造业的认知仍停留在传统阶段。沈阳智能制造行业的崛起一方面要靠技术革新,另一方面也要整合多方资源,依托政策、经济基础等方面的优势,注重科技创新,形成产业集群,扩大社会影响力,打造智能制造优势品牌。

　　我国生物医药产业园伴随高新技术区而生,截至 2019 年,我国已打造出一批优秀的产业园区。其中,中关村生命科学园、上海张江生物医药基地、苏州工业园区生物纳米科技园、武汉光谷生物城、广州国际生物岛和成都天府生命科技园等是国内生物医药产业园区的典型代表。中关村生命科学园是国家级生物技术和新医药高科技产业创新基地,其聚焦国家生物医药产业发展。生命科学园一、二期现已基本完成建设,其中一期占地面积 1.3 平方公里,定位于生物医药研发、中试、孵化基地;二期占地面积 1.19 平方公里,定位为医疗服务及生物技术产业化基地。一、二期建成了集生命科学研发中试、生物技术创新和产业化推广、企业孵化、产业集聚、风险投资、国际合作、人才培养于一体的世界一流的高科技园区。为了使园区人员的生活、工作更加便利,也为了承载更多国家重大科技部署项目落地、推动产生原始创新成果,生命科学园三期项目已全面启动,建筑规模约 360 万平方米,其中 160 万平方米作为产业空间,200 万平方米作为配套空间,与生命科学园建成区一起成为中关村科学城的重要组成部分。张江生物医药基地被外界誉为张江药谷,是由科技部、卫生部、国家食品药品监督管理局、中科院与上海市签约共同打造的"国家上海生物医药科技产业基地",重点集聚和发展生物技术与现代医药产业领域创新企业。苏州工业园区生物纳米科技园目前包括三大园区:苏州生物医药产业园一期(原苏州生物纳米科技园)、苏州生物医药产业园二期、苏虞生物医药产业园。其中,位于桑田岛的产业园二期 A、B 区域已投入运营。

　　在基因技术领域,深圳碳云智能科技有限公司(以下简称碳云智能)荣登榜首。其成立于 2015 年 10 月 27 日,是王俊离职华大基因后在深圳成立的创业公司,公司名中"碳"代表生命,还有互联网和人工智能的概念。碳云智能的基本想法是希望用数字化的方式去记录个体生命的状态,用人工智能技术对这些生命大数据进行分析,通过持续模拟生命本身的特质和规律,帮助每个人管理自己的健康。碳云智能的数据来源包括两部分,一部分靠自己的技术能力获取,另一部分靠合作伙伴获取。靠该团队的核心技术获取的有基因数据、微生物数据、蛋白及代谢数据等,合作伙伴包括研究机构、药厂、体检中心、医院、诊断公司、保险公司、健康管理公司等,从合作伙伴处获取的数据有临床及体检数据、环境数据、运动数据、饮食数据等。2017 年 1 月 5 日,碳云智能对外发布数字化健康管理平台。2018 年 5 月25 日,德国总理默克尔到访碳云智能,参观期间,公司创始人王俊向默克尔详细介绍了碳云智能提出的数字生命理念,以及如何利用人工智能驱动海量生命大数据,为消费者提供定制化的健康解决方案。同年 9 月,碳云智能联手东英金融集团和大成食品有限公司,整合各方优势资源布局精准营养。2020 年 8 月,碳云智能以 70 亿元位列《苏州高新区·2020 胡润全球独角兽榜》第 351 位。

在人工智能领域,北京市商汤科技开发有限公司(以下简称商汤科技)表现突出。其成立于 2014 年,创始人为香港中文大学信息工程系教授汤晓鸥。商汤科技以"坚持原创,让人工智能引领人类进步"为使命和愿景,自主研发并建立了深度学习平台和超算中心,推出了一系列人工智能技术,包括人脸识别、图像识别、文本识别、医疗影像识别、视频分析、无人驾驶和遥感等。2018 年 9 月 20 日,科技部部长王志刚向商汤科技授予"智能视觉国家新一代人工智能开放创新平台"称号并授牌。其业务涵盖智能手机、互联网娱乐、汽车、智慧城市,以及教育、医疗、零售、广告、金融、地产等多个行业。商汤科技已与国内外 1100 多家世界知名企业和机构建立合作,包括阿里巴巴、苏宁易购、中国移动、vivo、小米、微博股份有限公司、万科、融创等。目前,商汤科技国际化布局已初步完成,在香港、上海、北京、深圳、成都、杭州、京都、东京、新加坡、利雅得、阿布扎比及迪拜设立办公室,并在海外多个国家实现产业落地。商汤科技自主研发的原创深度学习平台 SenseParrots,对超深的网络规模、超大的数据学习及复杂关联应用等支持更具优势。商汤科技还自主搭建了深度学习超算中心,大幅降低了各类人工智能技术的研发成本,并且缩短了开发深度学习算法模型的时间。

在新能源汽车领域,小鹏汽车表现突出。小鹏汽车成立于 2014 年,总部位于广州,是广州橙行智动汽车科技有限公司旗下的互联网电动汽车品牌,由何小鹏、夏珩、何涛等人发起,团队主要成员来自广汽、福特、宝马、特斯拉、德尔福、法雷奥等知名整车与大型零部件公司,以及阿里巴巴、腾讯、小米、三星、华为等知名互联网科技企业。其核心技术包括纯电驱动系统和智能系统。小鹏汽车的纯电驱动系统以电机、电池、电控为核心,其中,电机控制器、充电机等被安置在前舱内,电池系统则布置在乘员舱地板下方。小鹏汽车的初版电机功率密度达到 10 千瓦/升,目标达到 14.5 千瓦/升,超过国内平均水平 1 倍以上。电池方面,小鹏汽车的电池包已经经过了 4 次迭代开发,能量密度接近 150 千瓦时/千克,不同于国内电动车电池包大多采用自然冷却或者风冷,小鹏汽车设计了液冷电池包,可以在曝晒试验后,输出功率 200 千瓦以上而温升控制在 10℃以内,有效地解决了电池温升问题。该套纯电驱动系统已经进行了台架测试、转毂测试和试验场道路测试，累计测试里程超过 5000 公里。小鹏汽车智能系统以中控大屏为核心，它除了是一个互联网的入口和终端外，更多的是一个智能化的平台。中控大屏取代了传统中控实体按钮，而代之以一系列的虚拟按钮。小鹏汽车的智能控制系统专注于对车本身的智能控制，而非简单的互联网娱乐。通过中控大屏，可以方便地控制方向盘位置、座椅位置、车灯开关、车窗升降、空调设定等，还可以进行驾驶风格的选择、底盘刚度的调节、制动能量回收强度等的调节等。更重要的是，结合外围的传感器资源，如智能相机、雷达、全球定位系统（global positioning system，GPS）等，能够搭建起智能驾驶平台，并且这个平台是可以根据用户的需求进行配置、裁剪或者扩展的。

在智能装备领域，深圳市大疆创新科技有限公司（DJ-Innovations，DJI）（以下简称大疆）表现最为亮眼。2006 年其由香港科技大学毕业生汪滔等人创立，是全球领先的无人飞行器控制系统及无人机解决方案的研发和生产商，客户遍布全球 100 多个国家。通过持续的创新，大疆致力于为无人机工业、行业用户及专业航拍应用提供性能最强、体验最佳的革命性智能飞控产品和解决方案。2015 年 2 月，美国著名商业杂志《快公司》评选出 2015 年十大消费类电子产品创新型公司，大疆是唯一一家中国本土企业，在谷歌、特斯拉之后位列第三。2015 年 12 月，大疆推出一款智能农业喷洒防治无人机——大疆 MG-1 农业植保机，正式进入农业无人机领域。2019 年 10 月，大疆发布"御"mavic mini 航拍小飞机，其拥有可折叠、249 克机身重量、1200 万像素、30 分钟的单块电池续航时间等设计。大疆成立至今已发展成为空间智能时代的技术、影像和教育方案引领者。成立以来，大疆的业务从无人机系统拓展至多元化产品体系，成为无人机、手持影像系统、机器人教育等多个领域的全球领先的品牌，以一流的技术产品重新定义了"中国制造"的内涵，并在更多前沿领域不断革新产品与解决方案。以创新为本，以人才及合作伙伴为根基，思考客户需求并解决问题，大疆得到了全球市场的尊重和肯定。截至 2020 年 7 月，公司员工 14 000 余人，在 7 个国家设有 18 家分支机构，销售与服务网络覆盖全球 100 多个国家和地区。

5.4　典型区域新兴领域产业发展经验

5.4.1　强化新兴领域产业战略规划，增强新兴领域产业技术交叉融合

加强新兴领域产业技术交叉融合，进一步贯彻落实各级政府部门对技术交叉融合发展的工作部署，加快新兴领域产业技术交叉融合成果的转化。首先，坚持政府主导编制新兴领域产业技术交叉融合发展规划与指南。充分对接国家和地方、

企业和高校及科研机构有关的政策规划，研究制订新兴领域产业技术交叉融合发展规划和指南，将其作为加速推进新兴领域产业技术交叉融合转化的重要依据。要从技术交叉融合的指导思想、基本原则、实施目标、重点领域等方面进行规划，理清融合的技术基础、产业基础和市场需求，确定中长期发展目标，以提升资源利用率和研发成果产业化率为目标，尽可能地规避由技术或市场所导致的各种风险。其次，强化政策保障，激发地方科技力量参与新兴领域产业技术交叉融合研发积极性。通过政策法规鼓励、引导地方力量积极参与研发，明晰合作双方权责。要在确保国家利益的前提下同时兼顾参与单位的利益，规范产品招标的管理办法，出台鼓励企业参与的有关政策，对企业在人才使用、资金利用、税收优惠、市场拓展、知识产权保护等方面予以支持，为新兴领域产业技术交叉融合创造良好的政策环境。

5.4.2　强化新兴领域产业创新示范区管理体制与运行机制创新

强化顶层规划和政策引导，全国一盘棋，统筹思考，统一布局，按领域、分专业，在全国先选择有区位优势、历史传承、产业优势、辐射能力强的区域设立国家级新兴领域产业示范园区。

（1）引导新兴领域产业健康持续发展。借鉴国家级高新技术开发区的经验，强化示范区的行政引导职能，探索示范区管理者既作为管理方，又作为投资方的新模式，合理引导区内企业谨慎投入，要重点在技术领先、方案可靠、潜在市场较大、利润空间较大的领域精耕细作，避免在同一领域或相近领域与同行展开白热化竞争。

（2）创新产业示范园区产业模式。示范区要坚持以国有资本或国有企业为主导，探索包括技术入股、产业合作、委外生产、产业联盟等在内的多种模式，利用国有企业自身品牌影响力，以有限的投资形成自主产业方向，推动产业不断发展，实现合作双方互惠共赢。同时，通过民营企业的持续发展，达到历练团队、储备技术，反哺国有企业，促进新兴领域产业技术交叉融合。示范区企业要创新管理模式，在运营机制上充分借鉴华为等现代企业先进模式，探索借鉴"双创"模式，长期注重吸纳社会先进技术理念，吸引先进创新创业团队，快速形成自有成果和生产力。

5.4.3　构建产业集群，引领新兴领域产业的发展

在世界新一轮科技革命和产业变革与我国转变发展方式的历史交汇期，突出

新兴领域产业的先导性、支柱性，提升产业集群持续创新发展能力和竞争力。新兴领域产业规模化集群发展，将有助于更好地整合现有资源优势。通过各企业的协同发展效应，加快新兴领域产业整体前进的步伐。通过规模化集群发展更加有效地推进产业、创新、生态、资金各环节的交互作用，实现新兴领域产业生态发展的目标。推动新兴领域产业集群发展，培育特色新兴领域产业集群，促进新兴领域产业链和创新链协同发展。《国家发展改革委、科技部、工业和信息化部、财政部关于扩大战略性新兴产业投资培育壮大新增长点增长极的指导意见》提出，构建产业集群梯次发展体系，培育和打造 10 个具有全球影响力的战略性新兴产业基地、100 个具备国际竞争力的战略性新兴产业集群，引导和储备 1000 个各具特色的战略性新兴产业生态，形成分工明确、相互衔接的发展格局。

5.4.4　培育创新型龙头企业的同时，提升中小企业创新能力

在具有突出高风险特性的高新技术及产业化创新领域，政府必须充分发挥国家宏观调控职能，做到有所为而有所不为，积极建成以企业为主体、市场为导向、产学研相结合的技术创新体系。中长期发展规划要提出并锁定未来可以实现"弯道超车"的优先产业，引导知识、资本和人力要素投入，集中力量，实现突破。以中小企业的颠覆性创新推动龙头企业的渐进性创新，涌现一批具有区域特色、科技含量较高、拥有良好发展前景的产业集群，使其产业链在上下游之间逐步延伸，带动相关产业及整个区域经济的发展，提高本地企业的技术创新能力。发挥科技创新的集聚效应，在新兴领域产业发展中适当集中资源，培育创新型龙头企业，带动产业创新发展。

5.4.5　立足优势，明确重点发展方向，加大政府宏观调控作用

制订新兴领域产业的发展规划，可以为其发展指明道路。发展新兴领域产业必须结合本国需求和优势，有的放矢、有所侧重地选择重点发展的方向。进一步优化新兴领域产业的市场准入管理，进一步加大对新兴领域产业的公共创新资源供给，激活新兴领域产业资本活力。对海洋、太空、网络、生物、新能源、人工智能等科研生产领域，特别是高新技术领域能放开的尽快开放，给新兴领域企业和新兴领域企业资本创造发挥作用的空间，实现新兴领域产业多学科、多领域高度交叉和深度融合。以美国为例，2010 年以来，美国始终将先进制造业、生物技术、清洁能源作为优先发展的领域，持续推进科技与产业发展；德国以"工业 4.0"为载体，整合推动人工智能、微电子、物联网等相关技术与产业发展；日本则以信息技术和制造业为核心，着重发展机器人和人工智能产业。在"十四五"规划

草案中，我国将立足优势，明确重点发展方向，加大政府宏观调控作用，在产业布局优化、创新能力提升、发展环境营造、国内需求释放及深化开放合作等方面采取更加科学有效的针对性措施，从而推动新兴领域产业进一步壮大发展。

5.4.6　重视培育有利于中小企业生长的环境

美国在实施"再工业化"战略、推进制造业创新网络建设的过程中，大力支持中小企业参与其中，为中小企业开展创新活动提供更有利的环境，使其在市场竞争中处于公平公正地位。完善知识产权体系，创建良好科技创新运行环境，后发国家在发展初期，其经济发展水平与领先国家差距较大，较弱的知识产权保护强度，可以减少学习成本，便于技术转移和知识传播，宽松的知识产权政策起到正向调节作用；随着经济发展水平的提升和经济发展模式的转型，知识产权保护必然走向强化，严格的知识产权政策将逐渐成为趋势。当前，我国经济已由高速增长阶段转向高质量发展阶段，走创新驱动发展道路，要健全知识产权保护制度，为各类市场主体立恒心、增信心。但企业遭受侵权后，举证难、赔偿低、执行难等维权困难仍在一定程度上存在。因此，接下来政府要进一步加强市场监管、保障公平竞争，维护市场秩序。德国为中小企业创新提供资金，解除束缚，将中小企业的创新资助纳入"中小企业重要创新计划"（Zentrales Innovationsprogramm Mittelstand，ZIM）；英国政府通过中小企业创新计划为开展产品研发和技术创新的中小企业提供奖金和资助，对高新技术小企业提供优惠的减免税政策等；韩国三次制订中小企业促进技术革新计划，鼓励和发挥中小企业在新兴领域产业发展中的活力和创新优势。这些国外有益经验同样值得我们学习借鉴。

5.4.7　注重产业的创新驱动能力、培养产品创新意识

我国在发展过程中以创新为动力，在技术工艺、管理模式、市场运营等环节注入创新要素，以科技驱动产业发展。创新驱动力是推动一个国家和民族向前发展的力量源泉，创新产品的实际市场经营销售情况、每年发明专利申请的数量和质量，无疑都影响着产业的创新驱动能力。创新驱动能力直接影响着创新能力的高低，在一定程度上，专利质量和数量可直接作为创新能力及创新成果的一个评价指标，可以直接反映新兴领域产业创新能力水平，产业的专利申请数量可作为创新能力成果的一种体现。产业组织应着重于产业品牌的树立，重视对技术创新意识的培养，共同推动经济全球化，加强贸易合作，努力提高国际市场竞争力，增加国际风险防范能力。

5.4.8　重点支持地方能力建设工作，采取激励政策机制

技术、资本和人才是企业发展必不可少的要素，必须建立有效的激励机制，发挥国际创新资源对企业发展的牵引作用，对城市的支持主要是提供资金和专家团队，加强地方政府的管理能力和技术服务能力，培育相关协会或企业实体开展咨询服务和进行技术服务。对此，国外有不少成功案例可供我国借鉴参考。例如，欧洲城市联盟支持城市设立专职的新能源管理官员负责组织设计规划和行动方案、协调落实项目、组织培训研讨宣传活动等，并为城市开展能源规划、行动方案等研究工作提供补贴，城市可根据需要开展研究活动，相关研究可以是城市可持续能源行动方案等总体规划和实施方案活动，也可以是城市光伏屋顶资源地图绘制、地热能资源调查评估等专题规划和实施方案活动。欧洲城市联盟和欧洲城市能源奖都有强大的技术团队为城市提供技术支持与支撑，包括编制指导手册、开展培训和交流活动，以及提供专门的技术指导。根据日本筑波科学城的经验，政府在进行科技扶持政策时，应为新兴领域产业的发展提供一个良性的竞争市场环境，一定要考虑到发挥企业最大的生产和研发积极性，因为企业的研发创新主体的地位是政府无法替代的，只有将企业推入一个竞争的市场环境中，才能使其在追求创新垄断收益过程中不断地实现技术创新。

5.4.9　政府引导产学研用紧密协同

产学研合作一般是指高校与企业之间本着资源共享、合作共赢的原则，通过各自主体优势互补，在生产、教学、科研等方面进行深度融合，采取课堂教学与工程实践应用相结合，来培养适合相关企业需求的应用型高层次人才。新兴领域产业发展应发挥企业的主导作用和高校及研究院所的支撑作用，通过多元化的融资渠道，集成政产学研用各方资源，建成多方深度合作的创新综合体。对此，国外也有不少成功案例和可行方案可供我国参考借鉴。美国制造创新中心运行模式的一个亮点就是在政府主导下集聚跨部门、跨行业的优势资源，组织产学研用各方联合共建，实现创新链和产业链的紧密连接，同时充分强调信息、设备等的共享。在美国，首先，企业在产学研用关系中处于主体地位；其次，政府在产学研用体系中起引导作用；最后，培育市场化组织和服务机构及基本运作方式。借鉴美国的经验，我国应明确划分权责利关系，使得我国产学研用合作体系形成各尽其责、相互协调发展的局面。德国积极发挥政府资金的引导作用，吸引了大量风投资金进入新兴领域产业发展中。日本政府十分强调建立区域政产学研用合作创新系统的重要性，在新兴领域产

业发展中，地方政府通常会组织企业、高校、研究机构对区域内的产业发展方向、技术基础、产业化路线等展开集中讨论，联合行业协会等第三方组织制订产业集群发展规划。韩国在人才教育模式上重视对科技精英学生的培养。另外，韩国的人才培养模式强调人才终身教育。从韩国独立到 20 世纪 70 年代末，韩国逐步建立起了识字与成人基础教育、成人学历补偿教育、社区发展型社会教育、职业培训等人力资源开发、广播函授教育等构成的社会教育体系。韩国拥有享誉全球的企业培训和发展规划机制，同时采取国际人才引进政策，而且韩国在新兴领域对于人才引入方面注重人才特质的多样性。

5.5　新兴领域产业发展结构优化对策与建议

近年来，我国新兴领域产业实现快速发展，充分发挥了经济高质量发展引擎作用。同时，产业发展呈现出重点领域发展壮大、新增长点涌现、创新能级跃升、竞争实力增强等诸多特点，形成了良好的发展局面。但是，当今世界正经历百年未有之大变局，"十四五"乃至更长一段时期内，我国新兴领域产业将面临更加严峻的内外环境，需要在产业布局优化、创新能力提升、发展环境营造、国内需求释放及深化开放合作等方面采取更加科学有效的针对性措施，从而推动产业进一步壮大发展。

5.5.1　精准推动产业布局调整

目前新兴领域产业集群建设的政策体系已经初步建立，下一步建议从两个方面丰富相关内容，形成完整政策体系。一方面是进一步完善集群建设体系。第一批国家级新兴领域产业集群建设名单中所涉及的新兴领域产业仅是目前产业领域的一半左右，其他如数字创意、新能源汽车等具备高度集群式发展倾向的领域都没有出现，这方面的工作还有待进一步拓展。另一方面是进一步完善集群考评机制。国家级新兴领域产业集群目前尚未明确其进入退出机制。从进入机制看，《"十三五"国家战略性新兴产业发展规划》提出以科技创新为源头，加快打造战略性新兴产业发展策源地，提升产业集群持续发展能力和国际竞争力。以产业链和创新链协同发展为途径，培育新业态、新模式，发展特色产业集群，带动区域经济转型，形成创新经济集聚发展新格局。因此我国在新兴产业特色集群建设方面尚有较多发展空间。从退出机制看，国家级新兴领域产业集群的建设应是一个长期过程，需要有退出机制来更好地适应产业的发展变化。因此还需进一步明确相关机制才可以更好地开展相关工作。

5.5.2　加强产业创新能力建设

为了应对"十四五"时期内外部环境变化带来的重大挑战与重大机遇,建议结合我国具体发展基础和下一步重大发展需求,从三方面统筹出发,加大工作力度,推动创新驱动新兴领域产业加快发展的实现。一是补短板。国际竞争形势的变化使得我们必须高度重视自身的产业链中的核心短板,习近平指出:"关键核心技术是要不来、买不来、讨不来的。只有把关键核心技术掌握在自己手中,才能从根本上保障国家经济安全、国防安全和其他安全"[①]。针对我国新兴产业中的集成电路生产基础工艺与核心设备、高端功能材料等重点"卡脖子"领域,必须发挥举国体制优势,加大投入力度,集中攻关予以突破。二是促长板。新兴领域产业要想在我国国内经济发展方式转型和国际产业竞争力提升方面发挥应有的作用,就必须要牢牢掌握住创新主动权、发展主动权,也就必须加快形成能够在国际产业链体系中拥有制衡能力的重点"长板","十四五"期间要重点在 5G、人工智能、新能源、新能源汽车等我国已经具备一定竞争实力的领域加强整体创新体系建设,在一批产业领域形成中国具备引领能力的产业标准与认证体系。三是强基础。新兴领域产业的发展需要体现其长期战略性,只有夯实产业基础能力才是产业市场长期可持续发展的根本。基础研究是整个科学体系的源头,基础材料、基础工艺是整个产业发展的源头,只有打好基础,才能长远发展,始终保持立于潮头。为了保证新兴领域产业的长期发展能力,需在新材料、量子信息、可控核聚变等重点领域、重点技术方面长期持续投入,久久为功,以图长远。

5.5.3　强化产业发展环境营造

"十四五"时期,我国新兴领域产业发展的核心是要营造一个适合当前产业发展阶段的发展环境,通过形成良好生态,进一步激发创新、鼓励创新,实现产业的健康快速发展。建议从三方面着手做好相关工作:一是为新兴领域产业发展营造良好的制度环境。进一步深化创新体制改革,破除有碍创新的各类障碍,加快突破新药审批、空域管理、数字产权确权等长期困扰产业发展的体制瓶颈,积极推行敏捷治理、参与式治理,形成包容审慎的适应性监管体系。二是加大政府资源投入与政策引导。新兴领域产业的发展离不开资源的投入,一方面,要在基础

---

① 习近平:在中国科学院第十九次院士大会、中国工程院第十四次院士大会上的讲话. http://www.gov.cn/xinwen/2018-05/28/content_5294322.htm[2022-05-27].

研究领域进一步加大政府投入，争取形成颠覆性技术创新突破，加强新兴领域产业战略性作用的发挥；另一方面，进一步加大力度推进创新相关的减税降费工作，利用金融等市场化手段引导社会资源向创新领域集聚，为新兴领域产业的发展提供充足支撑。三是进一步强化国际合作与交流。通过"引进来"与"走出去"并进，促进我国新兴领域产业与全球创新体系实现同步发展。一方面是要加大我国开放力度，建立与国际规则接轨的创新政策体系，扫除创新要素流动的制度障碍，通过更新工作居留等制度，为企业引入全球创新资源，尤其是为引入国际人才创造便利条件；另一方面是加强参与国际规则制定，在全球数字贸易规则、平台经济治理等热点领域，积极提出并践行中国解决方案，为我国新兴领域产业企业发展谋求更为有利的国际发展环境。

5.5.4　持续释放强大国内需求

一是加强体制机制改革，破除制约统一市场形成的障碍。加强政策研究，强化部门协同，积极破除制约全国统一市场形成的各种体制机制障碍，重点破除新技术、新产品、新服务的地方保护主义，打造公平竞争市场氛围。二是制定释放新技术新产品需求的政策体系。配合供给侧高质量发展目标，制定基于供需协同发力的需求侧创新政策。鼓励政府和企事业单位采购新兴领域产业自主的新技术、新服务，积极营造产品应用场景。通过更为有效的减税降费手段刺激新技术、新产品消费。三是加快推动新型消费发展。例如，加速 5G 网络建设和场景应用，完善配套新型基础设施布局，促进超高清视频、VR 等新型消费发展，扩大电子商务、电子政务、网络教育、网络娱乐等方面消费，把在疫情防控中催生的新型消费培育壮大起来，加快释放新型消费潜力。

5.5.5　高效推进对外开放合作

一是鼓励参与有关国际标准制定。鼓励支持企业、高校、科研院所参与新兴领域产业及其细分领域国际标准的制定，充分发挥企业在参与国际标准化活动中的作用，强化国际市场话语权和新兴领域产业发展引导力。广泛开展国际标准跟踪研究，加强国际和国内标准制修订工作的衔接及国际与国内标准之间的协调。加强主要贸易国家和地区的标准信息收集与研究，深化技术性贸易措施研究和体系建设，推进国家标准互认。加快推广我国优势产业标准，保持产业标准领域领先地位。二是重点推动自主知识产权国际布局。大力发展重点产业知识产权联盟，鼓励研发具有自主知识产权的技术和装备，鼓励布局和申报专利合作条约（patent cooperation treaty，PCT）国际专利。建立关键技术评估遴选机制，确保高价值专利海外充分布局。积极探索完善与国内产业和行业协会的信息沟通交流机制，利用多种信息渠道，及时掌握"走出去"过程中遇到的知识产权问题，鼓励知识产权联盟成立联合专利诉讼应对基金。三是大力发展国际化服务机构。借鉴创新券模式，通过政府补贴服务费用等方式，发展一批高水平国际化中介服务机构，推动国际化的金融、人力、知识产权、会计、管理和咨询等服务发展，为新兴领域产业企业"走出去"提供高质量服务。

第六章　新兴领域产业示范区管理体制与运行机制

6.1　新兴领域产业创新示范区建设现状

2016 年 3 月 16 日，国务院发布《中华人民共和国国民经济和社会发展第十三个五年规划纲要》，在第五篇第二十三章强调支持战略性新兴产业发展，要求"瞄准技术前沿，把握产业变革方向，围绕重点领域，优化政策组合，拓展新兴产业增长空间，抢占未来竞争制高点，使战略性新兴产业增加值占国内生产总值比重达到 15%"。"十三五"时期是我国全面建成小康社会的决胜阶段，也是战略性新兴领域产业大有可为的战略机遇期。立足发展需要和产业基础，大幅提升产业科技含量，加快发展壮大网络经济、高端制造、生物经济、绿色低碳和数字创意等五大领域，实现向创新经济的跨越。着眼全球新一轮科技革命和产业变革的新趋势、新方向，超前布局太空、海洋、信息网络、生物技术和核技术领域一批战略性新兴领域产业，打造未来发展新优势。我国创新驱动所需的体制机制环境更加完善，人才、技术、资本等要素配置持续优化，新兴消费升级加快，新兴领域产业投资需求旺盛，部分领域国际化拓展加速，产业体系渐趋完备，市场空间日益广阔。但也要看到，我国战略性新兴领域产业整体创新水平还不高，一些领域核心技术受制于人的情况仍然存在，一些改革举措和政策措施落实不到位，监管方式创新和法规体系建设相对滞后，还不适应经济发展新旧动能加快转换、产业结构加速升级的要求，迫切需要加强统筹规划和政策扶持，全面营造有利于新兴领域产业蓬勃发展的生态环境，创新发展思路，提升发展质量，加快发展壮大一批新兴支柱产业，推动战略性新兴领域产业成为促进经济社会发展的强大动力。2021 年，中央发布了《中共中央关于制定国民经济和社会发展第十四个五年规划和二〇三五年远景目标的建议》，明确"发展战略性新兴产业。加快壮大新一代信息技术、生物技术、新能源、新材料、高端装备、新能源汽车、绿色环保以及航空航天、海洋装备等产业。推动互联网、大数据、人工智能等同各产业深度融合，推动先进制造业集群发展，构建一批各具特色、优势互补、结构合理的战略性新兴产业增长引擎，培育新技术、新产品、新业态、新模式"。预计 2021～2025 年，战略性新兴领域产业增加值占 GDP 比重将达到 20%左右，成为"十四五"时期推动经济高质量发展的支柱性产业，越来越多的高新技术会进入大规模产业化、商业化应用阶段，成为驱动产业变革和带动经济社会发展的重要力量。

当前我国面临的内外部环境发生了深刻变革，新兴领域产业的发展将成为我国实现经济转型的重要战略支撑。未来新兴领域产业将获得更大的支持力度，包括芯片、集成电路等面临"卡脖子"问题的关键领域，以及信息技术、新材料、高端装备制造业等代表产业链升级大方向的重点领域有望成为投资热点。战略性新兴领域产业代表新一轮科技革命和产业变革的方向，是培育发展新动能、获取未来竞争新优势的关键领域，是以重大技术突破和重大发展需求为基础，对经济社会全局和长远发展具有重大引领带动作用，知识技术密集、物质资源消耗少、成长潜力大、综合效益好的产业。2020 年 9 月国家发改委等四部门联合印发了《关于扩大战略性新兴产业投资培育壮大新增长点增长极的指导意见》，提出了扩大战略性新兴产业投资、培育壮大新增长点增长极的 20 个重点方向和支持政策，推动新兴产业高质量发展。建设新兴领域产业创新示范区是全面贯彻落实新兴领域产业发展战略、深入推进国民经济转型升级的重要手段。创新示范区是创新发展新兴领域产业的一种发展模式，能够提高企业生产运营效率，促进项目良性竞争，着力以技术溢出、产业集群、规模效应实现市场经济效益的大幅度提升，有利于充分调动地方发展优势，推动供给侧结构性改革。新兴领域产业创新示范区不同于传统经济园区和一般产业基地，它是为摆脱传统经济社会环境平台和运行机制束缚在新兴领域内资源的优化组合，建立形成的以新兴领域为特征，以新兴领域产业为载体、以改革创新为驱动、以引领示范为导向，在新兴领域生产生活服务等全方位高度融合的新型经济主体。它是在满足建设需要和推动区域经济发展过程中，以海洋、太空、网络空间、生物、新能源和人工智能等领域为依托，开展的新兴领域产业创新示范区，是产业类园区发展的全新阶段。

6.1.1 新兴领域产业发展形势特征

（1）发展规模质量齐升。"十三五"以来，新兴领域产业总体实现持续快速增长，经济增长新动能作用不断增强。在工业方面，2015～2019 年，全国战略性新兴领域产业规模以上工业增加值年均增速达到 10.4%，高于同期规模以上全国总体工业增加值 4.3 个百分点。2019 年，全国战略性新兴领域产业规模以上工业增加值年均增速达到 8.4%，高于同期规模以上全国工业总体 2.7 个百分点。在服务业方面，2015～2019 年，全国战略性新兴领域产业规模以上服务业企业营业收入年均增速达 15.1%，高于同期全国规模以上服务业企业总体约 3.5 个百分点。2019 年，全国战略性新兴领域产业规模以上服务业企业营业收入增速达到 12.7%，高于同期规模以上全国服务业企业总体近 3 个百分点。战略性新兴领域产业龙头企业不断涌现，产业持续增长引擎带动作用明显。2019 年中国新兴领域产业企业在世界 500 强榜单中占有 29 个席位，数量较 2015 年增加 11 个。国家信息中心对上市公司数据分析显示，截至 2019 年底，A 股上市公司中共有 1634 家新兴领域产业企业，占上市公司总体的 43.4%，较 2015 年底提升了 2 个百分点。其中，营收规模达到百亿元以上的新兴领域产业上市企业达到 151 家，较 2015 年增加 80 家，占新兴领域产业上市企业总数的比重由 2015 的 6.2%提升到 2019 年的 11.1%，头部企业规模及质量持续提升，引领带动作用进一步凸显。新兴领域产业发展效益持续提升。上市公司数据显示，2015～2019 年，新兴领域产业上市公司平均利润率达到 7.2%，高于上市公司总体（非金融类）近 1 个百分点。2019 年以来，在总体经济利润状况不佳的背景下，新兴领域产业上市公司利润率达到 5.9%，仍处于较高水平。

（2）新增长点不断涌现。一是前沿技术领域跨越发展。"十三五"以来，一些前沿领域出现爆发式发展，在数字经济、人工智能、工业互联网、物联网等领域新业态、新模式不断涌现，同时新兴领域产业跨界趋势愈加明显。2019 年全国数字经济规模已达 31.3 万亿元，位居世界前列，占 GDP 的比重达到 34.8%，数字经济对国民经济的贡献较"十二五"显著增强，成为拉动经济增长的新引擎。伴随着人工智能政策不断落地，技术应用商业化进程加快，人工智能技术和应用飞速发展，2019 年底，全国人工智能核心产业的规模超过 510 亿元，人工智能的企业数量超过 2600 家，人工智能应用催生的新技术、新模式、新业态不断涌现。同时，工业互联网、物联网的快速发展正加快推动经济转型升级和变革。二是培育一批战略性产业。空天海洋、信息网络、生命科学、核技术等领域，培育发展了一批战略性产业。同时，通过大力发展新型飞行器及航行器、新一代作业平台和空天一体化观测系统，着力构建量子通信和泛在安全物联网，加快发展合成生物和再生医学技术，加速开发新一代核电装备和小型核动力系统、民用核分析与成像，积极布局完整的氢能产业链，打造形成了未来我国新兴产业发展的新优势。三是平台经济发展迅猛。以"互联网+"为代表的平台经济迅猛发展。例如，网络视听平台高速发展，2019 年全国视频预付费会员用户预计增长至 2.5 亿人以上；共享经济快速发展，2019 年市场交易金额达到 8.1 万亿元，较 2016 年增长 1.3 倍，共享经济参与者人数约 8 亿，其中提供服务者人数约 7800 万；2019 年全国电子商务交易额预计超过 30 万亿元，较"十二五"末增长近八成；一些新兴平台如猪八戒网、喜马拉雅 FM、腾讯云、拼多多等交易额同比实现成倍增长。

（3）竞争实力不断增强。一是重要产业发展水平达到世界先进。我国新能源发电装机量、新能源汽车产销量、智能手机产量、海洋工程装备接单量等均位居全球第一；在新一代移动通信、核电、光伏、高铁、互联网应用、基因测序等领域也均具备世界领先的研发水平和应用能力。二是领军型企业具备一定国际竞争地位和市场影响。2019 年，华为、阿里巴巴、腾讯等创新引领型巨头企业均入围世界 500 强，中国新兴领域产业企业在世界 500 强榜单中的数量为"十二五"末的近

3 倍。2019 年，中国独角兽企业为 206 家，数量同样为"十二五"末的近 3 倍。三是新能源产业已经成为我国出口贸易的主要支撑。2019 年新兴领域产业重点工业行业累计出口交货值 6.0 万亿元，同比增长 10.2%，对我国外贸出口总额增长的贡献率达到了 67.1%。其中，新一代信息技术产业累计出口交货值 5.1 万亿元，同比增长 10.7%，对新兴领域产业工业出口增长的贡献率达 88.5%。

（4）集群发展驱动各地收获发展新引擎。各地通过推动新兴领域产业集群集聚发展，形成了若干带动能力突出的新兴领域产业新增长极。例如，北京市持续推进新能源智能汽车发展，积极打造国家智能网联汽车创新中心，初步形成完整的、领先的新能源智能汽车创新体系，通过全面提升新能源智能汽车核心竞争力，北京市打造形成了全国领先的新能源智能汽车优势集群，并为首都新兴领域产业发展带来新动能。深圳市依托 5G 龙头企业牵引，着力突破关键技术，加快前沿应用示范场景落地，打造形成了 5G 产业生态和产业集群，并致力于打造 5G 全球标杆城市，依托 5G+智能经济为引擎释放强劲发展新动能。贵州省作为全国首个大数据综合试验区，近年来深入实施大数据战略行动，大数据产业向纵深发展迈出坚实步伐、亮点频出，成为经济发展的重要增长点及转动能、稳增长的重要支撑，成为全省高质量发展新引擎。

（5）产业支持政策体系愈发健全。从国家到地方层面，新兴领域产业政策支持体系得到不断完善，推动产业发展的政策体系愈发健全。一是细分领域战略规划陆续编制印发。据不完全统计，"十三五"以来，国务院和相关部门先后出台近 20 个与新兴领域产业细分领域密切相关的顶层政策文件，涵盖整体目标、创新环境保障和具体发展举措等，为新兴领域产业五大领域、八大行业的发展提供强有力的规划支撑。二是重点地区产业促进政策体系日趋完善。全国主要省市均制定并发布了加快推动本省市新兴领域产业发展的顶层设计政策文件，同时因地制宜，颁布了若干推动本地优势特色新兴领域产业发展的相关政策。三是一批国家重大工程建设加快推进。自《"十三五"国家战略性新兴产业发展规划》发布以来，相关部门积极推动有关重大工程落地实施，并取得积极进展。初步统计，国家发改委、科技部、工信部、财政部等近 30 个相关部门相继发布了 40 余项支持重点工程的政策性文件，围绕重大工程，相关部门积极实施了近 20 个相关（试点）工程与重点项目。

6.1.2　新兴领域产业创新示范区建设成效

1. 海洋领域产业创新示范区建设

海洋是生命的摇篮、资源的宝库和国家强盛的依托，是彰显国家实力、维护国家安全的战略高地，也是人类可持续发展的宝贵资源财富和重要战略空间。21 世纪是海洋世纪，随着联合国海洋公约制度的建立和经济全球化的深入发展，世界进入加快开发利用海洋的大时代，向海洋要资源、要空间、要生存，已经成为世界海洋强国的共同选择。当前，我国的海洋新兴领域产业正处于快速发展时期，我国国家安全与发展对海洋的依赖越来越强，来自海洋方向的威胁与挑战也越来越大，海洋已成为国家生存与发展必争必保的战略空间。

党中央做出建设海洋强国的战略部署，我国海洋事业迎来了前所未有的发展机遇。2017 年 7 月 17 日国家海洋局印发《国家海洋局海洋生态文明建设实施方案（2015—2020 年）》，"科技兴海战略"的深入实施，将带动战略性海洋新兴领域产业和高新技术产业的发展。海洋强国，必然是在开发海洋、利用海洋、保护海洋和管控海洋方面拥有强大综合实力的国家。大力发展海洋新能源产业、海洋高端制造业、海洋生物材料产业及海洋经济与其他的战略性新兴领域产业相结合的方式，引领战略性新兴领域产业的发展，是我国海洋经济提高国际竞争力的重要战略支撑，推动我国新兴领域产业实现跨越式发展。我国必须抓住历史机遇，加快推进海洋领域军民融合发展，坚持国家统一部署、一体筹划和统筹推进，聚合军地资源，把开发海洋资源与维护海洋权益统一起来，大幅提升我国海洋资源开发能力、海洋综合管控能力和海军远洋作战能力，有力支撑海洋强国建设。

近年来，我国海洋船舶工业发展迅速，造船完工量及新承接船舶订单量大幅增加，2017 年我国成为世界第一大造船国。2012 年我国海洋船舶工业实现增加值1331 亿元，造船出口额 392 亿美元，超越韩国成为世界最大的造船出口国。2011 年5 月，我国首次自主设计、建造的第六代 3000 米深水半潜式海洋钻井平台"海洋石油 981"出坞，代表了当今世界海洋石油钻井平台技术的最高水平，目前我国已拥有批量生产海洋钻井平台能力。与此同时，我国深潜器技术取得了重大突破，2010 年我国自主研发的蛟龙号载人潜水器顺利下潜至 3759 米深海，使我国成为继美国、法国、俄罗斯、日本之后第五个掌握 3500 米以上大深度载人深潜技术的国家。同时，要清晰认识到我国在深潜器、深海油气钻井平台、大型海上漂浮式平台等高端海洋装备制造方面与欧美发达国家仍存在差距。依托自主创新，实现跨越式发展，对我国海洋装备制造业发展乃至海洋开发能力提升具有十分重要的意义。

山东是全国现代化海洋牧场建设唯一综合试点省份。2020 年，山东海洋产业产值占全省地区生产总值的 20%，占全国海洋总产值的近 20%，山东成为全国唯一具有 3 个超过 4 亿吨吞吐量大港的省份；山东集中实施重点项目 276 个，重点培育壮大海洋高端装备制造、智慧海洋、海洋生物医药等千亿级产业集群。2019 年，山东海洋战略性新兴产业增加值增长 14%左右；新认定省级海洋特色产业园区 14 家，总数达到 32 家；国家级海洋牧场示范区达到 44 处，占全国的 40%。2018 年 3 月 8 日习近平在参加十三届全国人大一次会议山东代表团的审议时强调：

"海洋是高质量发展战略要地。要加快建设世界一流的海洋港口、完善的现代海洋产业体系、绿色可持续的海洋生态环境，为海洋强国建设作出贡献。"①

"十三五"以来，山东更加注重经略海洋的重要指示精神，坚持陆海统筹，科学推进海洋资源开发，加快构建完善的现代海洋产业体系，海洋经济综合实力显著增强。到 2019 年底，山东省海洋渔业、海洋生物医药产业、海洋盐业、海洋电力业、海洋交通运输业等 5 个产业规模居全国第一位。第一，全省上下齐抓海洋强省建设，海洋生产总值占全国的比重达到 16.3%。2015～2020 年，山东省海洋经济综合实力继续稳居全国前列。2019 年，山东省实现海洋生产总值 1.46 万亿元，继续居全国第二位，同比增长 9%，占全省地区生产总值的比重由 2015 年的 19.7% 提高到 2019 年的 20.5%，占全国海洋生产总值的比重达 16.3%。第二，更深、更远、更绿色，海洋牧场建设全国领跑。"十三五"期间，山东省掀起海洋牧场建设的热潮。海洋牧场，即在一定海域内，基于生态学原理营造多营养层级的海洋生态环境，充分利用自然生产力，开展生物资源养护和海水增养殖生产的渔场，是将产业发展和生态环境保护有机结合，构建起的科学、生态、高效的渔业发展新模式。第三，握指成拳更通达，港口吞吐量全国第二。海洋交通运输业是山东省现代海洋产业体系建设的重要支柱产业，产值规模超过 1200 亿元。为打造世界一流港口，山东省委、省政府强化陆海统筹，整合沿海港口资源，于 2019 年 8 月成立了山东省港口集团，原有青岛、烟台、日照、渤海湾四个港口成为省港口集团全资子公司，推动沿海港口一体化发展。2015～2020 年，山东省沿海港口基础设施不断完善，形成了以青岛、烟台、日照三大港为主要港口，威海、潍坊、东营、滨州等地区性重要港口为补充的沿海港口群发展格局，与世界 180 多个国家和地区的 700 多个港口实现通航，综合实力居沿海省份前列。2019 年全省沿海港口货物吞吐量实现 16.1 亿吨、集装箱吞吐量 3100 万标箱，吞吐量总量居全国沿海省份第二位。青岛港作为全球领先的全自动化码头，其一期工程、二期工程相继建成投入运营，获得国家"绿色港口"和"2019 亚太绿色港口"荣誉称号。第四，造好"大国重器"，助力海洋开发迈向深远海。海洋工程装备制造业是山东省海洋产业体系的新兴战略产业，产业规模走向 1000 亿元层级。海洋工程装备主要指海洋资源（特别是海洋油气资源）勘探、开采、加工、储运、管理、后勤服务等方面的大型工程装备和辅助装备，是海洋产业价值链的核心环节。海洋工程装备制造业是先进制造、信息、新材料等高新技术的综合体，代表着高端装备制造业的重要方向。"十三五"期间，山东省加快发展高端海工装备制造业，初步建成船舶修造、海洋重工、海洋石油装备制造等三大海洋制造业基地。着力突破关键技术，主攻海洋核心装备国产化，支持"梦想号"大洋钻探船等大国重器建设。在深海技术装备

---

① 习近平在山东代表团参加审议时强调. https://difang.gmw.cn/cq/2018-03/09/content_27935745.htm[2021-08-27].

领域，"蛟龙号""向阳红 01""科学号""海龙号""潜龙号"等一批具有自主知识产权的深远海装备投入使用，有效拓展了海洋开发的广度和深度。实施第七代超深水钻井平台等关键装备制造工程，中集来福士海洋工程有限公司自主设计建造超深水半潜式钻井平台"蓝鲸 1 号""蓝鲸 2 号"，成功承担了我国南海可燃冰试采任务，将我国深水油气勘探开发能力带入世界先进行列。武昌船舶重工集团有限公司顺利交付世界首座全自动深海半潜式智能渔场，成功交付的我国首座"深海渔场"——"深蓝 1 号"，推动海上养殖从近海向深海加速转变。烟台船舶及海工装备基地成为全球四大深水半潜式平台建造基地之一、全国五大海洋工程装备建造基地之一，国内交付的半潜式钻井平台 80%在烟台制造。第五，建设"蓝色药库"，海藻酸盐产能全球第一。海洋生物医药产业是我国最具潜力的战略性新兴产业之一，其复合增速是海洋生产总值增速的 2 倍。山东省是海洋生物医药产业大省，产值超 200 亿元，约占全国比重的一半。"十三五"期间，山东省加大海洋创新药物研发攻关力度，设立总规模 50 亿元的"中国蓝色药库开发基金"，创建山东省海洋药物制造业创新中心。"蓝色药库"建成现代海洋药物、现代海洋中药等 6 个产品研发平台。山东省海洋新兴领域产业不断发展，现代海洋产业体系不断完善，海洋经济的动力活力持续激发。

2. 太空领域产业创新示范区建设

太空领域产业创新示范区的先行先试是顺应人类文明发展大势、抢占国际竞争制高点的必然要求，是富国和强军相统一最首要、最关键的任务。着力打通"市场"和"战场"的鸿沟，推动创新链融合产业链、创新链融合资金链、创新链融合人才链，高标准、高品位、大手笔、大气魄地推进工程的建设。

在太空领域建立创新示范区需要结合研发院所的支持，建立太空领域"院所自转"模式、"院企联转"模式。以绵阳市为例，绵阳市坚持推进核技术应用、空气动力、信息安全、北斗导航、航空发动机等新兴领域产业重点产业发展，培育具有核心竞争力的新兴领域产业及产业集群，绵阳科技城争取到 6 个国家人才服务专项和重点引智项目，拨款 6000 万元作为年度人才发展专项资金。2020 年底，绵阳新兴领域产业产值占工业比重 39.2%，较 2015 年提高 5.2 个百分点，电子信息产业产值占全省 1/5，以面板为核心的新型显示产业集群基本形成，正向以"芯片+面板+智能终端+物联网"为重点的新一代信息技术产业集群加速发展。

3. 网络空间领域产业创新示范区建设

空间信息网络作为信息时代国家在太空领域的战略性公共基础设施和科技强国的重要技术标志，其地位的重要性不言而喻，已成为各国发展的重点。加快构建国家空间信息网络，是推动军民融合深度发展的重要举措，是提升信息服务能力、服务国家重大战略构想和保障军事力量"走出去"的迫切需要，是实践创新驱动发展、推动产业转型升级、建设网络强国的关键行动，必将为"确保国家战略安全、引领国家利益拓展、推动军民深度融合、促进经济社会发展"提供有力的战略支撑。

网络信息安全离不开坚实的产业支撑，而成都正是国家重要的网络信息安全产业重镇。在通用芯片、密码、电磁防护、大数据安全、工控安全、云计算安全、安全服务等领域达到国内领先水平，形成了具有国际竞争力的现代产业体系，打造了成都特色的网络信息安全应用示范区。

2018 年，成都市网络安全产业规模达 225.6 亿元，连续四年增速超过 20%。成都市国家网络安全产业园按照差异化错位协同的原则，统筹区域优势产业，合理优化空间布局，目前已形成"1+2"布局体系。"1"是指一个核心发展区，包括天府新区、成都高新区和双流区，重点发展自主可控领域、传统安全产品、网络安全服务和新兴领域安全四大网络安全领域，形成"创新、服务、制造"三位一体的产业聚集区。"2"是指两个产业协作区，分别为武侯区和锦江区，武侯区建设以无线电监测产业为主的产业园，重点发展无线电监测、抗电磁干扰等传统网络安全产业；锦江区建设金融安全产业园，重点发展金融安全大数据、金融安全服务等产业。

作为成都市网络安全核心发展区，天府新区正聚焦创新研发、新兴领域安全、网络安全服务等领域，建设网络安全研发基地、网络安全人才高地、网络安全高地，着力打造全国一流的网络安全创新示范区。力争到 2025 年，成都天府新区网络安全产业规模迈上新台阶，产值达到 50 亿元；载体不断夯实，专业化载体超过 50 万平方米；网络安全企业实力大幅增强，亿元级企业达 10 家以上；网络安全人才充足，从业人员达 1 万人以上；创新能力进一步彰显，市级以上网络安全类工程研究中心（工程实验室）、工程技术研究中心、企业技术中心、技术创新示范企业及院士（专家）工作站达到 15 个。

4. 生物领域产业创新示范区建设

生物技术领域科技创新要以习近平新时代中国特色社会主义思想为指导，坚持"四个面向"①，把保障人民生命健康作为生物技术最重要的任务，加快补齐短板，提高创新能力，支撑人民生存质量、生活质量、生命质量的全方位提升。生物技术在迎来重要发展机遇的同时，必须要把责任扛在肩上，发挥更加关键的作用。生物技术具有多种属性，要把握好"民生属性"，旗帜鲜明，坚持面向人民生命健康；要把握好"社会属性"，引领未来，推动可持续发展；要把握好"经济属

---

① 人民网评："四个面向"为科技创新指明方向. https://baijiahao.baidu.com/s?id=1677625991211660604&wfr=spider&for=pc[2022-02-08].

性"，促进转化，打造生物经济发展新引擎；要把握好"前沿属性"，聚焦源头，持之以恒加强基础研究；要把握好"安全属性"，防控风险，提升生物领域治理能力。当前生物技术正在向环境、资源、健康等方面渗透，生物技术领域的创新体系建设不断完善，科技研发能力和水平快速提升，科技成果不断涌现。面对新的形势和任务，加强生物技术创新及多学科不同领域技术创新的交叉应用，通过引进人才和加强国内人才培养，来融合国内外的领先技术，以国家目标的战略需求为导向，加强生物技术科研平台和体制机制建设，为推动人类健康和社会可持续发展提供有力支撑。未来几年，我国生物产业发展面临重大机遇：一是我国将面临日益严峻的人口增长和老龄化趋势，健康保障需求不断增长；二是人民群众生活水平不断提高，对健康、绿色食品、优质环境将提出更高要求；三是随着经济的发展，我国面临资源短缺和环境恶化等严峻形势，大力推进经济结构调整，建设资源节约型、环境友好型社会，以及增强大洋公海生物资源的获取能力，对生物产业提出了迫切要求。

随着人口老龄化速度加快，我国生物相关行业发展持续向好。苏州坚持创新驱动引领高质量发展，前瞻布局生物医药等先导产业，目前苏州市生物医药产业集群已入选国家战略性新兴产业集群，在《2019 中国生物医药产业园区竞争力评价及分析报告》中，苏州工业园区的产业竞争力排名第一。2016 年 1～9 月，医药工业规模以上企业实现主营业务收入 21 034.14 亿元，同比增长 10.09%，高于全国工业整体增速 6.39 个百分点，增速较上年同期提高 1.04 个百分点[①]。我国在全球医药行业中的市场地位得到进一步巩固。但由于投入成本高、盈利周期长，生物医药行业依然面临资金短缺、研发力量薄弱、成果转化率低等因素的制约，美国、欧盟、日本等发达国家和地区持有 94% 以上的专利，其中，美国占有近六成的全球生物医药专利，这成为限制我国生物医药产业发展的重要"门槛"。医疗器械行业持续保持高速发展，2010 年以来市场规模复合增长率高达 17%，远高于全球平均增速。《2015 中国医疗器械行业发展蓝皮书》显示，我国医疗器械市场总规模在 2015 年约为 3080 亿元，2016 年市场规模为 3600 亿元左右，其中，影像设备、体外诊断和高值耗材占据近 50% 的市场份额，但目前中小企业林立、以中低端产品为主的局面仍未改变，高端设备国产化进程有待加快。此外，生物质能行业同样延续了"十二五"时期快速发展的势头，开发利用规模不断扩大，生物质发电和液体燃料已形成一定规模，生物质成型燃料和生物天然气逐渐起步。目前，我国可再生能源消费比重约为 12%，生物质能仅占全部可再生能源利用量的 8% 左右，总体来说，仍处于发展初期，专业化程度较低，大型企业较少，市场体系不够完善，尚未成功开拓高价值商业化市场。

---

① 2016 年 1-9 月医药工业主要经济指标完成情况. https://www.sohu.com/a/118830726_464411[2021-12-13].

5. 新能源领域产业创新示范区建设

新能源，就是常说的非常规能源，是指传统能源之外的各种能源形式，如太阳能、风能、地热能、海洋能、生物质能和核聚变能等。传统能源已经得到了大规模生产及广泛利用，如煤炭、石油、天然气、水能等，并且很多能源具有不可再生性，用完后短期内就不可再生，能源短缺对社会经济发展具有重大影响，必须高度重视。我国使用的能源以传统能源为主。我国地大物博，能源储量丰富，很多传统能源储量居世界前列，但我国又是人口大国，拥有 14 亿的庞大人口，所以，传统能源的人均占有量低，加上研究、开发利用技术相对落后，很多能源还属于探测未开发阶段，不能具体应用于社会生产，因此，我国的资源形势总体上很严重。进入 21 世纪以来，人口资源、环境的问题逐渐突出，资源节约、环境保护已成为全人类的基本共识，作为人口大国，我国的资源消耗速度非常快，产生的资源浪费、环境污染问题也较为严重，积极调整经济结构，升级产业发展方向，开发新能源，寻找可替代能源，对我国当前、未来社会的发展十分必要。

目前，中国已经成为全球新能源利用规模最大的国家。截至 2018 年底，中国新能源发电装机达到 4.17 亿千瓦，约占总装机容量的 22%。新能源发电 0.9 万亿千瓦时，约占全社会发电量的 13%。其中，风电装机容量 1.84 亿千瓦，累计装机和新增装机连续九年位居世界第一；光伏发电装机容量增加至 1.75 亿千瓦，连续四年位居世界第一；生物质发电装机 1781 万千瓦，规模居全球第二；核电装机 4466 万千瓦。2017 年底，中国地源热泵装机容量达 2 万兆瓦，位居世界第一。水热型地热能利用以年均 10% 的速度持续增长，已连续多年位居世界首位。关键技术进步显著。经过多年发展，新能源领域科技创新能力和技术装备自主化水平显著提升。风电装备制造技术已经达到了世界先进水平。现阶段大型风电机组整体上处在发展阶段，但是很多技术研究已经达到了国际一流水平，主要设备制造基本上实现了系列化、标准化。低风速、高海拔风电技术取得突破性进展。海上风电整机和关键零部件设计制造技术水平逐渐成熟，海上风电装备基本具备国产化能力。中小型风电技术自主国产化，处于世界领先水平。国内中小型风电的技术中"低风速启动、低风速发电、变桨距、多重保护等"一系列技术得到国际市场认可，处于国际领先地位。

（1）光伏发电技术世界领先。经过多年的发展，我国光伏电池技术创新能力显著提升，光伏转换效率不断提高，规模化光伏开发利用取得重要进展。晶体硅太阳能电池产业技术在国际市场具有很强的竞争力，除个别高效电池生产用等离子体增强化学气相沉积（plasma enhanced chemical vapor deposition，PECVD）设备、硼扩散设备等设备外，光伏制造的整套生产线均已实现国产化。

（2）生物质能利用技术日趋成熟。生物质发电关键设备均已实现国产化。生物质成型燃料压缩转换技术达到国际先进水平；生物质沼气工程转向规模化与高值化开发利用；生物质直燃锅炉、垃圾焚烧锅炉、汽轮发电机组、秸秆燃料成型机等主要设备实现国产化，并且出口国际市场。

（3）地热能勘探技术不断成熟。热泵技术快速发展，形成适合中国国情的大型地源热泵、高温热泵和多功能热泵系统，其主要技术与装备已基本实现国产化。地热尾水回灌技术取得一定进展，岩溶型热储的尾水同层密闭回灌技术较为成熟。

（4）产业国际竞争力增强。新能源产业实力不断增强，产业体系逐步完善。目前已经形成了涵盖研发、制造、设计、施工、运行等各环节的新能源全产业链。比如，风机设备、多晶硅、硅片、光伏电池生产规模均居世界第一，新能源产业国际竞争力不断增强。2018 年，全球风机出货量前 10 位制造企业中，中国占 4 家。中国风电机组出口 30 个国家和地区。中国多晶硅产量超 25 万吨，约占全球总产量的 50%，光伏组建产量超 120 吉瓦，占全球近 70%，出口突破 40 吉瓦。2018 年全球光伏企业 20 强中中国企业占 16 家。经过多年研发，光伏行业各环节生产效率、经济性不断提升。

6. 人工智能领域产业创新先导区建设

人工智能概念自 1956 年首次提出至今 60 多年来，已成为一门广泛的交叉和前沿科学。2020 年 3 月 4 日，中共中央政治局常务委员会会议召开，提出要发力于科技端的基础设施建设，人工智能成为"新基建"七大版块中的重要一项。"新基建"不同于"铁公基"传统思路，其本质是信息数字化的基础设施建设，用于支撑传统产业向网络化、数字化、智能化方向发展。作为"新基建"领域之一，人工智能对 5G 基站建设、特高压、城际高速铁路和城市轨道交通、新能源汽车充电桩、大数据中心、工业互联网各"新基建"科技端领域具有重大促进作用；人工智能与 5G、大数据等技术结合，将带动诸多行业快速发展，为很多领域数字化智能化转型奠定基础。

（1）北京市。2021 年 6 月 9 日上午，工信部党组成员、副部长王志军与北京市委常委、副市长殷勇，共同为国家人工智能创新应用先导区揭牌。作为全国唯一的全市区域的人工智能创新应用先导区，北京国家人工智能创新应用先导区的成立是北京"两区"建设和数字经济发展的重要突破，标志着北京人工智能建设取得新进展。按照规划目标，到 2025 年底，国家人工智能创新应用先导区通过建设将形成以全球领先的人工智能创新策源地、超大型智慧城市高质量发展示范区、人工智能体制机制改革先行区为特征的"一地两区"人工智能生态格局，北京也将建设成为世界人工智能领军城市。王志军在致辞中，从国家发展战略和国家人工智能产业发展布局的高度，充分肯定北京创建国家人工智能创新应用先导区，同时希望北京不断改革创新，推动改革探索取得新突破，以智慧城市、科技冬奥等方面为重点方向，加快推动融合应用，将人工智能的创新能力转化为现实生产力，打造一批产学研用紧密耦合的创新联合体，营造世界一流人工智能创新生态，发挥好京津冀一体化战略中的核心作用，成为人工智能创新策源地、全球人工智能领军城市，建设全球领先的智能经济标杆城市。工信部将继续支持北京人工智能产业发展，加强部市协同，助力北京成为智能科技和智能经济高地。殷勇在致辞中表示，北京市高度重视人工智能产业的发展，北京拥有人工智能企业超过 1500 家，大约占到全国总量的 28%。北京市将立足"两区"建设和数字经济发展，紧抓发展机遇，结合国际科技创新中心建设的整体部署，把人工智能技术作为科技自主创新的重要突破口，鼓励科学家勇闯人工智能科技前沿"无人区"，打造全球领先的人工智能创新策源地。在启动仪式上，北京市经济和信息化局党组成员、副局长潘锋介绍了先导区建设实施方案，提出了"科技冬奥"、智慧城市、智能制造和智能网联汽车等四大创新应用，以及加快构建人工智能自主创新体系、合理布局人工智能算力基础设施、加快建设人工智能数据要素高地、培育壮大人工智能产业生态等四大基础保障措施，并从加强组织领导、形成政策突破、创新体制机制、优化投融资机制、培养聚集人才、深入产业引导等六大方面明确了组织实施安排，就建设国家人工智能创新应用先导区进行了具体全面部署。先导区建设的主要目标包括突破一批比肩全球领先水平的关键技术、落地一批引领全球数字经济的典型示范应用、实施一批改造创新发展新举措。

（2）上海市。上海瞄准科技前沿和产业高端，以高品质园区建设推动高质量产业发展，在闵行创建马桥人工智能创新试验区。截至 2020 年 2 月，马桥人工智能创新试验区共洽谈项目近百个，预计落户项目 50 个，总投资约 130 亿元，初步形成了试验区产业集聚发展的良好氛围。2019 年 8 月，上海市政府印发《推进上海马桥人工智能创新试验区建设工作方案》，将马桥人工智能创新试验区纳入"3+5+X"重点区域整体转型范围。

作为上海特色产业园区的马桥人工智能创新试验区，面积约 15.7 平方公里，分为产业创新发展区和应用综合实践区两部分。其中，产业创新发展区规划面积 10.8 平方公里，将通过高标准项目准入和存量资源转型，孵化人工智能创新技术，承载人工智能科技成果，重点发展智能运载系统、智能机器人、智能感知系统、智能新硬件系统等"四智"产业。应用综合实践区规划面积 4.9 平方公里，将发挥区域内商业、办公、住宅、医疗、科研、教育等各类建设用地高度复合的优势，围绕城市管理、社会治理、民生服务等需求，提供丰富的人工智能应用场景，成为人工智能创新研发、技术应用、成果转化、人才聚集、学术交流、展示推广等为一体的创新应用综合实践区。

2021～2025 年，马桥人工智能创新试验区重点聚焦发展两大主导产业：一是以机器人为核心的智能制造业。区内代表项目包括达闼机器人、迪信通机器人、鲸鱼机器人等。同时，与机器人关键零部件相关的精密加工行业，也是试验区未来发展的重点领域。二是以云计算为核心的生产性服务业。当前，云计算、5G 和人工智能三个科技周期共振，加速云网融合，加速技术和应用扩散至周边区域，将积极推动新一代信息技术与实体经济的深度融合发展，为各行各业产业升级和迭代创新拓展空间。区内代表项目包括紫光芯云中心、上海电气互联网数据中心（Internet Data Center，IDC）项目。据上海行业组织统计，截至 2019 年底，上海人工智能企业数量超过 1100 家，产值接近 1400 亿元，呈现出应用主导、技术支撑、多领域全面赋能的特点。阿里巴巴、腾讯、百度、微软、科大讯飞、商汤科技、艾波比股份有限公司、云从科技集团股份有限公司、地平线（上海）人工智能技术有限公司等企业集聚上海。微软仪电人工智能创新院、上海脑科学与类脑研究中心、上海人工智能研究院等重点研究机构相继成立。

上海人工智能"东西集聚、多点联动"的产业发展格局形成，呈现浦东张江、徐汇西岸、临港新片区、闵行马桥四大人工智能载体园区，其他区域协同发展；智能芯片、智能驾驶、智能机器人、智能传感器等重点产业初具规模。

（3）浙江省。近年来，浙江省人工智能产业发展呈现五大趋势。趋势一：技术攻关取得阶段性进展。浙江大学、之江实验室、阿里巴巴达摩院、杭州海康威视数字技术股份有限公司等优先开展类脑信息处理、自主无人系统、VR 等前沿关键技术研究，重点提升智能设备数据处理、样本学习和人机交互能力。趋势二：核心产业规模快速增长。阿里云 OS 等通用性人工智能操作系统和控制软件将实现应用，智能传感器、智能安防、智能无人系统、智能家居等一批智能终端产品将上市。预计 2020 年人工智能核心产业规模比上年增速超过 20%，总规模超过800 亿元。趋势三：人工智能行业应用将加速。物联网＋人工智能技术将使智慧远程医疗、精准医疗成为可能；人工智能技术赋予"云办公"、家庭场景各种智能设备将具有感知能力。预计 2020 年人工智能行业应用规模将超过 1500 亿元。趋势四：人工智能助力社会治理现代化进程。在这次抗疫期间，浙江省采用"一图一码一指数"精密智控，并取得积极成效。人工智能将驱动社会数字化转型，一个以人工智能技术为核心的智慧社会将加快到来。趋势五：数字新型基础设施建设提升人工智能发展。2020 年浙江省将加快推进新型基础设施建设工程，全面推进5G 网络建设，布局新型大数据中心，开发天基卫星基准服务。

自科技部 2019 年 10 月复函支持杭州建设国家新一代人工智能创新发展试验区以来，杭州市充分发挥在学科建设、平台布局、人才集聚、产业发展、融合应用、"双创"生态等方面的领先优势，瞄准建设新一代人工智能技术创新策源地、产业发展主阵地、场景应用先行地、高端人才集聚地的目标，强化政府推动力、社会参与力、核心竞争力、环境支撑力"四力合一",为国家新一代人工智能创新发展提供样板模范。2020 年 1~5 月,全市人工智能企业实现营收 509.28 亿元,增长6.12%,占全省的 60.96%;利润总额 66.66 亿元,增长 20.31%,占全省的 77.02%,杭州市人工智能企业数量、营业收入分别占据全省的 45.0%、58.3%,位居全省第一位,嘉兴、宁波分别位居第二、第三位,企业数量分别占全省的 16.4%、15.6%,营业收入占全省的 21%、9.9%,其他地区也呈现蓬勃发展态势。

6.2　典型区域新兴领域产业创新示范区建设案例

6.2.1　四川省绵阳市

在国务院批复的八个全面创新改革试验区中,四川是国家唯一以新兴领域产业为核心主题的省级全面创新改革试验区,明确要求依托成都、德阳、绵阳(以下简称成德绵)开展先行先试。成德绵在四川版图中的地位举足轻重,占据了四川近三分之一的人口,一半以上的工业经济实体,四成以上的经济总量,还有近七成的科技力量。科技城绵阳注重院(企)地联合、资源整合,依托比较优势,选准主攻方向,加快建设十大新兴领域产业园。

四川省成为西部第一科技成果转移转化示范区。成德绵国家科技成果转移转化示范区将依托成都国家自主创新示范区、德阳国家高新技术产业开发区、绵阳国家高新技术产业开发区等现有创新平台,形成政策的叠加效应和工作合力,突出职务发明科技成果产权改革试点等重点任务,将成德绵区域建设成为全国重要科技成果转移转化辐射源和集聚地。通过成德绵国家科技成果转移转化示范区建设,到 2020 年,培育环高校知识经济圈创新创业团队 2000 家,新增高校院所转移孵化项目 3000 项,孵化企业 1000 家;建设国家新药创制重大科技专项成果转移转化示范基地落地转化国家新药创制重大科技专项成果 100 项,聚集生物医药企业超过 800 家,全省技术合同交易额突破 700 亿元,国家技术转移示范机构 50 家,职业化技术经纪人 1000 人,高新技术产业产值占规模以上工业总产值的比重超过30%,各级各类专业孵化机构 700 家,培养专业人才 10 万名。

同时,绵阳市积极联合构建产学研创新联盟和技术联盟,初步构建起充分调动各方积极性的成果研发转化产业化机制。一是为加快推进科技成果转移转化,不断培育壮大新兴领域产业群体,依托在绵阳科研院所、高校和大型新兴领域产业骨干企业等优势资源,培育一批优势突出的新兴领域产业集群。二是深化院地协作,推进资源融合。市政府与在绵阳的国防科研院所建立了院地联席会议制度,定期研究解决基地建设重大问题,推进共建新兴领域产业特色产业园。三是围绕龙头项目，培育产业集群。按照龙头牵引、成链建设、集群发展的思路，首批确定并重点打造新一代显示技术和信息安全等产业集群。

绵阳是国务院批准建设的我国唯一科技城，是四川省第二大城市，我国重要的国防科研和电子工业生产基地，在发展绵阳战略性新兴领域产业的过程中也存在许多不足之处。一是经济发展处于工业化初级阶段，产业结构不合理。2015 年绵阳市实现地区生产总值 1700.33 亿元，与上年相比增长 8.6%，增速高出全省平均水平 0.7 个百分点，在全省排第 8 位，相比上年上升 1 位。从三次产业产值分析：第三产业增加值 581.35 亿元，增长 9.4%，增长最快；第一产业增加值 260.05 亿元，增长 3.8%，增速最慢；第二产业增加值 858.93 亿元，增长 9.3%，表现出第二产业＞第三产业＞第一产业的产业构成，这表明绵阳市已处于工业化初级阶段。但是通过比较三次产业的比重发现，第一产业比重下降到 15.3%，但仍大于 10%，第二产业的比重为 50.5%，第三产业的比重为 34.2%，这表明绵阳市产业结构不合理，仍处于工业化初级阶段。二是基础产业发展不平衡，缺乏自主知识产权产品，竞争力较低。绵阳市把高新技术产业和新兴领域产业作为主攻方向，将汽车、电子信息、新材料、节能环保、食品、生物、化工、高端装备制造等八个产业作为工业发展重点产业，集中要素保障，优先加快发展重点产业。食品、新材料等八大重点产业快速发展，累计工业产值达到 1906.2 亿元，占全市规模发展工业的比重达到 74.5%，增长 11.4%。但是作为基础产业部门，这些产业发展不平衡，新增加的企业较少，中小企业缺乏支持，发展较为缓慢，具有高附加值的产品占比很小。缺乏自主知识产权产品，在打开国际市场过程中困难重重。例如，长虹集团在四川竞争力占优势，但在全国乃至国际市场竞争力相对较弱。三是非基础产业发展相对滞后，不适应经济社会的发展。非基础产业一方面可以为基础产业部门提供产品和服务，另一方面也可以满足当地市民的生活需要，为城市经济发展提供后勤保障。例如，城市水电气、电力电信、交通等供应设施的良好发展，可以为基础产业的发展提供良好的环境，成为企业投资的重要吸引力。但绵阳在基建上的投资相对较低，尤其是在固定投资方面比例偏低。2015 年，全市在固定资产上投资 1154.09 亿元，其中，民间投资了 707.95 亿元，占全部投资的比重为 61.3%。

总的来说，绵阳市各产业部门均属于全省性增长部门，但是竞争力优势与四川省相比较弱，成为经济增长的负面因素。具体来说，第一产业结构效益、竞争力均与全省水平相当；第二产业内部的工业和第三产业结构优势相对明显，也是竞争力劣势较明显的产业部门。

6.2.2　山东省青岛市

21 世纪是海洋世纪，各国纷纷加大对海洋新兴领域产业的投入力度，海洋再次成为世界关注的焦点。2016 年中国以海洋生物医药、海洋电力、海水利用为代表的海洋新兴领域产业增速超过 12%，高于同期海洋经济增速约 5 个百分点。因此，作为中国重要的海滨城市，青岛市应加快培育和发展战略性海洋新兴领域产业，积极探索海洋新兴领域产业未来发展路径，在新一轮世界经济布局中抢占先机。青岛是我国重要的战略母港，具备加快发展母港经济、建设军事保障基地的基础条件。"十二五"提出的创新驱动战略实施为青岛承接国家、军队及青岛毗邻区域创新成果的转化基地，发展高科技产业，形成可靠战斗力提供了新动能。"十三五"规划提出了"新兴领域产业"战略，明确提出实施新兴领域产业发展工程，在海洋、太空、网络空间等打造一批新兴领域产业创新示范区，增强先进技术、产业产品、基础设施等的协调性，加强基础设施建设。青岛市在涉海涉军、海洋领域发展新兴领域产业有着得天独厚的优势。

把握重要战略机遇期，青岛新兴领域产业在新兴领域产业组织管理体系、发展主要模式、发展主要特色成果等方面形成了自己的特色。青岛建立了"省市一体、上下一体"的推进组织体系，按照"一核引领、多区联动、全省协同"的发展布局要求，全力推进青岛新兴领域产业创新示范区建设。在古镇口新兴领域产业新区设立"六大中心"，积极推进新兴领域产业新示范，促进经济建设。

在人才配备方面，集聚了国内知名智库为示范区建设提供高端智力支援，如中船重工 714 所、中国国际咨询公司、国防科普委员会等。在产业聚集方面，形成了一百多家企业入户示范区。多家基金公司注入资本金保证入区企业融资需求，形成了方便快捷的注册公司、咨询服务、知识产权服务、成果转化服务、金融服务等全链条的服务体系。在战略实施方面，紧密结合国家海洋战略和新兴领域产业战略，建立了大型海上试验平台、海洋安全保障中心、豪华游轮生产基地等一批海洋经济型企业和实验平台。产业发展势头强劲，产业规模不断增大，但总体规模偏小。青岛市发展海洋领域产业有着良好的基础和条件，具有抢占未来经济制高点的发展先机。2016 年，青岛市海洋领域产业增加值达 302 亿元，约占全市海洋生产总值比重的 12%。虽然现在青岛市海洋新兴产业的规模普遍偏小、产值低，但表现出强劲的发展势头，成为青岛海洋经济发展的新增长点。

（1）产业发展格局初步形成。青岛建设蓝色硅谷、西海岸新区、红岛经济区这三大重点区域，对海洋经济升级的引领带动作用日益显现。"一谷两区"成为青岛市新兴领域产业发展的核心引擎区，初步形成了各具特色的集聚发展格局。2016 年"一谷两区"实现了青岛市约 40%的海洋生产总值，成为青岛海洋经济发展的新动力。

（2）发展环境不断优化。"十二五"以来，国家和省、市对新兴领域产业发展给予重大关注，纷纷出台相关的政策措施和发展规划。青岛市在创新环境方面处于中等偏上水平，但其产业创新能力大幅提升，"互联网+""海洋+"规划全面落实。青岛的科技支撑和人才支撑条件不断强化，被认定为国家科技兴海产业示范基地。截至 2017 年，青岛拥有 7 个国家级海洋科教机构，一批国家级海洋基础科研平台及 17 个省级海洋类重点实验室。通过科教机构和科研平台的支撑，青岛海洋研究走在国内前列，从而吸引更多海洋方面的人才。青岛拥有院士总数达 100 多人，涉及电子学、地质学、物理海洋、海洋生物等近 20 个领域，拥有全国 50% 的涉海科研人员、70% 的涉海高级专家和院士。

随着各国海洋战略意识的加强和新技术革命的推动，世界海洋经济实现迅猛发展，大多数海洋强国和海洋大国的海洋经济占比在 7%～15%。人口、经济和产业不断向沿海地区集聚，表明了海洋经济愈发具有吸引力。截至 2016 年，全球有 60% 以上的人口和近 70% 的大中城市位于沿海地区。美国超过半数的人口分布于沿海地区，实现了 50% 以上经济总量，仅洛杉矶港口就承担了超过 50% 的美国和太平洋贸易。2016 年中国海洋生产总值突破 7 万亿元，占 GDP 的 9.5%，成为支撑经济增长的重要力量。为实现蓝色跨越战略，加快青岛"一谷两区"建设，国家、山东省及青岛市相继提出各种发展规划。海洋新兴领域产业以海洋高新技术发展为基础，需要强大的海洋人才队伍作为支撑。青岛市提出了《青岛市集聚海洋高端人才行动计划（2016—2018）》，向全球组织开展引进海洋高层次人才活动，以海洋人才优势支撑青岛蓝色经济跨越发展。

在"一带一路"倡议的推动下，深化国内外海洋新兴产业合作作为海陆丝绸之路的交汇点，青岛要推动海洋领域产业发展，必须融入"一带一路"，加快实施"走出去"战略，深化与沿线国家和地区在海洋领域的交流与合作，争取从产品输出向产业输出提升。一是建立海外培训基地。青岛建立了第一批 6 家海外培训基地，全部的高职院校和 90% 以上的中职院校与德国、澳大利亚等国家和地区建立长期合作关系。二是大力发展海洋科技，打造海洋科技合作新平台。青岛依托海洋国家实验室，先后与美国伍兹霍尔海洋研究所、斯克里普斯海洋研究所等签订合作协议。供给侧结构性改革为新兴领域产业发展拓展了新领域和新空间，促进更广领域新技术、新产品、新业态、新模式的蓬勃发展。青岛老港区实现由散杂货码头向邮轮母港转型，不仅填补了山东邮轮经济的空白，为青岛高端旅游产业发展带来新的机遇，还拉动腹地相关产业的发展，实现了经济增长。

青岛海洋科技实力虽然有大幅增长，但与其他沿海城市相比增幅出现明显下降。据统计，2001～2018 年，青岛海洋科研机构承担课题经费数量全国占比、论文发表数量、海洋科技著作出版、海洋科研结构专利授权数均出现不同程度的减少。国家不断加大对海洋科技创新的投入，推进一批海洋科技项目的重点实施，全国海洋科技创新格局必将进一步调整。

6.2.3 陕西省西安市

以市场为导向,注重科技成果转化,提高产业创新转化能力。西安高新区应继续秉承"专业化聚集、园区化承载、集群化推进"理念,进一步发挥重大科技计划杠杆作用,加速大规模产业化,提升西安高新区经济体系的分工协作程度,增强新兴领域产业内贸易与分工在该高新区经济体系中的收益。为此应从以下三方面入手:第一,发挥市场化科技创新服务机构的中介作用,为科技成果市场供需双方搭建一个公共平台。发挥新一代信息技术产业龙头带动作用,促进上下游配套企业的进入,形成产业集聚,为高新区聚集高端资源提供产业平台。第二,强化技术孵化、信息咨询、人员培训、资金融通和法律保障等中介机构的建设,为科技成果转化提供服务机构集聚平台。第三,鼓励专利、论文、注册商标、集成电路图等科技成果应用于市场,增加新兴领域产业科技成果的经济效益。

以政策为导向,注重人员与资金双层面的保障,提高产业创新保障能力。在人员保障方面,一是要重视本土化人才培养,充分利用西安高校资源丰富的优势,培养战略性新兴领域产业方面专业储备人才,加强与高校合作;二是要以院士专家工作站、博士工作站为依托,创造条件吸引、集聚全国、全球高端人才,提升新兴产业持续竞争力。在资金保障方面,充分发挥政府作用,提供财政专项资金。在财政预算中增加用于新兴领域产业基础投入的专项资金,支持研发基础好、在技术上具备重要性和前瞻性的研发创新平台。在重大项目资金扶持上,完善奖励条例,支持自主创新与新兴领域产业重大技术改造项目,为新兴领域产业提升整体创新能力奠定坚实基础。

以产品为导向,缩短研发周期,减轻税负,提高产业创新实现能力。首先,在七大产业的发展中,运用并行工程、流程管理等先进制造思想和方法,减缓"资源拥塞",缩短新产品研发和设计周期,加快新产品更新换代速度。鼓励企业建立自主研发平台,增强自主创新能力和实力。其次,发挥税收的杠杆效应。落实现有税收优惠政策,减少新兴领域产业的税务负担。在所得税方面,对经过认定的战略性新兴企业按照优惠税率征收企业所得税。在营业税方面,对战略性新兴企业因技术转让、技术开发业务和相关的技术咨询、技术服务业务而取得的收入免征营业税。在房产税方面,对符合规定的生物、新能源等新兴领域产业的房产税纳税人进行减免。

6.2.4 海南省

海南是我国的第五个经济特区。2018 年 4 月 13 日,习近平在庆祝海南建省办经济特区 30 周年大会上强调："统筹海洋开发和海上维权，推进军地共商、科技共兴、设施共建、后勤共保，加快推进南海资源开发服务保障基地和海上救援基地建设，坚决守好祖国南大门"①。

海南地处国防前沿和南海一线，又是国家重大战略服务保障区，响应国家号召将海南打造为新兴领域产业创新示范区，牢牢抓住新兴领域产业发展的战略机遇期，推进科技共兴、设施共建、后勤共保，积极服务和融入国家重大战略。依托文昌航天发射场，以保障国家重大专项任务为中心，做大做强航天产业，加快建设海南文昌国际航天城；建立空天海洋信息综合服务平台，推动遥感信息、通用航空等新兴领域产业融合发展；着力推进南海岛礁海事、海洋、气象等民事项目建设，完善西沙、南沙海上救援、综合执法、设施设备、后勤补给等服务功能，建设生态岛礁，打造南海新兴领域产业精品工程；加快建设国家战略能源储备基地。

新兴领域产业具有科技含量高、资源消耗低、环境污染少、经济效益好、成长潜力大等特征。按照海南产业发展的"三不原则"（不污染环境、不破坏资源、不搞低水平重复建设）和"两大"战略（大企业进入、大项目带动），对战略性新兴领域产业采取重点突破、创新驱动、集聚发展的原则。在"十一五"期间，一批知名企业的进驻海南和本土企业的做大做强，以及一些主要产业园区的建设，为海南发展战略性新兴领域产业奠定了基础。

目前海南新兴领域产业的重点发展领域包含电子信息产业、生物和医药产业、新能源产业、新材料产业、先进制造产业和新兴文化产业。随着近年来重点建设海口高新区、海南（澄迈）生态软件园、三亚创意产业园、清水湾国际信息产业园、文昌航空及卫星应用产业园、定安塔岭高技术产业园等产业集聚区，初步打造出了具有特色鲜明、产业链条完善、创新能力强的高技术和新兴领域产业集聚区。

在"十三五"期间，海南正围绕信息、生物、新能源、新材料、高端装备制造、海洋高新技术、节能环保、新能源汽车、高技术服务和文化创意等新兴领域产业，形成若干个产业特色明显、产业链比较完善、龙头企业主导、创新能力突出、辐射带动作用强的新兴领域产业基地。当前，海南正努力打造多个新兴领域产业百亿企业和产业集群，实现产值 1000 亿元，建成了一批具有国际影响力的新兴领域产业及高技术产业大企业及产业集群。高技术及新兴领域产业占全省工业的比重超过了 20%。

海南发展高技术和新兴领域产业具有一定优势：一是中国任何省份都无法复制的良好生态环境、得天独厚的自然环境，对人才有强大吸引力。二是辐射东南

---

① 习近平谈建设海洋强国．http://politics.people.com.cn/n1/2018/0813/c1001-30225727.html?tdsourcetag=s_pctim_aiomsg[2021-08-20].

亚国家的区位优势、国际化交流平台和落地签证、免签证等开放政策为产业发展、面向全球的商务活动提供便利。三是相对完善的基础设施：发达的航空、海运、铁路和环岛高速公路；宽带、高速、大容量的信息网络覆盖全岛；电力保障为企业产业奠定建设基础。四是近年海南新兴工业发展势头强劲，全省生产总值和财政收入分别突破两千亿和三百亿大关，为发展产业积蓄了能量。但同时，海南面临的劣势也不容忽视，岛屿经济市场小、高端人才紧缺、产业基础弱、产业发展配套不足等方面不利于高技术和新兴领域产业发展。如何发挥比较优势加快产业发展，值得研究、探索和大胆实践。

以"特色化、集聚化、生态化、创新化"的产业基地建设为抓手，推动产业集聚和发展。围绕海洋、太空、网络空间、生物、新能源和人工智能等产业建设"特色化、集聚化、生态化、创新化"的产业基地是推动海南产业集聚、加快高技术和新兴领域产业跨越发展的重要举措与有效方式。目前，海南现有园区与国内外成熟产业园区相比仍差距较大，主要体现在：园区基础设施不完善、项目储备用地缺乏、公共服务信息平台和生活配套极弱、园区周边环境脏乱等，这些因素都会对产业基地建设产生不利影响。

目前，海南应对全省规划布局的现有的产业园加大基础设施投资，市县提前做好项目用地的征地工作，高起点规划，突出生态特色、产业特色。电子信息产业和新兴文化产业向海南生态软件园、三亚创意产业园、清水湾国际信息产业园集中；新能源、生物医药、新能源汽车等产业向海口高新区集中；新材料、先进制造等产业向定安塔岭高新技术产业园集中；太空航空航天领域等高科技产业向文昌国际航天城集中，将六大园区打造成"特色化、集聚化、生态化、创新化"的产业基地，使其担负起海南高技术和新兴领域产业的生力军、主力军和区域经济发展发动机的使命。

以培育百亿级龙头企业为核心，引领重点产业领域大突破。高技术和新兴领域产业门类众多，海南要加速发展很难全方位、全领域、面面俱到，必须采取"龙头企业引领产业"的方式实施重点突破。以龙头企业为核心带动企业集群集聚，在海洋、太空、网络、生物、新能源和人工智能等领域培育百亿级龙头企业和产业集群，形成产业支柱。

发挥高校、科研机构和企业合作优势，构建产学研政一体化创新体系。学研结合对新兴领域产业的技术研发、成果转化、人才保障、标准制定和产业发展具有重大促进作用。重点高校和科研机构在国家的支持下建立了许多国家级重点研究机构与实验室，拥有适合产业化的科技创新成果，政府应该大力推动成果落地和转化，支持企业特别是本土企业进行承接，形成产学研政一体化合作机制，实现教育与科技创新，带动产业与经济发展。

政府可支持重点高校和企业特别是本土企业的合作，在海南设立研究机构，在海洋、太空、网络、生物、新能源和人工智能等领域提供可持续发展的产业人才及科研支撑；重点高校和科研机构将国家及省部科研基地的分支机构设在海南，从事研究开发和成果孵化，形成科技创新基地和科技成果转化基地，与本土企业合作实施已有成果的转化和产业化；利用重点高校和科研机构的人才优势、社会资源和科技成果，培育本土企业做大，推进本土企业上市；政府通过专项资金、项目委托等方式扶持产学研结合，促进建立"高新技术研发—孵化—产业化"一体化产业创新体系。

以培养、引进、留住人才为根本，为产业发展提供有力支撑。发展高技术和新兴领域产业离不开人才支撑，一是要立足本省高校毕业生资源，依托本土大企业的人才培养优势，校企合作，对在校毕业生进行实训，择优录用进入企业就业；二是积极引进著名大学在海南建立研究机构的同时建立人才培养基地，吸引国内外高层次人才到海南工作；三是为留住人才，政府可以从人才培训资金补贴、项目补贴、落实户口、子女入学、配套生活住宅、出入境便利等方面提供政策支持。

"以用兴业"，将省内市场作为切入点，为企业开拓国内外市场创造条件。海南省委员会、海南省人民政府高度重视高技术和新兴领域产业发展，近年出台了《海南省鼓励和支持战略性新兴产业和高新技术产业发展的若干政策（暂行）》《海南省促进高新技术产业发展的若干规定》《海南省鼓励软件产业和电子信息制造业发展政策》《海南省吸引高层次专业技术人才暂行办法》等一系列扶持政策，全省的投资环境不断改善，大企业相继落户海南，众多产业园成为集聚企业的重要载体，海南的高技术和新兴领域产业正迎来快速发展的机遇。但是，省内的市场空间小，且开发程度仍不够高，已成为困扰企业发展和留住企业的突出问题。

"以用兴业"，不断以新的应用推动产业发展。一是政府资金引导组织实施一批重大产业专项和示范工程，由落户省内的大企业直接承担，既拓展了市场空间，又为企业提供了自身技术应用的环境；二是整合已有的有限项目资源，以海南市场作为切入点，打造成精品项目再拓展到全国乃至全球市场。

6.3　典型区域新兴领域产业创新示范区建设存在的问题

目前我国新兴领域产业经过多年的发展，已经取得了一定成效，在诸多有利政策支持下，近年来我国新兴领域产业实现快速发展，充分发挥了经济高质量发展引擎作用。同时，产业发展呈现出重点领域发展壮大、新增长点涌现、创新能级跃升、竞争实力增强等诸多特点，形成了良好的发展局面。但是，当今世界正经历百年未有之大变局，"十四五"乃至更长一段时期内，我国新兴领域产业将面临更加严峻的内外环境，需要在产业布局优化、创新能力提升、营造良好的发展环境、国内需求释放及深化开放合作等方面采取更加科学有效的针对性措施，从而推动产业进一步壮大发展。要推动我国新兴领域产业创新示范区的深度发展，就必须要着眼现阶段问题，针对问题找到科学的解决策略，切实推动典型区域新兴领域产业创新示范区的建设。新兴领域产业发展的实现方式还需深入探索研究。目前，我国新兴领域产业发展水平不高、发展层次相对较低，在新兴领域产业创新示范区建设方面尚有很多不足，需要建立符合我国实际的新兴领域产业创新示范区的发展模式，不断进行实践探索，在顶层规划、制度建设、政策保障等方面不断创新与完善。

6.3.1　新兴领域产业自身方面

1. 新兴领域产业在技术发展方面受到制约，产业市场需求不够

首先，新兴领域产业的布局受到区位因素、要素禀赋和区域政策的影响，并不是所有的行业都适合在一个地区发展。我国许多地区的产业规划布局中对七大产业进行了全面覆盖，但在重点方面不够突出，难以形成核心的比较优势。其次，我国新兴领域产业核心技术的缺失，造成了技术同质化严重、相同技术重复引进和低水平竞争等现象，容易产生市场竞争力不足和产能过剩等问题。再次，新兴领域产业的技术创新需要多方面技术共生因素相互作用，需要产业链条的整体技术突破和联动发展，依靠单一技术突破是不可能的。目前各地区、各产业的创新资源缺乏媒介平台、技术标准，往往是单打独斗难以形成合力。新兴领域产业的需求大多都是来自供给的影响，在现实中并不一定都有市场需求，并且新兴领域产业往往研发成本较高。科技成果转化和产业化进展缓慢，生产未达到良好的经济规模。新兴领域产业技术不够完善，相关的配套设施和服务体系还跟不上，市场认同程度较低，商业模式还不成熟。创新的市场需求驱动尚未形成，相对于技术驱动和供给驱动，市场需求驱动是最直接、最根本的动力，从目前来看，我国对新兴领域产业产品的市场需求空间依然较大。

2. 新兴领域产业创新示范区建设理念有待提升

在全球可持续发展的时代潮流之下，国内的发展理念也逐渐转变，慢慢认可、接受并践行绿色发展的理念，但是旧式的思想观念还未完全根除，新兴领域产业创新示范区建设过程中还存在偏重经济建设的非生态化的思维模式，片面强调新兴领域资源的经济价值，而忽视新兴领域产业发展对整个社会潜在的可持续发展的贡献。因此，新兴领域产业创新示范区的建设理念还有待进一步提升。新兴领

域缺乏统筹规划和顶层设计，不同层级的政府主导作用发挥还不够充分，各自为政、重复建设的现象依然存在；新兴领域产业创新示范区的机制建设尚未形成，阻碍新兴领域产业发展的制度"壁垒"有待打破，新兴领域平台建设需要不断创新思维；支撑新兴领域产业发展的配套政策规定滞后、新兴技术标准不衔接、新兴领域"门槛"过高、不透明等问题，仍然没有得到很好解决。

3. 新兴领域产业创新示范区公共服务建设不充分

我国新兴领域产业创新示范区公共服务体系建设尚不充分。例如，青岛组建综合保障服务、智慧医疗保障、市政管理保障、食品供应保障、社会事务保障五个工作站，打通新兴领域产业通道，70%以上的食品实现了本土直供。但由于所建立的公共服务建设规模相对较小、行业地位不高，已有的资源优势难以得到有效发挥。一是部分新兴领域示范区建立了技术转移信息服务中心等信息平台。这些信息平台普遍缺乏资源，服务内容不完善。二是一些新兴领域示范区建立了产业协会、联盟、装备技术研究院等中介机构。其中，部分中介机构运行仍需规范。三是新兴领域示范区普遍欠缺风险投资、金融担保、标准服务、涉密管理体系等高端公共服务。

4. 新兴领域产业创新发展不足，创新力量不够

第一，新兴领域产业发展要素不足，集中体现在人才、知识、技术、管理、资本、土地和仪器设备等方面，追溯其深层次原因，还要归因于缺少技术服务类平台的搭建，民营企业的技术创新能力不足，涉及技术的解密时往往耗时久、流程复杂。在技术转化方面，可用于新兴领域产业中高新技术研究的开放型实验室、精密分析相关仪器设备数量较少，未能实现仪器设备的共享。在融资方面，大多都缺少政府财政支持及税务减免的优待政策。

第二，新兴领域产业创新示范区建设方式不够灵活。不同新兴领域产业创新示范区建设的进度与所处的阶段有所不同，在新兴领域产业创新示范区建设的路径时，还应该创新性地采用更加符合自身发展现状的依托式、互动式、嵌入式及预留接口等多种方式。

第三，新兴领域产业创新示范区建设成效不够。创新示范区难以充分利用科技资源实现协同攻关，在融合成本方面没有达到最低水平。由于受原有体制机制束缚，很多具有民用发展前景的科技成果没有实现科技成果商品化、产业化。由于信息不对称、交流渠道不畅，导致先进技术很难应用于其他领域，在产业发展效能上无法达到最大值。当前，新兴领域产业发展应正确处理好成本与效能的关系，遵循市场规律，从而实现新兴领域产业国防、经济及社会效益的最大化。

6.3.2　新兴领域外部体制机制方面

1. 新兴领域体制机制发展不足

对于新兴领域行业的发展来说，部分示范区产业发展仍注重吸引入驻投资项目数量，而没有打造针对行业紧缺的新兴领域相互关联新兴领域产业型产业链条，从而没有形成有独特竞争力的主导产业。这种数量扩张式发展导致产业集群内部企业技术、产品、项目之间缺乏有机关联，没有形成专业化分工协作配套格局，导致不同新兴领域示范区之间产业链条同质化严重。针对典型示范区的四川省绵阳科技城来说，目前主要注重科技成果转化，协作配套及资源共享的范围较窄，新兴领域产业深度发展还存在一定的政策限制；科研领域缺乏民营企业力量的参与，一定程度上阻碍了科技成果的转化和产业化进程；绵阳民营企业科技力量参与的范围较窄，市场化不足，不能实现资源的优化配置。绵阳科技城新兴领域产业要深度发展，应力争相应政策，积极解决并扩充民用科研的范围，优化资源配置，从而加速科研成果的转化。

当前，我国各地、各省市级的新兴领域产业相关机构还处于正在建立的状态，完善的工作机制还没有完全形成。新兴领域产业类园区在总体目标、建设布局、功能定位等方面还没有与国家和地区经济及社会发展总体规划、年度计划之间相互衔接，缺乏总体协调，在一定程度上影响了园区建设的有序推进。全国各地的新兴领域产业办公室还是全新的机构，规章制度都仍然处于初步建立的阶段，在开展各项工作时仍然是摸索前进，还不能够充分发挥出新机构、新体制所带来的优势与潜力。

2. 新兴领域产业发展法律制度不完善

我国关于新兴领域产业发展的综合性法律法规处于缺位状态，仅有的部分现存碎片化法律立法时间较早，作为新兴领域产业发展紧密相关的主要法律亟须修订，其中，部分相关法律法规和规定已与新兴领域产业发展的最新指导精神及政策措施不相符。新兴领域产业发展还处于初期阶段，国家战略顶层设计尚不完善，专门针对新兴领域产业创新示范区的法律制度尚不健全。新兴领域示范区活力的释放取决于区内企业的健康发展，在当前国有企业和科研院所改革背景下，通过企业混合所有制改革，建立和完善政企分离、产权明晰、权责明确、要素充分流动的现代管理制度，但目前国有科研院所内部资本、技术、设备等产权归属不明晰，资源尚未充分盘活，这从微观基础上制约着新兴领域示范区的活力释放。

3. 公共服务体系支持力度缺乏，平台建设不足

在我国新兴领域产业类园区发展的过程中，公共服务体系支持力度和手段有限，技术研发、信息咨询服务、行业协会、技术成果发布交流平台、金融担保体系、标准体系、涉密管理体系等促进园区内创新要素充分融合的服务体系还需要进一步完善。

6.4　新兴领域产业创新示范区建设对策与建议

6.4.1　组织管理方面

1. 提高新兴领域产业发展意识，提高政治站位

新形势下，推进国家新兴领域创新示范区建设，要深刻领会贯彻习近平新时代中国特色社会主义经济思想，以构建一体化的国家战略体系和能力为导向，将新兴领域产业发展战略纳入国家总体战略体系，并对新兴领域加强重视程度，强调"抓新兴领域就是抓未来国防"的强化思想，明确站稳新兴领域产业发展就是占领国防资源的重要保证。在新兴领域产业创新示范区的规划与实施过程中，还必须与科教兴国、人才强国、创新驱动、区域协调、可持续发展等国家重要战略对接与整体推进，加强目标任务、建设方向和措施手段的衔接。根据国家的总体部署，增强新兴领域产业创新示范区建设的政策协同性，统筹考虑新兴领域产业创新示范区创建工作之于国防建设的重要性，依托新兴领域产业创新示范区建立体系架构，以新兴领域产业创新示范区建立基础，最大程度给予新兴领域开发和研制的平台。

2. 瞄准新兴领域两大方向，强化示范导向

按照一体化理念确立明确的建设思路，在国防需求牵引和新兴领域产业集群发展的两大建设方向上发挥示范作用。两大建设方向必须同时推进，不可偏废，力争形成"政策协同、设施联通、文化相通、资本融通"的新兴领域产业示范区建设模式。第一，明确新兴领域是国防需求的牵引。国防科技和武器装备领域是新兴领域产业发展的重点，也是衡量新兴领域产业发展水平的重要标志。而在已经成熟掌握新兴领域产业同国家国防科技和武器装备领域的研发手段与技术后，应进一步巩固新兴领域产业开发基础，以新兴领域为强化目标，起到强化示范作用，通过挖掘海洋、太空、网络、生物、新能源和人工智能等领域的新兴技术与新兴领域产业，实现资源利用的最大化。同时，大力整合可转为地方民口资源、产能、技术、人才、基础设施及后勤保障，通过共建共享，培育社会经济发展的潜在增长点、突破口、新领域。第二，抓好新兴领域产业集群的发展。抓好新兴领域产业高技术产业基地建设，创新"新兴领域产业+工业互联网"等载体形式，配合网络资源优势，在中国制造新兴领域方向上提升中国制造业的核心竞争力和市场占有力，尤其是率先建设有全球影响力的新兴领域产业集群，形成充足的新兴领域产业生产空间。

3. 明确主体责任，积极主动作为

明确新兴领域产业创新示范区建设的主体责任，积极作为，一是要积极按照习近平"构建具有时代特色、符合战区特点的军民融合新格局"[①]要求，坚持问题导向、瞄准国防需求、强化使命任务，结合自身区域资源优势，前瞻性探索新兴领域产业创新示范区新模式；二是要深入研究新兴领域产业示范区建设的新特点、新规律、新路径，建立具有新兴领域一体化创新示范区工作机制；三是要将新兴领域示范区创建工作纳入地方的总体发展规划，而且要以创建新兴领域示范区为抓手，在推动地方高质量发展上示范，并大力推动新兴领域发展空间，为其提供良好发展平台；四是要勇于先行先试，统筹搭建新兴领域产业各要素平台，如太空领域科技研发平台、海洋领域科技创新平台、网络空间人才平台、网络信息整合平台；五是要精心设计建设一批涉及新兴领域的重大项目工程，推动新兴领域产业建设和经济建设的协同发展。

6.4.2　运行机制方面

体制机制创新是制度创新的重点，新兴领域产业创新示范区相关体制机制还不够完善，应进一步强化顶层的统筹谋划，体制阻碍发展问题的解决思路已逐步明朗。地方政府要按照"国家主导、需求牵引和市场运作相统一"的工作运行体系的要求，争取在新兴领域产业创新示范区相关体制上有所突破。

1. 构建新兴领域产业创新生态系统

超越以炮制规模为主的新兴领域产业制造业扩张方案，瞄准"未来战场"的迫切需求，借鉴美国制造业创新网络体系及"技术孵化器"运作模式，创新关键共性技术的新兴领域产业创新机制。地方党委和政府要组建高规格新兴领域产业科技创新理事会，下设"新兴领域创新人才联盟""网络信息化情报联盟"等常设

① 习近平的两会时间（十）：系统阐述军民融合发展的三个看点. http://www.npc.gov.cn/zgrdw/npc/xinwen/2015-03/13/content_1925343.htm[2022-06-01].

机构，该理事会享有绿色通道权，直接向地方省委新兴领域产业发展委员会建言献策，可每年定期召开头脑风暴议事会，综合集成项目需求，聚焦基础与通用技术、非对称"杀手锏"技术、前沿或颠覆性技术，促成高质量项目生成。建立科技成果大数据平台，加强科技成果转化，利用先进技术为区域经济发展培育新动能。利用区块链技术，探索建立全省统筹的科技信息平台，引入"科技身份证"，建立科学的科技评价体系。

2. 完善市场准入机制

实行统一的市场准入制度，通过制定资源、能耗、安全、环保等标准，建立市场准入的技术"门槛"，由市场选择新兴领域产业的技术方向，充分发挥企业作为技术创新、产品创新的主体地位作用。完善生物医药、生物育种等行业准入管理和新能源产品价格形成机制，强化药品集中采购、药品注册、转基因农产品等相关管理制度，细化并严格执行节能环保法规标准，推动形成与国际接轨的市场准入制度和价格形成机制。同时，加快资源型产品价格形成机制改革，建立反映稀缺性和环境要素影响的资源价格与税收体系，利用市场机制推动和引导企业创新。健全优胜劣汰的市场化退出机制，完善企业破产制度，发挥市场在优胜劣汰中不可替代的作用。进一步简政放权，改革行政审批管理制度，规范管理，提高效率。减少政府对资源的直接干预，在产业与科技资源配置中，进一步释放市场活力、企业活力和科研机构活力。对市场机制能有效调节的活动，取消行政审批。改革国家医药和医疗器械的评估与审批体系，建立快速审批机制和特批机制。企业投资项目除关系国家安全和生态安全、涉及全国重大产业布局、战略性资源开发和重大公共利益等的项目外，由企业依法规自主决策。清理和废除妨碍全国统一市场和公平竞争的各种规定与做法，建立完善的质量体系和信用体系，尽快完善战略性新兴领域产业技术规范、行业标准、产品认证等体系，提高新兴领域产业的产品质量水平和企业品牌信用，为市场认知、国际竞争和低成本融资发展提供规范性产业标准，抑制恶性竞争。充分发挥市场在配置资源中的价值决定、供求调节和优胜劣汰的良性作用。

3. 完善政府机制

广义的政府机制是指政府通过一系列的行政调控方式，建立一套按照政府目标运行的经济社会发展规则，以保障政府职能在经济社会发展中发挥作用，从而规范各类经济社会行为，推动经济社会有序发展。具体到面向新兴领域产业协同发展的政府机制，指的是包含国家层面、地区区域层面及地市层面的各个层级的政府部门为培育和推动新兴领域产业的协同发展而制定的相关制度与政策的总和，通过经济调节、社会管理、市场监管和公共服务四个职能层面对新兴领域产业的产业导向、产业空间布局、产业扶持及产业退出等宏观层面产生作用和影响，并随时间发生变化的相互联动的内在逻辑过程。

经济调节是指由于市场机制的失灵，不能实现资源的有效配置、社会财富的公平分配和经济的稳定与增长，从而需要运用法律政策制度等政府机制对经济运行予以调节。经济调节工具多种多样，结合国外新兴领域产业和高新技术产业的发展经验，具体到战略性新兴领域产业协同发展，政府的经济调节职能主要是通过财政政策和投融资政策而实现的。其中，财政政策的主要工具包括财政支出和税收政策。新兴领域产业目前还处于导入阶段，通过财政补贴、财政拨款等手段提高财政支出水平、税款返还、税收减免等手段降低战略性新兴企业的税赋水平，能够吸引更多有能力的企业进入相关产业领域，从而避免战略性新兴企业因较大的经营风险而被扼杀在摇篮之中。投融资政策可以分为政策性投资和政策性融资两个方面，通过建立风险基金、专项扶持基金及增大对新兴领域产业的政策性贷款和担保，进而提升中小企业的研发投入水平。

社会管理是政府为通过制定系统、公平、规范的制度法规，对社会发展过程中的方方面面进行沟通、协调、指导、规范、监督和纠正等管理工作，从而促进社会系统的协调可持续发展。在新兴领域产业协同发展方面，社会管理职能主要是通过保障产业发展资源、维护产业环境等措施而实现的。在经济发展过程中，资源永远是稀缺的，新兴领域产业在初期发展过程中获取资源的能力相较一些传统产业来说差距很大，依托"马太效应"传统产业优势明显，新兴领域产业的产业环境不容乐观，而相关战略性新兴企业为争夺稀缺资源会进一步恶化脆弱的产业环境，因此要推动新兴领域产业的协同发展，对其成长过程中所需要的资源的保障、产业环境的维护，就需要政府采取一定的措施，保证高效合理分配资源，营造公平、公开、公正的竞争环境。

市场监管是指政府通过对市场经营活动中的各行为主体进行规范化管理，来调节市场中各种经济关系，监督各主体的行为方式，保障市场经济的有条不紊。在新兴领域产业协同发展方面，市场监管的职能是在政策法律制度的约束下，通过对新兴领域产业的市场准入和市场行为两个方面的监管予以实现。在市场准入方面，政府市场监管的"度"是关键：准入条件太松，行业"门槛"过低，易造成一窝蜂的局面，资质过低的企业进入新兴领域产业会影响产品质量、行业声誉，导致新兴领域产业有量无质；准入条件太紧，"门槛"过高，易造成垄断局面、创新不足、产业停滞不前。因此，在把握"度"的前提下，尽可能还权力于市场，消除由不必要的行政审批而诱发的各种形式的权力寻租、行政腐败。在市场行为方面，一是要做到依法行政，将制定的新兴领域产业协同发展方面的相关政策法律化、法规化，明确责任主体，既有利于政府部门对协同过程中各种行为的监管，又能保障相关战略性新兴企业的合法利益；二是做好绩效评定工作，建立健全针对各个市场主体的绩效考核评价机制，针对给新兴领域产业协同发展带来正能量的市场主体要予以奖励支持，对带来负能量的市场主体则加强整改，没有改进的，要有一定的惩罚措施。

公共服务是指政府通过相互合作来为社会发展提供必要的公共产品和服务，是政府公益性和服务性的表现，根据其内容和形式可以分为基础公共服务、经济公共服务、公共安全服务和社会公共服务。在新兴领域产业协同发展方面，主要是通过对相关基础设施的建设和公共产品的提供两方面来实现。在基础设施方面，主要是针对新兴领域产业协同发展过程中的协同创新平台、产业联盟、科技人才等公共科技基础设施的建设，促进技术创新的扩散，以支撑新兴领域产业协同发展中对科技创新水平的要求，另外借助这些公共科技基础设施，不仅能加强人员、资金、设备和技术的跨区域交流与合作，还能够避免由信息不完全或不对称造成的市场失灵，加深区域各方在协同发展过程中的相互理解。在公共产品方面，主要是协同发展过程中新兴领域产业对土地、水、电、运输、通信等基础公共服务的需求，但需要注意的是，在此方面也容易滋生权力寻租及地方保护主义的问题，因此，应规范相关职能部门的行为。通过基础设施的建设和公共产品的提供，能够加快新兴领域产业要素资源的流动效率，在内部后勤和外部后勤上做好保障，推动新兴领域产业的协同发展。

6.4.3　制度法规方面

1. 完善制度政策，实现新兴领域产业制度保障

结合基本国情和发展趋势，制定、颁布促进新兴领域产业的综合性法律法规，协调各个部门、不同地方的运作步伐，将不同法规政策统一于共同的建设方向，实现规章、制度、规则等多层面融合，增强新兴领域产业法律体系的协作调和能力，从而全面有效指导有关新兴领域产业规则的实践适用。同时，构建专门针对新兴领域产业创新示范区建设的法律制度，拓展并深化全面创新改革，通过制度改革创新以建设现代化经济体系，推进科技与经济、科技与金融结合取得重大成效，着力提升区域综合竞争力、新兴领域产业创造力、新兴领域产业竞争力、企业创新竞争力。与此同时，注重通过完善新兴领域产业建设的法律法规和政策方针，提供与时代现状相契合的行为准则，从而为新兴领域产业创新示范区的长远建设提供滋润的法治土壤。

2. 坚持均衡发展理念，兼顾新兴领域产业生态效益

新兴领域产业发展是一项利国、利军、利民的大战略，要坚持"创新、协调、绿色、开放、共享"五大发展理念，引领推动新兴领域产业深度发展。这就要求

更加注重以新兴领域产业发展为突破口，以生态均衡发展为要义，使绿色、健康成为引领科技创新的主流方向。未来是一个讲求绿色发展的未来，未来的社会公民将更加重视生态发展、环境和谐，所以未来的科技也将更加重视生态环境保护与修复。新兴领域产业关键在于科技创新，而科技创新在于满足人类不断增长的个性化、多样化需求和增进人类福祉。所以，新兴领域产业创新示范区的建设所关注的不能仅仅局限于或者偏重于经济效益，而应平衡发展生态资源的多重效益——经济效益、生态效益和社会效益等，在推动科技竞争力的同时，也要提升包括生态价值在内的综合竞争力。这样，新兴领域产业的发展道路才可能越走越宽、越走越远。

3. 强化政策保障机制，解决新兴领域产业瓶颈壁垒

政策制度是新兴领域产业创新示范区建设的基本保障，是确保新兴领域产业高效运行的重要措施和行为准则。过去颁布的一些相关政策法规已经暴露出许多局限性和不衔接性，必须尽快补充或调整。一是制定新的法规，国家层面须加快"新兴领域产业促进法"的制定和实施；二是根据新兴领域产业创新示范区建设的新实践，修订已有的法规政策，包括在航空装备研制生产、海洋国防交通、生物、网络信息化、新能源、人工智能等领域现有法规制度中增加新兴领域产业相关内容等；三是在企业法、金融法、基本建设法、交通法、投资法、物权法等法律法规中充实新兴领域产业的内容条款，体现新兴领域产业的需要，逐步形成有利于新兴领域产业的法律法规制度体系。

第七章　新兴领域产业发展制度政策设计

7.1　新兴领域产业发展制度政策现状

7.1.1　现有产业发展制度政策体系

1. 中国产业政策历史沿革

改革开放以前，我国实行高度集权的计划经济体制，企业缺乏自主权，生产、经营决策主要由政府确定，企业行为在很大程度上体现了政府意志。新中国成立初期，为了迅速缩小与发达国家的国力差距，我国政府沿袭苏联的做法，制定了"重重工业，轻轻工业"的产业发展战略。在计划经济体制的推动下，该战略得到了严格贯彻，钢铁冶炼、石油开发等重工业获得了长足发展。但这一战略也造成服装、食品、家电等轻工业产品长期供应不足，甚至无法满足人民群众的基本需求。1978年起，中国进入改革开放时期。政府实施了"放权让利"的方针，赋予企业更多的自主决策权，使其逐渐成为独立经营、自负盈亏的经济实体。这段时期的经济体制改革围绕着计划经济与市场机制的关系进行，市场经济体制初步建立，并逐渐完善，但政府干预在产业发展中仍然发挥非常重要的作用。为了优化产业结构、协调各产业发展，政府提倡加快发展农业，出台了《中共中央关于加快农业发展若干问题的决定》。对于工业与制造业，政府陆续出台了相关政策鼓励轻纺工业优先发展，促进"短线"的基础设施及基础产业建设，限制"长线"加工产业的发展。1989年颁布的《国务院关于当前产业政策要点的决定》更是确立了产业政策在我国宏观经济管理中的地位和作用。这个阶段产业政策的实施仍然以政府意志为主导，但相比于改革开放以前，企业的自主权有所增加，政府对企业的直接干预也有所缓解。1993年党的十四届三中全会的召开标志着市场经济体制改革进入整体推进阶段，全会提出要使市场在国家宏观调控下对资源配置起基础性作用。随着市场化进程的推进，产业政策重要性也越发凸显。1994年3月颁布的《90年代国家产业政策纲要》是20世纪90年代产业政策的指导性纲领，根据该政策纲要，政府陆续发布了汽车、水利等具体行业的专项产业政策。国有企业改制、成立国资委等一系列措施进一步约束了政府对企业的直接干预，企业的经营自主权进一步增强。进入21世纪，以市场经济为基础的产业政策体系逐步建立并完善。发布于 2005 年的《促进产业结构调整暂行规定》指出未来一段时间的主要任务是逐步形成以农业为基础、高新技术产业为先导、基础产业和制造业为支撑、服务业全面发展的产业格局。此后，政府还陆续颁布了《关于进一步加强国家产业政策导向，促进新兴工业化发展的指导目录（试行）》《国务院关于加快推进产能过剩行业结构调整的通知》《国家发展改革委关于加快推进产业结构调整 遏制高耗能行业再度盲目扩张的紧急通知》《关于抑制部分行业产能过剩和重复建设 引导产业健康发展的若干意见的通知》等多个文件，并对汽车、钢铁、水泥、煤炭等行业颁布了专项产业政策。在这个阶段中，产业政策的实施更多依赖企业与市场，即使在金融危机、经济过热等特殊时期，政府也很少直接干预企业决策，而是通过阶段性的产业政策来宏观调控产业结构与经济发展。例如，为了控制产能过剩，遏制高污染、高耗能产业的发展，国家于 2006 年颁布了《国务院关于加快推进产能过剩行业结构调整的通知》，于 2007 年发布了《国家发展改革委关于加快推进产业结构调整 遏制高耗能行业再度盲目扩张的紧急通知》。为了应对国际金融危机，保增长、扩内需、调结构，国家于 2008 年发布十大重点产业调整与振兴规划。从"十一五"起，国家将"五年计划"改为"五年规划"，表明政府更注重发挥市场对资源配置的基础性作用及市场机制在产业政策实施中的重要作用。

2. 产业政策的类型

我国历年来的产业政策大致可分为三个层面。

第一个层面是"五年规划"（2006 年前为"五年计划"）中的产业政策。"五年规划"是国民经济计划的一部分，对全国重大建设项目、生产力分布和国民经济重要比例关系等做出规划，为国民经济发展远景规定目标和方向。"五年规划"中的一项重要内容是明确提出各产业发展的指导方针。"五年规划"由中共中央提议、国务院制订并最终经全国人大审议通过，权威性强，是我国产业政策的根本与源头，也是制定各项具体产业政策的基础。

第二个层面的产业政策既包括不定期更新的《当前国家重点鼓励发展的产业、产品和技术目录》《当前优先发展的高技术产业化重点领域指南》《产业结构调整指导目录》等进一步落实"五年规划"的纲领性文件，也包括针对产能过剩、金融危机等特殊情况而推出的阶段性产业政策文件，如《国家发展改革委关于加快推进产业结构调整 遏制高耗能行业再度盲目扩张的紧急通知》《关于抑制部分行业产能过剩和重复建设引导产业健康发展若干意见的通知》《国务院关于加快培育和发展战略性新兴产业的决定》等。

第三个层面的产业政策针对具体的行业或产业。比如，《钢铁产业发展政策》《汽车产业发展政策》《水泥工业产业发展政策》《船舶工业中长期发展规划》等文件提出了行业发展重点与技术方向。也有一些政策规定了行业的准入条件，如《铸造行业准入条件》《铁合金行业准入条件》《铅锌行业准入条件》《电石行业准入条件》等。这个层面的产业政策相对精细，对各行业的产品与投资方向做出了具体规定，是"五年规划"落地到各个行业的具体指引。

3. 产业发展政策

产业发展政策是指围绕产业发展旨在实现一定的产业发展目标，而使用多种手段所制定的一系列具体政策的总称。产业发展政策与产业结构政策、产业组织政策共同构成产业政策体系。产业发展本身是有规律的，我国产业发展的最大问题是政府的参与和干预过多，使产业规律难以发挥作用。我们可以把产业做大，但是做不强。这里的"强"是一个质量概念，它包括生产率、核心技术、在国际市场上的竞争力及产业的适应性效率，只有建立以市场为主导的产业发展体制才能把产业做强。产业发展方式的变革是建立有效产业组织的重中之重，即我国供给侧结构性改革的一个重要任务就是要把政府主导的产业发展体制转向以市场为主导的产业发展体制。产业发展政策有以下特点。

一是产业发展政策的综合性。产业发展政策以一定时期的产业发展目标为出发点，而产业发展目标具有多维性，既有经济性目标，又有社会性目标。在经济性目标中，有经济增长、技术进步、充分就业、物价稳定、国际收入平衡等；在社会性目标中，有社会安定、国防安全、民族团结、国民素质提高等。产业发展政策目标必须综合考虑经济性目标和社会性目标的要求，在权衡比较中确定。就产业发展政策的综合性来讲，产业发展政策也包含着产业结构政策和产业组织政策的内容。可以这样理解：产业发展政策要反映一国的社会、经济发展的规律要求；产业结构政策要反映一国某个时期的产业自身演进的规律要求；产业组织政策要反映一国某个时期企业与市场之间协调发展的规律要求。

二是产业发展政策具有手段的多样性。多维的产业发展目标增加了对产业发展进行调控的难度，因此仅靠某一两种经济政策，如财政政策、金融货币政策是难以实现的，甚至仅仅依靠经济政策和经济参数的调节也难以实现，还需要相应的社会政策和其他的政策措施，共同实施，才能保证产业发展目标的顺利实现。

三是产业发展政策具有一定的识别性和规范约束性。产业发展政策围绕着产业发展目标对各具体的行为主体提出了相应的要求和约束，各行为主体必须按产业发展政策总体目标来确定自己的目标，并在发展政策的强制下实现各自的目标。如果说，产业结构政策和产业组织政策对行为主体而言主要是一种诱导性政策，那么产业发展政策对行为主体则具有一定的规范约束和强制性。围绕产业发展目标所制定的产业发展政策，通过下列具体政策体现：第一，产业技术政策。产业技术政策是指政府对产业的技术进步、技术结构选择和技术开发所进行的预测、决策、规划、协调、监督和服务等方面的政策措施。其主要内容包括技术发展规划、技术开发政策、技术结构政策、技术改造政策、技术引进政策、人力资源开发政策。第二，产业布局政策。产业布局政策指在全国产业总体布局的前提下，充分发挥地区优势，使资源配置在空间上达到最有效率的状态，实现全国产业结构和地区产业结构双优化的任务。其主要内容包括制定合理有效的地区产业政策，合理划分产业布局的决策权限，正确选择地区主导产业，鼓励发展地区间的横向联合，推进资源优化配置、地区产业布局政策与全国产业结构政策相结合，实现产业政策区域化，区域政策产业化。第三，产业环保政策。产业环保政策是指政府为了保护环境和生态平衡，合理利用自然资源，防治工业污染所采取的，由行政措施、法律措施和经济措施所构成的政策体系。其主要内容包括制订改善环境、保护生态平衡的战略规划，明确治理和预防工业污染的战略目标和原则；制定环境质量指标和工业排放标准，严格执行排污收费制度，实行"谁污染，谁治理，谁开发，谁保护"的办法；建立环境保护和监督的机构，明确有关管理制度和法规；采取有效手段保证自然资源的合理开发和利用；与技术改造和工业布局相结合的防治污染政策。第四，产业外贸政策。产业外贸是指产业的对外贸易活动，它包括一国同别国进行的工业产品及生产要素的交换活动，如产品、技术、劳务等外贸活动。产业外贸政策包括许多方面的内容，如关税和出口税政策、汇率政策、出口刺激和对进出口额的控制政策等。第五，产业金融政策。一个国家的产业发展及其状况如何，与该国实行的金融和货币政策关系极大。从某种意义上讲，金融和货币政策可以决定产业是兴旺繁荣还是停滞不前。第六，产业财税政策。财税政策是国家运用权力参与经济收入和支出流量的运动，从而达到推动产业发展、实现产业发展目标的目的。财政收支的基本实现形式有征税、政府投资及政府购买、转移、支付三种。这三种基本形式都对产业的均衡发展起着自动稳定器的作用。第七，产业收入分配政策。收入分配政策是调节社会各集团、各阶层成员收入和经济利益的政策。在收入分配中，必须坚持以按劳分配为主体、多种分配方式并存的原则，体现效率优先、兼顾公平，把国家、企业、个人三者的利益结合起来。

4. 新兴领域产业发展政策

关于新兴领域产业发展方面，随着新兴领域产业发展战略的深入推进，相关领域的政策法规制度逐步建立。

（1）网络空间领域。国家从战略层面推进网络空间安全和信息化建设，于2014年2月成立中央网络安全和信息化领导小组，2018年3月为加强对网络安全和信息化的集中统一领导、决策和统筹协调及军民融合，国家成立了中央网络安全和信息化委员会办公室，《网络空间国际合作战略》《国家网络空间安全战略》

《关于推动资本市场服务网络强国建设的指导意见》等战略与政策相继出台，对网络空间国家交流、网络空间安全、各网络主体法律义务和责任等进行指导规范，推进网络空间治理向法治化迈进。网络信息安全行业属于国家鼓励发展的高技术产业和新兴领域产业，受到国家政策的大力扶持。近年来，我国政府颁布了《中华人民共和国网络安全法》等重要法规，并制订了《"十三五"国家信息化规划》《软件和信息技术服务业发展规划（2016—2020 年）》《信息通信网络与信息安全规划（2016—2020 年）》等政策规划，从制度、法规、政策等多个层面促进国内网络信息安全产业的发展，提高对政府、企业等网络信息安全的合规要求。《中华人民共和国网络安全法》为我国网络信息安全主要法律法规。该法于 2016 年 11 月 7 日获得通过，并于 2017 年 6 月 1 日起施行，是我国第一部全面规范网络空间安全管理方面问题的基础性法律，是我国网络空间法治建设的重要里程碑，是依法治网、化解网络风险的法律重器，是让互联网在法治轨道上健康运行的重要保障。《中华人民共和国网络安全法》确立了网络安全法的基本原则；提出制定网络安全战略，明确网络空间治理目标，提高了我国网络安全政策的透明度；进一步明确了政府各部门的职责权限，完善了网络安全监管体制；强化了网络运行安全，重点保护关键信息基础设施；完善了网络安全义务和责任，加大了违法惩处力度；将监测预警与应急处置措施制度化。

（2）太空领域。2014 年 11 月，《国务院关于创新重点领域投融资机制鼓励社会投资的指导意见》（国发〔2014〕60 号）提出"鼓励民间资本参与国家民用空间基础设施建设""引导民间资本参与卫星导航地面应用系统建设"，开启了民间资本参与国家民用空间基础设施的大门，拉开了中国商业航天序幕。2015 年10 月，国家发改委、财政部、国家国防科技工业局（以下简称国防科工局）联合印发《国家民用空间基础设施中长期发展规划（2015—2025 年）》，2016 年国务院新闻办公室相继发表《中国北斗卫星导航系统》白皮书和《2016 中国的航天》白皮书，明确表示支持商业航天产业发展。2019 年 6 月，国家国防科技工业局和中央军委装备发展部联合发布《关于促进商业运载火箭规范有序发展的通知》，更好地指明我国当前商业运载火箭的发展形势和政策导向，并首次就商业运载火箭的科研、生产、试验、发射、安全和技术管控等有关事项进行了全面的规范与要求。这是国家层面释放出的重磅利好消息。随着民营商业火箭企业及市场的逐渐成熟，航天产业相关配套项目有望进入高速建设期，地面配套终端、产业化应用及相关配套政策有望快速落地。

（3）海洋领域。2008 年，国务院批准《国家海洋事业发展规划纲要》，指导促进海洋事业的全面、协调、可持续发展，加快建设海洋强国，这是新中国成立以来首次发布的海洋领域总体规划，也是海洋事业发展的里程碑事件。2016 年，国家海洋局印发《海洋观测预报和防灾减灾"十三五"规划》，推进建设海洋观测站，建设海洋立体观测网，稳步提高海洋预警报服务水平。2017 年，科技部、国土资源部、国家海洋局印发《"十三五"海洋领域科技创新专项规划》，提出重点任务，包括深海探测技术研究、海洋环境安全保障、深水能源和矿产资源勘探与开发、海洋生物资源可持续开发利用、极地科学技术研究、开展海洋国际科技合作、基地平台建设和人才培养等。2018 年 2 月，国家海洋局颁布了《全国海洋生态环境保护规划（2017 年—2020 年）》，确立了海洋生态文明制度体系基本完善、海洋生态环境质量稳中向好、海洋经济绿色发展水平有效提升、海洋环境监测和风险防范处置能力显著提升 4 个方面的目标。2018 年 9 月，自然资源部与中国工商银行联合发布《关于促进海洋经济高质量发展的实施意见》，重点支持传统海洋产业改造升级，加强对"一带一路"海上合作的金融支持。2018 年 11 月，《国家发展改革委 自然资源部关于建设海洋经济发展示范区的通知》发布，以支持山东威海等 10 个市级及天津临港等 4 个园区的海洋经济发展示范区建设。2018 年 12 月，工信部、交通运输部和国防科工局三部联合发布《智能船舶发展行动计划（2019 —2021 年）》，行动目标是形成我国智能船舶发展顶层规划，初步建立智能船舶规范标准体系，初步形成智能船舶虚实结合、岸海一体的综合测试与验证能力，保持我国智能船舶发展与世界先进水平同步。2017 年，农业部发布了《国家级海洋牧场示范区建设规划（2017—2025 年）》，提出建设国家级海洋牧场示范区。

（4）生物领域。2017 年，国家发改委印发了《"十三五"生物产业发展规划》，进一步提出了生物产业发展的具体规划。2021 年，《第十四个五年规划和2035 年远景目标纲要》明确提出推动生物技术和信息技术融合创新，加快发展生物医药、生物育种、生物材料、生物能源等产业，做大做强生物经济。

（5）人工智能领域。2015 年 7 月，国务院出台《关于积极推进"互联网+"行动的指导意见》，首次将人工智能纳入重点任务之一，推动了中国人工智能步入新阶段。2017 年 7 月，国务院发布《新一代人工智能发展规划》，确立了新一代人工智能发展三步走战略目标，将人工智能上升到国家战略层面。2017 年 12 月，工信部印发《促进新一代人工智能产业发展三年行动计划（2018－2020 年）》，从培育智能产品、突破核心基础、深化发展智能制造、构建支撑体系和保障措施等方面详细规划了人工智能在 2018～2020 年的重点发展方向和目标。2019 年 3 月，政府工作报告中将人工智能升级为"智能+"，2019 年 6 月，人工智能治理原则首次被提出，《新一代人工智能治理原则——发展负责任的人工智能》发布。

（6）新能源领域。"两型"社会发展战略的实施对我国能源发展提出了较高要求，也为新能源的发展带来了前所未有的契机。2010 年 10 月 10 日，《国务院关于加快培育和发展战略性新兴产业的决定》出台，节能环保、新一代信息技术、生物、高端装备制造、新能源、新材料、新能源汽车等七大战略性新兴产业成为我国新兴领域产业发展和培育的重点，使新能源产业步入了快速发展期。

2012 年 7 月,《"十二五"国家战略性新兴产业发展规划》颁布,国家能源局颁布了《太阳能发电发展"十二五"规划》和《风电发展"十二五"规划》,《可再生能源发展"十二五"规划》颁布。2013 年 1 月 7 日,全国能源工作会议在北京落幕,会议确定了 2013 年国家能源发展的八项重要工作,其中大力发展新能源和可再生能源被放在突出位置。"十三五"时期明确了加快突破新能源领域核心技术的发展方针。到"十四五"时期,根据《"十四五"规划和 2035 年远景目标纲要》,加快壮大新能源产业成为新的发展方向。这一系列战略性规划的颁布与实施,必将推动我国新能源产业在产业规模、产业结构、产业层次等方面跃上一个新的台阶。

7.1.2　现有制度政策体系局限性与存在的不足

1. 现有产业发展制度现状

经济发展进入新常态,传统产业发展方式面临严峻挑战。当前,我国已进入工业化中后期阶段,产业发展格局发生重大变化,要素驱动产业发展的传统模式难以为继。我国主导经济增长的产业由工业"单引擎"服务业向工业"双引擎"转变,引领产业发展的动力源也由要素驱动向创新驱动转变。在工业化发展初期,地方政府是践行发展的具体操盘手,通过在招商引资中提供土地、能源资源、税收及财政补贴等各种优惠政策,推动产业规模化扩张,实现做大地方地区生产总值的目标。同时,我国凭借劳动力成本低廉的优势,也能在国际产业竞争中占据一定优势。但进入工业化中后期,随着劳动密集型产业日渐式微,能源、原材料等重化工业市场面临饱和,一些行业甚至出现严重的产能过剩,特别是人口红利逐渐消失,我国传统产业在国际竞争中的优势也日渐减弱。更为重要的是,工业发展阶段发生转变,国民经济主导产业将逐步转向技术密集型、高附加值的高技术产业、新兴产业和服务业。这些产业发展更多地依赖技术进步和人力资本提升。然而,在技术进步领域,我国能模仿和引进的技术都已接近上限,部分急需的核心和关键技术想引进却一直受发达国家的"封锁",只有通过自主创新,才能打破我国产业发展面临的技术瓶颈,顺利实现发展动能的转换。低端产能过剩和中高端产品供给不足并存,产业发展亟须迈向中高端。随着我国进入中高收入国家行列,2015 年居民人均收入已接近 8000 美元,国民消费结构也发生了明显变化,对商品和服务的消费需求从"有没有"向"好不好"转变,从追求数量到追求品质转变。然而,我国供给结构调整却未能实现与消费结构升级同步,导致供需结构严重错位。一方面,中高端产品和服务供给不足,大量中高收入人群不得不转向海外市场寻求高质量品牌产品和服务,造成大量消费外流。另一方面，低端产品和服务供给普遍过剩，特别是钢铁、煤炭、有色金属等原材料工业产能严重过剩，占用大量资源，阻碍资源顺利向新领域、新产业流动，严重制约我国经济转型。而这种供给格局与我国产业参与国际分工长期被锁定在中低端环节有很大关系。在此国际产业分工格局下，我国产业发展陷入"比较优势陷阱"，我国企业只擅长做加工装配的低端价值链环节，制造业的竞争优势只能通过"拼劳动力""拼价格""拼规模"来获得，关键技术和核心零部件几乎完全依赖进口，生产经营明显受制于人。另外，国际金融危机以来，随着世界市场外需不断萎缩，我国贸易条件也在不断恶化，以中低端产业为主的发展格局举步维艰，我国产业亟须转型升级，迈向全球产业链、价值链的中高端水平。资源环境约束强化，构建绿色发展模式刻不容缓。过去我国粗放式的产业发展模式带来资源利用率低、资源能源消耗大、环境破坏性较强的问题。研究表明，"十三五"时期，我国单位工业增加值能耗约为世界平均水平的 1.5 倍，分别是美国、日本和韩国的 1.5 倍、2.7 倍和 1.6 倍。从发展趋势看，主要污染物排放正处在转折期，预计 2020～2025 年，主要污染物排放的拐点将全面到来，主要污染物排放叠加总量会在"十三五"时期达到峰值。目前，我国资源能源供给已不能满足这种粗放式增长的要求，三大环境污染（空气污染、水污染、土壤污染）也已踩"红线"，超过环境容量承载能力。十八大提出"五位一体"的总体布局，党的十八届五中全会提出五大新发展理念，生态文明建设和绿色发展成为"十三五"规划的重要指导思想与目标任务。但我国产业特别是工业节能减排缺乏持久的内在动力，合理控制能源消费总量的倒逼机制尚未建立起来，主要行业能源资源利用效率与发达国家仍有差距，产业绿色低碳化发展任务十分紧迫。

全面改革向纵深推进，产业发展制度环境发生变化。发挥市场在资源配置中的决定性作用，要求确立公平竞争在产业发展中的主体地位。竞争是现代市场经济制度的灵魂，价格是引导资源要素配置的指挥棒。要发挥市场在资源配置中的决定性作用，只有通过公平竞争才能形成和发现真实的价格，并使之真正反映供求状况和资源稀缺程度，从而引导资源实现优化配置。同时，也只有通过竞争，才能激励企业努力提高核心竞争力，为社会持续提供价格低、质量好的产品和服务，以满足消费者需求，并以此赢得竞争。在我国经济发展的早期阶段，由于市场经济体制还不完善，市场发育程度较低，有效竞争的市场尚未形成，政府通过扶持性产业政策推动相关产业快速发展，具有一定的合理性，并取得积极成效。然而，随着市场体制不断完善和我国经济发展进入新阶段，这种向特定产业或企业的倾斜性扶持必然会在一定程度上影响市场公平竞争、扭曲价格信号、抑制资源优化配置，并对产业发展和效率提高产生负面影响。为此，2016 年 6 月，《国务院关于在市场体系建设中建立公平竞争审查制度的意见》明确要求建立公平竞争审查制度，防止出台排除、限制竞争的政策措施，逐步清理废除妨碍全国统一市场和公平竞争的规定和做法。这表明，今后我国产业发展将在更加公平的市场竞争环境中运行，一般竞争性产业享受国家特殊产业政策支持的可能性将越来越小。以"放管服"为重点的行政体制改革加快推进，政府支持和管理产业方式发生变化。党的十八大以来，中央积极推进行政管理体制改革，简政放权，优化管理，加强服务，相应地，政府管理产业的方式和手段也发生了变化。首先，政府直接投资能力明显减弱。改革开放以来，国家预算资金占全社会固定资产投资比例从 1981 年的 28.1%下降到 2014 年的 4.9%。其次，为放开社会资本进入经营性的基础设施和公共服务领域，国家逐步改变完全由政府投资的做法，更多地采取 PPP 模式将政府资金与社会资金相结合，以财政资金撬动社会资本，进而发挥放大杠杆的作用。

2. 新兴领域产业发展制度现状

在新兴领域产业发展政策方面，必须按照科学发展观的要求，抓住机遇，明确方向，突出重点，加快培育和发展新兴领域产业。从 2010 年的《国务院关于加快培育和发展战略性新兴产业的决定》，2012 年的《国务院关于印发"十二五"国家战略性新兴产业发展规划的通知》，2016 年的《国务院关于印发"十三五"国家战略性新兴产业发展规划的通知》等文件，以及 2021 年国家发改委发布的《战略性新兴产业形势判断及"十四五"发展建议（上篇）》，都可以看出国家高度重视新兴领域产业的发展。

"十二五"期间，我国节能环保、新一代信息技术、生物、高端装备制造、新能源、新材料和新能源汽车等新兴领域产业快速发展。2015 年，新兴领域产业增加值占 GDP 比重达到 8%左右，产业创新能力和盈利能力明显提升。新一代信息技术、生物、新能源等领域一批企业的竞争力进入国际市场第一方阵，高铁、通信、航天装备、核电设备等国际化发展实现突破，一批产值规模千亿元以上的新兴领域产业集群有力支撑了区域经济转型升级。大众创业、万众创新蓬勃兴起，新兴领域产业广泛融合，加快推动了传统产业转型升级，涌现了大批新技术、新产品、新业态、新模式，创造了大量就业岗位，成为稳增长、促改革、调结构、惠民生的有力支撑。

2021～2025 年，是全球新一轮科技革命和产业变革从蓄势待发到群体迸发的关键时期。信息革命进程持续快速演进，物联网、云计算、大数据、人工智能等技术广泛渗透于经济社会各个领域，信息经济繁荣程度成为国家实力的重要标志。增材制造（3D 打印）、机器人与智能制造、超材料与纳米材料等领域技术不断取得重大突破，推动传统工业体系分化变革，将重塑制造业国际分工格局。基因组学及其关联技术迅猛发展，精准医学、生物合成、工业化育种等新模式加快演进推广，生物新经济有望引领人类生产生活迈入新天地。应对全球气候变化助推绿色低碳发展大潮，清洁生产技术应用规模持续拓展，新能源革命正在改变现有国际资源能源版图。数字技术与文化创意、设计服务深度融合，数字创意产业逐渐成为促进优质产品和服务有效供给的智力密集型产业，创意经济作为一种新的发展模式正在兴起。创新驱动的新兴领域产业逐渐成为推动全球经济复苏和增长的主要动力，引发国际分工和国际贸易格局重构，全球创新经济发展进入新时代。

　　未来"十四五"时期是新兴领域产业大有可为的战略机遇期。我国创新驱动所需的体制机制环境更加完善，人才、技术、资本等要素配置持续优化，新兴消费升级加快，新兴领域产业投资需求旺盛，部分领域国际化拓展加速，产业体系渐趋完备，市场空间日益广阔。但也要看到，我国战略性新兴领域产业整体创新水平还不高，一些领域核心技术受制于人的情况仍然存在，一些改革举措和政策措施落实不到位，新兴领域产业监管方式创新和法规体系建设相对滞后，还不适应经济发展新旧动能加快转换、产业结构加速升级的要求，迫切需要加强统筹规划和政策扶持，全面营造有利于新兴领域产业蓬勃发展的生态环境，创新发展思路，提升发展质量，加快发展壮大一批新兴支柱产业，推动战略性新兴产业成为促进经济社会发展的强大动力。

3. 新兴领域产业发展的制度局限性与不足

　　第一，管理体制滞后，产业同构与产业升级受阻矛盾突出。新兴领域产业是一个系统，既需要实现单项技术、单个产品或某个环节的突破，又要寻求整个产业链的配套与衔接。从区域发展和国家发展的层面来说，培育与发展新兴领域产业的最终目的在于通过其带动促进区域和国家产业结构的转型升级与经济发展方式由粗放型向集约型转变。这就要求，新兴领域产业发展必须要建立起全面、科学、有效的评价指标体系，统筹发展规划和协调机制，处理好中央与地方政府、局部发展与整体发展、短期发展与长远发展的关系，以谋求新兴领域产业的科学可持续发展。现阶段我国新兴领域产业发展面临着一个客观现实：产业发展的一些非均衡、非理性、非科学的问题非常突出且较为普遍，其主要体现在重复建设、资源浪费和产业同构等方面。一些地方政府为了实现短期的经济增长和追求由此带来的政绩效应，借助发展新兴领域产业的有利时机和扶持政策，在新兴领域产业的方向选择、产业布局、投资比重等方面没有充分结合地区资源禀赋条件和产业发展规律，而且产业配套设施、产业链构建等也没有同步推进或者速度较慢，资源浪费、重复建设和产业同构的现象十分严重。

　　第二，投融资体制不畅，产业融资受限。新兴领域产业具有高技术性、高投资性和高风险性的特点，其培育、形成和发展的每一个过程都需要有强大的资金支持，而且由于不同阶段的风险特征和资金需求具有差异性，需要有灵活多样的金融政策和金融工具来支持新兴技术的创新与产业化进程，但现行的投融资体制却难以满足新兴领域产业融资的多样化需求。一方面，新兴技术和新兴领域产业通过银行贷款融资较为困难。原因在于，新兴技术和新兴领域产业对资金需求量大、风险高、回收周期长，出于风险控制的考虑，银行在投资对象上往往倾向于大型企业、成熟产业，而对新兴领域产业和创新企业群体条件过多、要求较高，信贷积极性不高；而且新兴领域产业往往起源于中小型高新技术企业，它们的规模普遍较小、固定资产有限，难以提供银行贷款所需要的质押、抵押资产，要从银行获取贷款难度非常大。此外，现行的银行灵活性和分工不强，对新兴领域产业灵活多样、不断变化的融资需求存在滞后性。另一方面，新兴领域产业风险投资有限和多层次资本市场体系建设滞后。从现阶段来看，风险投资对技术改造项目、技术创新项目和新兴领域产业项目（特别是处于种子期、起步期的新兴领域产业）投资力度相对不足。与此同时，目前我国的多层次资本市场体系尚未成熟，功能尚未完善，全国统一的场外交易市场也尚未建立，这无疑在一定程度上弱化了新兴领域产业的融资功能。

　　第三，技术创新体系不完善，产业核心竞争力不强。新技术的开发和运用是新兴领域产业的核心内容，简单的技术模仿和跟踪并不是新兴领域产业的创新目的，也不能适应其发展的要求，它追求的是对核心关键技术的掌握与控制。而且，新兴领域产业发展对整个产业及其他产业发展的协同性，要求其技术创新优势不能仅停留在对单个产品、单项技术的高端性的追求上，还必须推进整体技术创新和技术联盟创新的集成化。但从现实的情况来看，我国目前尚未形成对各种创新主体进行协同创新的有效引导和激励创新体系。其主要表现在以下几个方面：首先，企业创新意识和主动性不强，没有明确其在技术创新中的主体地位，技术创新投入有限，创新制度不完善，自主创新能力偏低，特别是很多中小型企业的技术创新仍然停留在技术模仿和技术引进的层面上。其次，产学研合作不紧密，科研成果转化不顺畅。企业与高等院校、科研机构的合作模式较为单一，科技中介服务体系不完善，合作层次不高，科技研究与市场需求存在脱节现象，科技创新成果转化率较低。最后，知识产权保护制度存在缺陷，重点产业拥有自主知识产权的技术和产品较少，关键核心技术掌握不足。

7.2　典型区域新兴领域产业发展制度政策

7.2.1　典型区域新兴领域产业发展制度政策现状

1. 广东省新兴领域产业发展制度政策现状

改革开放以来，广东产业经济发展先行一步，规模质量走在全国前列，市场消费规模巨大，区域创新综合能力多年保持全国第一，形成了强大的产业整体竞争优势，但也存在发展支撑点不多、新兴领域产业支撑不足、关键核心技术受制于人、高端产品供给不够、发展载体整体水平不高、稳产业链与供应链压力大等困难和问题，在提升供应链、产业链和价值链，增强自主创新能力，培育本土领军企业和自主知名品牌等方面仍有较大空间，亟须攻坚克难不断突破。

2017 年广东省人民政府办公厅根据《国务院关于印发"十三五"国家战略性新兴产业发展规划的通知》和《广东省国民经济和社会发展第十三个五年规划纲要》编制了《广东省战略性新兴产业发展"十三五"规划》，明确广东要充分发挥市场在资源配置中的决定性作用和更好发挥政府作用，坚持创新驱动、改革引领、开放合作、集聚发展，加快形成以创新为主要引领的经济体系和发展模式，为加快建设国家科技产业创新中心提供重要支撑。《广东省战略性新兴产业发展"十三五"规划》提出，"十三五"期间，广东要重点发展新一代信息技术产业、生物产业、高端装备与新材料产业、绿色低碳产业、数字创意产业等，超前布局发展空天海洋、未来网络、生命科学、核技术等战略性产业。2022 年 4 月，广州市政府发布《广州市战略性新兴产业发展"十四五"规划》(以下简称《规划》)，根据《规划》，到 2025 年，广州市战略性新兴产业发展水平加速提升，战略性新兴产业增加值占 GDP 比重将达 35%，构建"3+5+X"战略性新兴产业体系，构筑"123+N"战略性新兴产业空间新格局，努力构建"一核、两带、三城、多节点"的广州市战略性新兴产业空间新格局。

广东省人民政府根据党的十九届五中全会精神和《中共广东省委关于制定广东省国民经济和社会发展第十四个五年规划和二〇三五年远景目标的建议》编制了《广东省国民经济和社会发展第十四个五年规划和 2035 年远景目标纲要》，前瞻布局战略性新兴产业，围绕未来产业发展，重点支持引领产业变革的颠覆性技术突破，积极促进产业、技术交叉融合发展，在区块链、量子通信、人工智能、信息光子、太赫兹、新材料、生命健康等领域努力抢占未来发展制高点。未来，广东省会将新兴产业集群发展摆在更加突出的位置，以产业集群建设带动新经济、培育新动能，推动经济社会持续健康发展。

第一，半导体与集成电路产业集群。发挥广州、深圳、珠海的辐射带动作用，形成穗莞深惠和广佛中珠两大发展带。积极发展第三代半导体、高端系统级芯片（system on chip，SOC）、高端模拟等芯片产品，加快推进电子设计自动化（electronic design automation，EDA）软件国产化，布局建设较大规模特色工艺制程生产线和绝缘衬底上的硅（silicon on insulator，SOI）工艺研发线，积极发展先进封装测试。第二，高端装备制造产业集群。加快建设珠江西岸先进装备制造产业带，重点发展高端数控机床、航空装备、卫星及应用、轨道交通装备、海洋工程装备等产业，着力突破机床整机及高速高精、多轴联动等产业发展瓶颈和短板。第三，智能机器人产业集群。支持广州、深圳、珠海、佛山、东莞、中山等地开展机器人研发创新和生产，其他各地市积极开展产业配套。重点发展工业机器人、服务机器人、特种机器人、无人机、无人船等产业，集中力量突破减速器、伺服电机和系统、控制器等关键零部件与集成应用技术。第四，区块链与量子信息产业集群。重点推动广州、深圳、珠海、佛山、东莞等区域联动，开展量子计算、量子精密测量与计量、量子网络等技术研发和应用。突破共识机制、智能合约、加密算法、跨链等关键核心技术，开发自主可控的区块链底层架构，强化区块链技术在数字政府、智慧城市、智能制造等领域应用。第五，前沿新材料产业集群。引导各地发挥区域优势和特色产业优势，重点发展低维及纳米材料、先进半导体材料、电子新材料、先进金属材料、高性能复合材料、新能源材料、生物医用材料等前沿新材料。第六，新能源产业集群。引导各地发挥区域优势和特色产业优势，大力发展先进核能、海上风电、太阳能等优势产业，加快培育氢能等新兴领域产业，推进生物质能综合开发利用，助推能源清洁低碳化转型。第七，激光与增材制造产业集群。以广州、深圳为核心，以珠海、佛山、惠州、东莞、中山、江门等地为重要节点，重点发展前沿/领先原创性技术、高性能激光器与装备、增材制造装备与系统、应用技术与服务等，突破基础与专用材料、关键器件、装备与系统等关键共性技术。第八，数字创意产业集群。以珠三角地区为核心，辐射带动粤东、粤西、粤北地区推广应用，大力推进 5G、人工智能、大数据等新技术深度应用，巩固提升游戏、动漫、设计服务等优势产业，提速发展电竞、直播、短视频等新业态，培育一批具有全球竞争力的数字创意头部企业和精品知识产权（intellectual property，IP）。第九，安全应急与环保产业集群。以珠三角地区为核心开展技术研发，依托粤东、粤西、粤北地区发展生产制造和综合示范。重点推动安全应急监测预警设备、救援特种装备、公共卫生等突发事件应急物资、高效节能电气设备、绿色建材、环境保护监测处理设备、固体废物综合利用、污水治理、安全应急与节能环保服务等跨行业、多领域协同发展。第十，精密仪器设备产业集群。以珠三角地区为核心，在工业自动化测控仪器与系统、大型精密科学测试分析仪器、高端信息计测和电测仪器等领域取得传感、测量、控制、数据采集等核心技术突破与产业化应用，打造贯穿创新链、产业链的创新生态系统。

2. 安徽省新兴领域产业发展制度政策现状

2021 年上半年，安徽省新兴领域产业产值同比增长 36.2%，较工业增速高 10.3 个百分点；新兴领域产业占工业比重由 38.8% 提高到 42%。新材料、节能环保、高端装备制造等产业产值均超千亿元，其中，以新型显示为主导的新一代信息技术产业突破 2000 亿元。近些年，安徽省新兴领域产业内部结构不断优化，各产业规模增长速度较快，产业链条不断发展延伸，新兴产业种类不断兴起。其中，新一代信息技术、新材料、节能环保、高端装备制造、生物医药发展基础较好，产业规模居领先地位，产值均超千亿元。新型显示、机器人、硅基材料、现代中药、集成电路和通用航空等一批产业快速崛起。在新能源汽车领域，全省企业数从 2011 年的 4 家增长到 2016 年的 161 家，拥有江淮、奇瑞、安凯三家新能源汽车自主品牌，创建了全国首个国家级新能源汽车工程实验室。安徽省新兴领域产业区域特色显著，形成了一批新兴领域产业集聚发展基地，促进了全省产业转型升级。

为贯彻落实中央加快实施创新驱动发展和"中国制造 2025"战略部署，充分发挥新兴产业的引领带动作用，安徽省人民政府决定加快建设一批新兴产业集聚发展基地。2015 年发布了《安徽省人民政府关于加快建设战略性新兴产业集聚发展基地的意见》。文件指出到 2017 年，单个基地的产业链上下游企业总产值达到 500 亿元或 3 年（2014～2017 年）翻一番，税收累计增长不低于 50%。到 2020 年，单个基地的产业链上下游企业总产值超过 1000 亿元或 3 年（2017～2020 年）再翻一番，税收累计增长不低于 30%。通过加大建设力度，力争在若干重点领域掌握一批关键核心技术并实现产业化，建立一批具有持续创新能力的产业联盟，培育一批具有国际影响力的领军企业，打造一批安徽制造的知名品牌，形成支撑安徽经济发展新的增长极。《安徽省人民政府关于加快建设战略性新兴产业集聚发展基地的意见》提出的 6 个方面政策措施，无论是专项资金使用方向，运用产业基金支持，还是创新能力建设等，无一不体现了全面深化改革精神，以及充分发挥市场在资源配置中的决定性作用和更好发挥政府作用的要求。第一，设立专项引导资金。设立省战略性新兴产业集聚发展基地建设专项引导资金，自 2015 年起每年安排 20 亿～30 亿元，支持重大项目建设、新产品研发和关键技术产业化、重大技术装备和关键零部件及新工艺示范应用、关键共性技术研发平台和第三方检验检测平台建设等。省级其他相关专项资金优先向基地倾斜。第二，做大产业投资基金规模。通过财政注资、引进社会资本等方式，将省高新技术产业基金规模逐步扩大到 200 亿元以上。省高新技术产业基金通过参股等方式引导支持市、园区设立产业基金，对基地内符合条件的企业和重大项目予以支持。第三，强化要素保障。在地方政府债券规模中安排一定额度，支持基地所在市政府筹集资金专项用于基地公共服务项目建设。鼓励金融机构为基地建设制订系统性融资规划，合理提高综合授信额度。引导保险资金参与基地建设。支持基地符合条件的企业在境内外资本市场上市融资和发行各类债务融资工具。基地重大项目建设用地按需申报，在省级预留建设用地指标中优先安排解决。第四，优先争取国家支持。优先申报国家战略性新兴产业集聚发展试点等国家级示范基地。优先争取基地内符合条件的企业或建设项目申报国家重点产业技术与开发、重大科技专项、发行战略性新兴产业债券等各类支持。优先争取国家重大项目、重大创新平台在基地布局。第五，支持创新能力建设。省扶持高层次科技人才团队在皖创新创业等各类人才激励政策优先向基地倾斜。支持基地以龙头企业为主体，联合科研院所、上下游企业、重要用户建设各类创新平台。鼓励境内外龙头企业在基地设立地区总部和研发中心，支持基地企业在境内外兼并重组拥有核心技术、高端品牌、营销渠道的企业和科研机构。第六，创新体制机制。充分发挥企业在基地建设中的主体作用，完善以企业为主体的产业技术创新机制。深化行政审批制度改革，改进新技术新产品新商业模式准入管理。完善和落实优先使用创新产品的采购政策。提高科研人员成果转化收益比例，加大科研人员股权激励力度。支持基地推进全面创新改革试验。

3. 海南省新兴领域产业发展制度政策现状

海南省具备发展知识密集型新兴领域产业的潜在优势，国内外著名信息企业相继落户，推动了新能源、新材料、电子信息等产业的迅速壮大，为海南省低碳、高效、可持续发展打下了重要的产业基础。为了加快培育和发展海南省新兴领域产业，2015年，海南省人民政府发布实施《海南省人民政府关于加快培育和发展战略性新兴产业的实施意见》，指出到2020年，战略性新兴产业增加值占全省生产总值的比重力争达到全国平均水平，生物、新能源、新材料、新一代信息技术产业成为全省支柱产业，高端装备制造、节能环保、新能源汽车产业成为先导产业的协调发展格局初步形成。创新能力大幅提升，掌握一批关键核心技术，在局部领域达到国内外领先水平；形成一批具有国内外影响力的大企业和一批创新活力旺盛的中小企业；建成一批产业链完整、创新能力强、特色鲜明的战略性新兴产业集聚区。充分利用好海南省经济特区的政策体制优势，加大引进力度，能够较快地培育和发展好战略性新兴产业，从而提升海南省产业层次，高起点构建现代产业体系，增强经济发展的内生动力。

国家发改委2021年颁布的《中华人民共和国国民经济和社会发展第十四个五年规划和2035年远景目标纲要》中指出"坚持陆海统筹、人海和谐、合作共赢，协同推进海洋生态保护、海洋经济发展和海洋权益维护，加快建设海洋强国"。建设海洋强国是中央统筹国内国际两个大局，办好发展安全两件大事做出的重大战略部署。对拓展我国经济社会发展的战略空间，推动经济持续健康发展，推进高水平对外开放、构建新发展格局等都具有重大意义。海南省是海洋大省，管辖西南中沙群岛的岛礁及其海域，在国家海洋强国战略中具有特殊地位和作用。"十四五"时期，依托海南地理区位优势和海洋资源优势，加快培育壮大海洋经济，拓展海南经济发展蓝色空间，对服务海洋强国战略、推动海南自由贸易港建设及实现自身发展具有重要意义。根据党中央国务院对海南自由贸易港建设的系列部署要求、《海南省国民经济和社会发展第十四个五年规划和二〇三五年远景目标纲要》，海南省人民政府编制了《海南省海洋经济发展"十四五"规划（2021—2025 年)》。《海南省海洋经济发展"十四五"规划（2021—2025 年)》中明确，要培育壮大五大海洋新兴产业：①海洋信息产业。构建海洋观测监测体系；发展海洋通信导航产业；推进海洋新型基础设施建设；推进海洋大数据平台建设及应用。②海洋药物与生物制品产业。开发深海生物药物资源；培育壮大海洋生物药品与医药器械研发产业；培育壮大海洋生物制品业。③海洋可再生能源产业。稳步推进海上风能资源利用；加强海洋能综合利用；发展清洁能源产业。④海水淡化与综合利用业。提高本岛应急补充性供水能力和岛礁淡水保障能力；加快培育发展深层海水利用业；扩大海水直接利用范围；促进浓海水综合利用产业发展。⑤深海高端仪器装备关键零部件与新材料研发制造业。

7.2.2　典型区域新兴领域产业发展制度政策可推广经验

1. 完善管理方式

第一，推进简政放权、放管结合、优化服务改革。修改和废止有碍新兴领域产业发展的行政法规和规范性文件，激发市场主体活力。坚持放管结合，区分不同情况，积极探索和创新适合新技术、新产品、新业态、新模式发展的监管方式，既激发创新创造活力，又防范可能引发的风险。对于发展前景较好的新兴领域产业项目，要加强过程管理与指导，鼓励包容发展，避免管得过严过死；对潜在风险大、有可能造成严重不良社会后果的，切实加强监管；对以创新之名行非法经营之实的，坚决予以取缔。严格执行降低实体经济企业成本各项政策措施，落实中央财政科研项目资金管理相关政策措施，推进科技成果产权制度改革。全面落实深化国有企业改革各项部署，在新兴领域产业国有企业中率先进行混合所有制改革试点示范，开展混合所有制企业员工持股试点。发布新兴领域产业重点产品和服务指导目录。

第二，营造公平竞争市场环境。完善反垄断法配套规则，进一步加大反垄断和反不正当竞争执法力度，严肃查处海洋、太空、网络、生物、新能源、人工智能六大领域中的企业违法行为。建立健全工作机制，保障公平竞争审查制度有序实施，打破可再生能源发电、医疗器械、药品招标等领域的地区封锁和行业垄断，加大对地方保护和行业垄断行为的查处力度。完善信用体系，充分发挥全国信用信息共享平台和国家企业信用信息公示系统等作用，推进各类信用信息平台建设、对接和服务创新，加强信用记录在线披露和共享，为经营者提供信用信息查询、企业身份网上认证等服务。

第三，加强政策协调作用。充分发挥新兴领域产业发展部际联席会议制度作用，推动改革措施落地，加强工作沟通，避免相关政策碎片化。持续开展产业发展状况评估和前瞻性课题研究，准确定位改革发展方向。建立高层次政企对话咨询机制，在研究制定相关政策措施时积极听取企业意见。定期发布发展新经济、培育新动能、壮大新兴领域产业有关重点工作安排，统筹推进相关改革发展工作。

2. 构建产业创新体系

第一，推动深入开展大众创业、万众创新。打造众创、众包、众扶、众筹平台，依托"双创"资源集聚的区域、科研院所和创新型企业等载体，支持建设"双创"示范基地，发展专业化众创空间。依托互联网打造开放共享的创新机制和创新平台，推动企业、科研机构、高校、创客等创新主体协同创新。着力完善促进"双创"的法律和政策体系。持续强化"双创"宣传，办好全国"双创"活动周，营造全社会关注"双创"、理解"双创"、支持"双创"的良好氛围。

第二，强化公共创新体系建设。实施一批重大科技项目和重大工程，加强颠覆性技术研发和产业化。创新重大项目组织实施方式，探索实行项目决策、执行、评价、监督相对分开的组织管理机制。构建企业主导、政产学研用相结合的产业技术创新联盟，支持建设关键技术研发平台，在重点产业领域采取新机制建立一批产业创新中心。围绕重点领域创新发展需求，统筹部署国家重大科技基础设施等创新平台建设，加强设施和平台开放共享。按照科研基地优化布局统筹部署，建设一批国家技术创新中心，支撑引领新兴领域产业发展。加强相关计量测试、检验检测、认证认可、知识和数据中心等公共服务平台建设。成立新兴领域产业计量科技创新联盟，加强认证认可创新。落实和完善新兴领域产业标准化发展规划，完善标准体系，支持关键领域新技术标准应用。

第三，支持企业创新能力建设。实施国家技术创新工程，加强企业技术中心能力建设，推进创新企业百强工程，培育一批具有国际影响力的创新型领导企业，引领带动上下游产业创新能力提升。加大对科技型中小企业创新支持力度，落实研发费用加计扣除等税收优惠政策，引导企业加大研发投入。

第四，完善科技成果转移转化制度。落实相关法律法规政策，组织实施促进科技成果转移转化行动。落实科技成果转化有关改革措施，提高科研人员成果转化收益分享比例，加快建立科技成果转移转化绩效评价和年度报告制度。引导有条件的高校和科研院所建立专业化、市场化的技术转移机构，加强新兴领域产业科技成果发布，探索在新兴领域产业相关领域率先建立利用财政资金形成的科技成果限时转化制度。

3. 加大金融财税支持

第一，提高企业直接融资比重。积极支持符合条件的新兴领域产业企业上市或挂牌融资，研究推出全国股份转让系统挂牌公司向创业板转板试点，建立全国股份转让系统与区域性股权市场合作对接机制。探索推进场外证券交易市场及机构间私募产品报价与服务系统建设，支持新兴领域产业创业企业发展。大力发展创业投资和天使投资，完善鼓励创业投资企业和天使投资人投资种子期、初创期科技型企业的税收支持政策，丰富并购融资和创业投资方式。积极支持符合条件的新兴领域产业企业发行债券融资，扩大小微企业增信集合债券和中小企业集合票据发行规模，鼓励探索开发高收益债券和可转换债券等金融产品，稳步推进非金融企业债务融资工具发展。鼓励保险公司、社会保险基金和其他机构投资者合法合规参与新兴领域产业创业投资和股权投资基金。推进投贷联动试点工作。

第二，加强金融产品和服务创新。引导金融机构积极完善适应新兴领域产业特点的信贷管理和贷款评审制度。探索建立新兴领域产业投融资信息服务平台，促进银企对接。鼓励建设数字创意、软件等领域无形资产确权、评估、质押、流转体系，积极推进知识产权质押融资、股权质押融资、供应链融资、科技保险等金融产品创新。引导政策性、开发性金融机构加大对新兴领域产业的支持力度。推动发展一批为飞机、海洋工程装备、机器人等产业服务的融资租赁和金融租赁公司。加快设立国家融资担保基金，支持新兴领域产业项目融资担保工作。

第三，创新财税政策支持方式。发挥财政资金引导作用，创新方式吸引社会投资，大力支持新兴领域产业发展。充分发挥国家新兴领域产业创业投资引导基金服务创业创新的作用，完善管理规则，做好风险防控，高效开展投资运作，带动社会资本设立一批创业投资基金，加大对新兴领域产业的投入。鼓励有条件的地区设立新兴领域产业发展基金，引导社会资金设立一批新兴领域产业投资基金和国际化投资基金。积极运用 PPP 等模式，引导社会资本参与重大项目建设。

4. 加强人才培养与激励

培养产业紧缺人才。实施新兴领域产业创新领军人才行动，聚焦重点领域，依托重大项目和重大工程建设一批创新人才培养示范基地，重点扶持一批科技创新创业人才。分行业制定新兴领域产业紧缺人才目录，在国家相关人才计划中予以重点支持。根据产业发展需求，动态调整高校教学内容和课程设置，合理扩大新兴领域产业相关专业招生比例。加强新兴领域产业技术技能人才培养，推行企业新型学徒制，建立国家基本职业培训包制度，推动相关企业为职业学校新兴领域产业相关专业学生实习和教师实践提供岗位。依托专业技术人才知识更新工程，培养一大批高层次亟须紧缺人才和骨干专业技术人才，建设一批国家级继续教育基地，支持在线培训发展。鼓励科技人才向企业流动。探索事业单位科研人员在职创业和离岗创业有关政策，引导和支持事业单位科研人员按照国家有关规定到企业开展创新工作或创办企业。在新兴领域产业企业设立一批博士后科研工作站，鼓励开展产业关键核心技术研发。落实国家对科研人员的各项激励措施，鼓励企业通过股权、分红等激励方式，调动科研人员创新积极性。建立健全符合行业特点的人才使用、流动、评价、激励体系。充分利用全球人才。在充分发挥现有人才作用的基础上引进培养一批高端人才。研究优化外籍人员永久居留制度，简化外籍高层次人才申请永久居留资格程序，为其配偶和未成年子女提供居留与出入境便利。

7.3 新兴领域产业发展制度政策体系建议

7.3.1 新兴领域产业发展制度政策体系的目标

新兴领域产业代表新一轮科技革命和产业变革的方向，是培育发展新动能、获取未来竞争新优势的关键领域。国家发改委 2021 年发布的《战略性新兴产业形势判断及"十四五"发展建议》中说明，在诸多有利政策支持下，近年来我国战略性新兴产业实现快速发展，充分发挥了经济高质量发展引擎作用。同时，产业发展呈现出重点领域发展壮大、新增长点涌现、创新能级跃升、竞争实力增强等诸多特点，形成了良好的发展局面。但是，当今世界正经历百年未有之大变局，"十四五"乃至更长一段时期内，我国战略性新兴产业将面临更加严峻的内外环境，需要在产业布局优化、创新能力提升、发展环境营造、国内需求释放以及深化开放合作等方面采取更加科学有效的针对性措施，从而推动产业进一步壮大发展。

把新兴领域产业摆在经济社会发展更加突出的位置，大力构建现代产业新体系，推动经济社会持续健康发展。从国务院印发《"十三五"国家战略性新兴产业发展规划》，到国家发改委发布《战略性新兴产业重点产品和服务指导目录》，再到工信部等四部门联合印发《关于扩大战略性新兴产业投资，培育壮大新增长点增长极的指导意见》，一系列扶持政策为产业发展保驾护航。"十四五"时期是我国新兴产业发展关键期，越来越多的高新技术将进入大规模产业化、商业化应用阶段。"十四五"时期新兴产业发展应以提升产业创新能力、坚持开放融合发展为发展方向，以筑牢产业安全体系、破解产业发展"卡脖子"问题为核心任务，以集中优势资源实施重大攻关、打造世界级产业集群为主导路径。到 2030 年，新兴领域产业发展成为推动我国经济持续健康发展的主导力量，我国成为世界新兴领域产业重要的制造中心和创新中心，形成一批具有全球影响力和主导地位的创新型领军企业。以创新、壮大、引领为核心，紧密结合"中国制造2025"战略实施，坚持走创新驱动发展道路，促进一批新兴领域发展壮大并成为支柱产业，持续引领产业中高端发展和经济社会高质量发展。立足发展需要和产业基础，大幅提升产业科技含量，加快发展壮大网络经济、高端制造、生物经济、绿色低碳和数字创意等五大领域，实现向创新经济的跨越。着眼全球新一轮科技革命和产业变革的新趋势、新方向，超前布局空天海洋、信息网络、生物技术和核技术领域一批战略性产业，打造未来发展新优势。遵循新兴领域产业发展的基本规律，突出优势和特色，打造一批新兴领域产业发展策源地、集聚区和特色产业集群，形成区域增长新格局。把握推进"一带一路"建设契机，以更开放的视野高效利用全球创新资源，提升新兴领域产业国际化水平。加快推进重点领域和关键环节改革，持续完善有利于汇聚技术、资金、人才的政策措施，创造公平竞争的市场环境，全面营造适应新技术、新业态蓬勃涌现的生态环境，加快形成经济社会发展新动能。到 2035 年，我国经济实力、科技实力大幅跃升，跻身创新型国家前列的战略目标。

7.3.2　新兴领域产业发展未来环境变化预判

在诸多有利政策支持下，近年来我国新兴领域产业实现快速发展，充分发挥了经济高质量发展引擎作用。但是，当今世界正经历百年未有之大变局，"十四五"乃至更长一段时期内，我国新兴领域产业将面临更加严峻的内外环境。

第一，复杂多变的国际环境形成新挑战。当前世界经济增长持续放缓，长期处于国际金融危机后的深度调整阶段，在经济增长减速带来的各类压力持续释放的过程中，世界经济政治格局加速演变的特征更趋明显，各类动荡源和风险点显著增多。2018 年以来，随着中美贸易摩擦不断升级，美国加大了对中国新兴领域产业发展的遏制力度，抢夺技术主导权。与此同时，2020 年暴发的全球新型冠状病毒肺炎疫情，为新兴领域产业发展带来诸多挑战。我国提出的"一带一路"倡议为新兴领域产业发展带来新的机遇和空间，自 2013 年以来，我国与沿线国家的新兴领域产业国际合作不断加强，多元化投资、三方市场合作、国际产能合作稳步增长，未来将在创新合作、政策沟通与资金融通等方面继续深化。总的来说，未来新兴领域产业将面临以下几个方面挑战：一是全球产业合作格局重构，国际分工体系全面调整。当前几乎所有行业的价值链体系都开始更多地向研发和创新倾斜，要素价格在国际竞争中的重要性正在持续下降。长期以来我国新兴领域产业的发展所依托的全球化带来的技术扩散红利将显著弱化，将对我国战略性新兴产业自主创新能力的提升提出更高的要求。二是主要发达国家均极度重视新兴领域产业发展，中国需直面国际竞争。在此背景下，发达国家为维护现存的产业链优势，并保证其未来的竞争优势，必然会加大对技术转移、跨国投资等方面的规制性措施的调整力度，中国新兴领域产业发展面临的国际发展环境将会趋于不利。三是新兴领域产业国际治理体系尚不完善，未来发展的不确定性因素仍旧较多。

当前新兴领域产业的发展对于全球现存的治理体系提出了诸多挑战,在互联网平台企业的垄断认定,基因编辑等新型生物技术带来的伦理挑战,个人数据的隐私保护强度等方面,目前各国的规制规则大多落后于技术的发展,全球也缺乏统一的认定规则,不同国家的处理方式差异极大。这些规制问题将成为下一步产业发展的重大不确定因素。四是预计突发的全球新型冠状病毒肺炎疫情短期内难以结束,将给全球经济造成长期波动风险,对于我国新兴领域产业国际化发展带来直接不利影响,部分产业领域市场国外需求将受到明显冲击,被迫转向拓宽国内市场空间。

第二,国内经济发展步入转型新阶段。我国经济由高速增长阶段转向高质量发展阶段,我国正处在转变发展方式、优化经济结构、转换增长动力的攻关期。新兴领域产业在推动经济发展质量变革、效率变革、动力变革的过程中主要面临三个方面的变化:一是创新阶段的变化。长期以来我国新兴领域产业长期采用的是引进、消化、吸收、再创新的道路。例如,我国的互联网产业大量是在国外成熟技术基础上的国内应用模式创新,生物医药产业中仿制药占到绝大多数等。但是随着我国产业技术水平的不断提高,中国产业与国际产业间的技术代差在快速缩小,这就要求我国新兴领域产业的创新必须要向基础型创新、引领性创新转型,要加强前瞻性基础研究、应用基础研究,突出关键共性技术、前沿引领技术、现代工程技术和颠覆性技术创新。二是市场结构的变化。我国经济进入高质量发展阶段意味着:一方面,内需对产品和服务的质量要求相较于以往在快速提升;另一方面,内需对产品和服务的质量要求相较于国际先进的距离在快速缩小。这样的结构变化将使得像光伏组件等新兴领域产业曾经长期持续的技术、市场"两头在外"的状况不再存在。三是产业布局的变化。"十四五"时期新兴领域产业的产业布局主要需要关注两方面的变化,一方面是国家区域协调发展战略对于新兴领域产业提出了新的要求,在粤港澳大湾区、长江经济带、长江三角洲区域一体化、京津冀协同发展等国家战略中均对新兴领域产业发展提出了对应的布局要求。另一方面是新兴领域产业本身布局政策着力点的变化。随着产业规模的快速扩大,产业布局政策关注点的层级也需快速提升,不应再将大量精力投入到具体的产业项目中,而是应将重点转向区域集群的建设。通过在重点领域推动重点集群的发展实现整个产业竞争力的全面提升。

第三,新一轮科技革命带来发展新红利。当前新一轮科技革命和产业变革正处在实现重大突破的历史关口,全球科技创新进入空前密集活跃的时期,前沿技术呈现集中突破态势,多个技术群相互支撑,全面涌现的链式发展局面正在形成。众多颠覆性创新呈现几何级渗透扩散,引领新兴领域产业众多领域实现加速发展,并以革命性方式对传统产业产生全面冲击。在所有以技术创新为主要驱动力的独角兽企业中,明显具有主导驱动力,并将在下一步发展中可以起主要作用的技术群主要包括五大类：一是网络领域，即新一代信息技术，新一代信息技术成为国际竞争的重要方面。目前人工智能、大数据、云计算、VR 等领域仍旧是创新的热点，技术演进并与传统产业融合，赋予人工智能以巨大能量，催生新技术、新产品、新产业，此外量子信息、5G、物联网、区块链等新兴技术也在不断加快应用普及，5G+人工智能将开启重大产业周期。二是生物领域，即生物技术，生物产业正处于生物技术大规模产业化的起始阶段，有望逐步成为世界经济新的主导产业之一。合成生物学、基因编辑、脑科学、再生医学等技术正在从更为根本的角度解释生命的本质，并为解决人类面临的健康、环境、能源、食物等方面的挑战提供以生物技术为基础的更高效、更低廉、更环保的解决方案。三是新能源领域，即绿色技术，分布式发电、先进储能、能源互联网、高效燃料电池等技术正在推动一场能源革命，随着相关技术的不断成熟，核能、太阳能、风能、氢能等新型能源应用比例不断提升，汽车、轨道交通等领域的动力结构转型不断深化，低碳、清洁、高效的新型能源体系正在加速形成。四是人工智能领域，即先进制造技术，机器人、增材制造、数字孪生、工业互联网等技术正在全面推动制造业向智能化、服务化、绿色化转型，超材料、纳米材料、石墨烯等新材料又为制造创新提供了巨大的发展空间。新制造技术、新材料将成为新兴领域产业下一步创新发展的重要推动力。五是海洋和太空领域，即新空间开拓技术，近年来深空深海深地探测技术取得快速进展，直接带来了太空、海洋等空间的开发利用成本大幅下降，在新兴领域产业将外空、深海开发成为人类生存发展的新疆域已经成为一股热潮。

第四，美好生活需要催生发展新需求。中国特色社会主义进入新时代，我国社会主要矛盾已经转化为人民日益增长的美好生活需要和不平衡不充分的发展之间的矛盾。新时代的美好生活需要重点体现在教育、医疗健康、养老、托育、家政、文化和旅游、体育等社会服务领域需求产生了新变化，需要利用新技术以更高效率，更好质量满足新兴需求。另外，新兴需求是新兴领域产业发展的重要拉动力，随着数字技术的不断兴起，以数字文化、数字教育、数字医疗等为代表的新兴服务业在不断涌现，通过实现创新发展与跨界融合，促进社会服务数字化、网络化、智能化、多元化、协同化，更好满足美好生活需要。

7.3.3 新兴领域产业发展制度法规机制建议

1. 加强统筹规划管理

我国目前新兴领域产业的发展面临着诸如重复建设、资源浪费、产业同构及局部和整体不协调等问题，为解决这些问题必须建立完整的产业发展评价指标体系、产业发展协调机制，不断加强新兴领域产业发展的规划管理。一方面，国家通过完善战略规划和顶层设计加强对各地方新兴领域产业发展规划实施的统筹指导，落实推进新兴领域产业发展的责任主体，统筹协调政府相关职能部门，各地方积极建立新兴领域工作领导小组开展新兴领域产业规划推进相关工作，及时研究解决工作推进中存在的问题。另一方面，建立新兴领域产业发展与建设的成效评估考核和结果运用制度，建立优胜劣汰、动态调整的产业管理机制，突出奖惩激励导向。最后，加强新兴领域产业发展的对接沟通，深入推进新兴领域产业发展创新资源布局、重大项目安排、公共平台建设和试点示范。

2. 完善投资和融资机制

银行是企业发展所需资金的最主要来源，但是由于投资风险大、回收周期长等原因，从事新兴领域产业的中小企业很难从银行获得贷款。通过完善投资和融资机制，建立健全新兴领域产业发展的风险保障机制，有助于增加信贷资金的安全性，有利于促使银行向从事新兴领域产业的中小企业进行贷款。政府可以给贷款企业向银行提供担保，还可以允许这些中小企业用自己的专利、商标等无形资产作抵押进行贷款。资本市场方面，完善中小企业创业板上市机制，进一步解决这些企业的融资问题。进一步完善创业投资体系，尤其是要改进其退出机制，使更多的天使投资者和创业投资企业愿意向新兴领域产业的中小企业投资。此外，为了使这些中小企业获得所需的资金，还可以运用相关的财政、税收政策给予它们优惠待遇。

3. 健全科技创新体系

能否掌握核心技术是新兴领域产业发展壮大的关键，因此要进行制度创新，消除那些限制新兴领域产业发展的机制，建立新的能够促进技术创新，推动产业发展、提升产业核心竞争力的体制，在这一体制中，技术研发人员能够迸发出最大的活力，企业能够培育出最强的自主创新能力，科研成果能够最有效率应用于实际生产。政府应该为企业进行自主创新创造良好的环境，制定相关政策、法规，建立相应的激励机制，加大对科研的投资力度，提高科技工作者的生活水平和工作积极性。企业应该增强自主创新能力，加大对技术研发的投入，减少技术引进和模仿，掌握核心关键技术。加强产学研合作，推进企业与科研机构及高等教育机构的合作，建立实验室或研究所，提高科研成果的转化率。完善知识产权保护制度，加强对知识产权的保护，政府应该引导全社会形成知识产权保护意识，优化专利申请和审批的程序，保障专利所有者的权益，最大限度地激发科研人员这一创新主体的积极性和活力。

7.3.4　新兴领域产业发展政策措施建议

1. 制定差异化的产业政策，增强政策工具的综合效用

多年来，国家与各地方政府制定出台了许多促进新兴领域产业发展的产业扶持政策，但主要是以整体规划部署为主，缺乏针对性的分类指导。新兴领域产业共分为网络领域、生物领域、新能源领域、人工智能、海洋领域、太空领域六大领域，并且每个领域里都包含了许多细分产业，每种产业类型都具有各自的技术基础和经济特征，因此政府应该综合考虑特定产业的发展情况和存在的问题，建立和完善差异化的产业政策体系。逐步形成优势互补、各具特色、相互促进、结构合理的多行业协同发展格局。此外，产业扶持政策包括了多元化的产业政策工具，如政府补贴、研发补贴、税收优惠及贸易壁垒等方式途径。我国产业政策工具多样，但相关部门缺乏对其综合运用的能力，影响了政策工具的最终效用。因此，政府部门应该积极探索多种政策工具的融合和交叉运用，充分发挥政策工具的协同作用，最终实现以最小的代价换取最优的效果。

2. 优化企业规模结构，提升行业资本深化程度

政府应进一步促进新兴领域产业企业规模的扩大，实现规模化经营。从现有研究来看，规模较大的新兴企业在控制生产成本、提高生产效率及产品生产销售等方面都会明显优于小企业。对此，政府相关部门应该抓紧建立合理的市场进入标准，制定新兴领域产业的准入"门槛"，以此防止低效企业的进入避免产生规模不经济，通过促进生产集中的方式以达到优化产业规模结构的目的。同时，鼓励新兴企业以联合、兼并与股权转让等途径优化资源配置，通过企业低成本扩张模式来实现规模化经营，形成规模优势，以此提高产业生产率水平。资本深化有利于促进我国新兴领域产业生产率、技术效率的提升，因此，进一步提高我国新兴领域产业的资本深化程度对生产率增长具有重要意义。

3. 加强产业政策的精准性，重点扶持政策效应显著的行业与地区

新兴领域产业政策的制定应充分考虑不同行业性质和不同地区发展水平的差异，确定政策执行的先后顺序及强度。应该因地制宜，实行共同而有区别的政策，避免形成"一刀切"式的政策执行模式，减少资源浪费。从行业选择上看，产业政策的实施应重点支持国有经济比重低的新兴领域产业。政府应积极调整和优化产权结构，进一步加快新兴领域产业国企产权变革的步伐，积极引导鼓励民间资本进入新兴领域产业，充分发挥产权激励机制对企业提高生产率的内在促进作用。努力推进新兴领域产业国有企业管理创新，引入现代管理技术和方法，提升整个产业的生产率。此外，优先考虑支持竞争性的新兴领域产业，提升竞争优势。垄断性行业市场集中度相比于竞争性行业要更高，少部分的大企业拥有和支配着绝大部分的市场及资源，导致了不平衡且低效的行业资源分配，阻碍了小企业的生存和成长。而在高竞争态势的产业中，企业数量众多且常存在激烈的竞争关系，因此很难达成合谋以抵抗政府的管制，也就造成了政府的政策能更有效地在该行业中得到实施。从区域选择上看，要坚持从地区发展不平衡的现实出发，东部地区综合经济发展实力强，市场环境也较为成熟，政策实施基础好，故产业政策应先向东部地区倾斜，在投融资领域、税收优惠、财政补助等方面提高扶持力度，积极发挥其带动引领作用，并逐步辐射至中部和西部地区。

4. 加大对先进技术的研发力度，并逐步提高产业规模效率

不断完善创新体系，提升自主研发能力，加快形成以企业为主体、产学研用一体化发展的创新机制。注重提高对先进技术的利用水平，不断改善行业规模效率。研究发现产业政策造成了行业生产要素过度投入，重复建设问题突出，抑制了新兴领域产业实现规模经济性。因此，一方面政府要继续加强对新兴领域产业研发项目的资金补贴力度，支持其进行前沿技术研发和创新生产工艺流程，进而不断促进资源和生产要素利用率的提高。引导和鼓励其引入先进的国际管理制度和经营理念，提升生产经营效率，实现技术进步率和纯技术效率的进一步提升。另一方面，减少产业中低效重复建设，通过引导其调整生产规模，整合行业内部技术以此得到最优生产效率，形成规模经济。逐步改变行业中粗放型的经济发展方式，促使其生产经营模式向集约化和专业化转变，实现规模效率的有效提高，以此来助推全要素生产率的持续增长。

5. 评估政策实施效果，完善相应保障机制

现阶段，我国各地方政府响应国家号召不断颁布实施推进新兴领域产业发展的政策规划，但是在投资上出现的"潮涌现象"容易导致产能过剩。因此，在制定新兴领域产业扶持政策的这一过程中，必须注重论证政策的整体效果，通过引入独立的评估机构定期检验政策的实施绩效，以此避免地方政府间的过度竞争，确保产业政策的适当性。努力完善新兴领域产业政策保障机制，增强政策的实施效率。首先，应广泛调动企业、金融机构、研发机构、专家顾问等参与制定各项产业扶持政策，以此来确保政策是在既定约束条件和充分信息下所能做出的最优选择；其次，建立政策执行的监督管理部门，加强对各级部门关于国家产业政策执行情况的监督，构建有强约束力的干部考核制度；最后，应制定相关法律法规

保证专项政策和规划的顺利落实，对于未能实现预期效果或激励效果比较差的产业政策，政府应根据实际情况予以取消或是降低扶持力度。

6. 完善管理咨询和综合评价服务

"十四五"时期，必须把提高中小企业管理人员素质作为战略性新兴领域产业发展的当务之急。要深刻认识做好管理咨询和综合评价是企业的"软实力"和"硬任务"，坚持宏观监测和微观监测、外部诊断和自我诊断、定量分析和定性分析、动态管理和静态管理相结合，提升企业在新兴领域产业发展的管理咨询能力。对企业在新兴领域的经营发展能力、技术创新能力、投资收益能力、风险防控能力、资本增值能力和社会责任能力等方面进行综合评价，不断完善企业新兴领域产业发展的综合评价体系，使中小企业在及时发现问题和解决问题中实现持续快速健康发展。

7. 瞄准关键核心技术和重点产业进行定向突破，扩大对外开放力度

加强国内资源整合，加大优秀人才集聚，精准实施"卡脖子"攻关计划。同步加强基础研究、应用基础研究，开展关键共性技术、前沿引领技术、现代工程技术和颠覆性技术的研究，逐步缓解并最终改变在新兴领域关键技术领域受制于人的问题。进一步扩大新兴领域产业的对外开放力度，加强与世界科技强国在新兴领域产业发展中的合作与交流，深度融入新兴领域产业发展全球价值链分工体系。坚持开放、合作、共赢理念，推动实施"走出去"战略，在"一带一路"倡议框架下引导新兴领域产业的跨国合作，积极引进和借鉴国外先进技术、人才和管理经验，提升我国新兴领域产业发展能力和发展水平。

第八章　结论与展望

我国在新兴领域产业发展上迈出了坚实步伐，取得了丰硕成果，极大促进了我国经济实力及国防实力的增长。但总体来看，目前我国新兴领域产业发展还存在发展程度低、范围狭窄、速度缓慢等问题。随着全球化发展出现回潮和贸易保护主义行为频频出现，依靠科技创新而形成的新兴领域产业成为国家安全和发展利益的拓展区，是世界大国争夺战略主动权的博弈区。为适应国际竞争格局的变化，我国需全面推进多领域的新兴领域产业发展，形成具有全局性、长远性的新兴领域产业深度发展格局，是加快国民经济社会发展和产业结构优化升级必然要求，是提升我国新兴领域自主创新能力的根本途径，也是提升我国综合国力、增强我国国际竞争优势的必然选择。

本书以新兴领域产业发展为研究对象，基于文献研究法，借鉴国外发达国家经验，对比研究了国内外新兴领域产业发展现状，深入剖析了我国新兴领域产业发展困境，指出了我国新兴领域产业发展遇到的现实瓶颈与未来发展方向；通过研究我国新兴领域产业发展的战略环境及要点，明确了我国新兴领域产业发展的战略方向，同时在考察新兴领域产业发展战略与我国其他发展战略的内在联系的基础上，明确了我国新兴领域产业发展战略的特点、要求和实施路径。在研究过程中，通过案例分析，结合我国区域发展实际，对比研究了国内新兴领域产业发展典型案例，深入剖析了我国新兴领域产业结构存在的问题和发展机理上的不足，同时总结发展经验，探索完善我国新兴领域产业结构和发展机理的有效路径。结合我国新兴领域产业创新示范区的建设现状，在统筹考察我国新兴领域产业发展成效的同时，深入剖析我国新兴领域创新示范区在管理体制、运行机制及内部企业自身等方面存在的不足，提出相应的机制创新路径。最后本书梳理了我国不同时期新兴领域产业发展的政策制度体系，研究了典型区域新兴领域产业政策主要做法，总结成功经验，探索提出了促进我国新兴领域产业发展的政策制度体系建议。

新兴领域产业代表新一轮科技革命和产业变革的方向，是培育发展新动能、获取未来竞争新优势的关键领域。未来5到10年，是全球新一轮科技革命和产业变革群体迸发的关键时期。信息革命进程持续快速演进，物联网、云计算、大数据、人工智能等技术广泛渗透于经济社会各个领域，新兴领域经济繁荣程度将成为国家实力的重要标志。"十四五"时期，要把加快推进新兴领域产业发展摆在经济社会发展更加突出的位置，大力构建现代产业新体系，推动经济社会持续健康发展。因此，本书立足于我国的实际情况，有针对性地提出了促进我国新兴领域产业发展的路径与机制建议，对于推进我国新兴领域产业健康快速发展，加快我国社会经济的高质量发展和供给侧结构性改革，增强我国综合国力，提升我国国际竞争力，探索符合我国实际的新兴领域产业发展道路都具有重要的战略意义。

参 考 文 献

安虎森，朱妍. 2003. 产业集群理论及其进展[J]. 南开经济研究，（3）：31-36.

曹吉珍. 2021-01-12. 创新政府性融资担保机制为中小微企业引来更多金融"活水"[N]. 中国财经报，（2）.

陈健. 2019. 做好新兴领域科技创新政策的"加减法"[J]. 科技中国，（11）：28-30.

陈江生. 2020. 开启"十四五"：新阶段、新命题、新使命[J]. 人民论坛，（31）：19-23.

陈锦其，徐明华. 2013. 战略性新兴产业的培育机制：基于技术与市场的互动模型[J]. 科技管理研究，33（2）：97-101，108.

陈清泰. 2010. 新兴产业驱动经济发展方式转变[J]. 前线，（7）：49-52

程贵孙，乔巍然，黎倩. 2014. 我国战略性新兴产业的形成动因、机理与路径[J]. 经济体制改革，（6）：107-110.

程宇，肖文涛. 2012. 地方政府竞争背景下的战略性新兴产业选择[J]. 福建论坛（人文社会科学版），（2）：30-35.

董树功. 2013. 协同与融合：战略性新兴产业与传统产业互动发展的有效路径[J]. 现代经济探讨，（2）：71-75.

杜占元. 2010. 自主创新推动战略性新兴产业发展[J]. 中国科技产业，（4）：12.

高友才，向倩. 2010. 我国战略性新兴产业的选择与发展对策[J]. 经济管理，32（11）：21-25.

郭晓丹，何文韬，肖兴志. 2011. 战略性新兴产业的政府补贴、额外行为与研发活动变动[J]. 宏观经济研究，（11）：63-69，111.

何翔. 2012. 创新型经济视角下的高新技术产业制度建设研究[J]. 改革与战略，28（4）：139-142.

贺正楚，吴艳. 2011. 战略性新兴产业的评价与选择[J]. 科学学研究，29（5）：678-683，721.

胡振华，黎春秋，熊勇清. 2011. 基于"AHP-IE-PCA"组合赋权法的战略性新兴产业选择模型研究[J]. 科学学与科学技术管理，37（7）：104-110.

黄海霞，张治河. 2015. 中国战略性新兴产业的技术创新效率：基于 DEA-Malmquist 指数模型[J]. 技术经济，34（1）：21-27，68.

黄汉权，任继球. 2017. 新时期我国产业政策转型的依据与方向[J]. 经济纵横，（2）：27-32.

纪晶华，许正良. 2013. 发展战略性新兴产业的关键是实现自主创新[J]. 经济纵横，（1）：98-100.

贾建锋，运丽梅，单翔，等. 2011. 发展战略性新兴产业的经验与对策建议[C]. 第八届沈阳科学学术年会. 延吉.

姜大鹏，顾新. 2010. 我国新兴产业的现状分析[J]. 科技进步与对策，27（17）：65-70.

姜泽华，白艳. 2006. 产业结构升级的内涵与影响因素分析[J]. 当代经济研究，（10）：53-56.

金善女，邢会. 2005. 韩国的产业政策调整及其对我国的启示[J]. 经济论坛，（11）：4-5.

靳庆鲁，宣扬. 2019. 我国产业政策的制度发展与实证发现——基于企业财务行为视角的研究展望[J]. 财务研究，（1）：20-28.

李勃昕，惠宁. 2013. 战略性新兴产业指标体系的省际区别：新能源汽车例证[J]. 改革，（3）：45-52.

李晓华，吕铁. 2010. 战略性新兴产业的特征与政策导向研究[J]. 宏观经济研究，（9）：20-26.

林学军. 2012. 战略性新兴产业的发展与形成模式研究[J]. 中国软科学，（2）：26-34.

刘传江，李雪. 2001. 西方产业组织理论的形成与发展[J]. 经济评论，（6）：104-106，110.

刘嘉宁. 2013. 战略性新兴产业评价指标体系构建的理论思考[J]. 经济体制改革，（1）：170-174.

刘可文，车前进，王纯彬，等. 2021. 新兴产业创新网络的联系、尺度与形成机理[J]. 科学学研究，39（4）：622-631.

刘洪昌. 2011. 中国战略性新兴产业的选择原则及培育政策取向研究[J]. 科学学与科学技术管理，32（3）：87-92.

刘红玉，彭福扬，吴传胜. 2012. 战略性新兴产业的形成机理与成长路径[J]. 科技进步与对策，29（11）：46-49.

刘志彪. 2012. 战略性新兴产业的高端化：基于"链"的经济分析[J]. 产业经济研究，（3）：9-17.

陆国庆. 2011. 战略性新兴产业创新的绩效研究——基于中小板上市公司的实证分析[J]. 南京大学学报（哲学·人文科学·社会科学版），48（4）：72-80，159.

陆国庆，王舟，张春宇. 2014. 中国战略性新兴产业政府创新补贴的绩效研究[J]. 经济研究，49（7）：44-55.

牛立超. 2011. 中国经济的潜在增长率及其多维动态平衡[J]. 改革与战略，27（12）：26-28，94.

欧吉祥. 2020. 创新融资策略：公共领域的案例与特征[J]. 世界教育信息，33（10）：40-42.

彭苏萍. 2017. "十三五"能源领域新兴产业发展与培育规划战略研究[J]. 民主与科学，（5）：14-17.

乔玉婷，曾立. 2011. 战略性新兴产业军民融合式发展的模式与路径[J]. 军事经济研究，32（10）：15-18.

申俊喜. 2012. 创新产学研合作视角下我国战略性新兴产业发展对策研究[J]. 科学学与科学技术管理，33（2）：37-43.

时杰. 2010. 新兴产业发展中的政府角色[J]. 领导之友，（5）：8-9.

史良，曾立，孟斌斌，等. 2020. 新兴领域知识、技术、产业军民融合发展机理研究[J]. 公共管理学报，17（1）：74，121-131.

宋大伟. 2021. 新阶段我国战略性新兴产业发展思考[J]. 中国科学院院刊，36（3）：328-335.

涂文明. 2012. 我国战略性新兴产业区域集聚的发展路径与实践模式[J]. 现代经济探讨，（9）：54-59.

万钢. 2010. 把握全球产业调整机遇培育和发展新兴产业[J]. 求是，（1）：28-30.

汪文祥. 2011. 明晰政府战略性新兴产业投资的边界和范围[J]. 中国经贸导刊，（17）：14.

王海南，王礼恒，周志成，等. 2020. 新兴产业发展战略研究（2035）[J]. 中国工程科学，22（2）：1-8.

王雷，詹梦皎. 2014. 公共资本支出、管理层薪酬激励与战略性新兴产业技术创新[J]. 统计与决策，（22）：163-166.

王利政. 2011. 我国战略性新兴产业发展模式分析[J]. 中国科技论坛，（1）：12-15，24.

王晓阳. 2010. 集聚战略性新兴产业应成为开发区发展的主旋律[J]. 改革与开放，（11）：9-10.

王新新. 2011. 战略性新兴产业发展规律及发展对策分析研究[J]. 科学管理研究，29（4）：1-5.

王永顺，沈炯. 2012. 战略性新兴产业——成长、结构和对策[M]. 南京：东南大学出版社.

吴传清，周勇，任丽凤. 2010. 1992—2002 年中国产业集群理论研究进展：一个选择性评述[J]. 河北经贸大学学报，31（4）：34-39.

吴福象，王新新. 2011. 行业集中度、规模差异与创新绩效——基于 GVC 模式下要素集聚对战略性新兴产业创新绩效影响的实证分析[J]. 上海经济研究，（7）：69-76.

武建龙，王宏起，李力. 2014. 模块化动态背景下我国新兴产业技术创新机会、困境与突破——基于我国手机产业技术创新演变史的考察[J]. 科学学与科学技术管理，35（6）：45-57.

武瑞杰. 2012. 区域战略性新兴产业的评价与选择[J]. 科学管理研究，30（2）：42-45.

熊勇清，曾铁铮，李世才. 2012. 战略性新兴产业培育和成长环境：评价模型及应用[J]. 软科学，26（8）：55-59，64.

杨长湧. 2012. 美国支持国内技术创新政策研究[J]. 经济研究参考，（20）：43-51.

杨娟红. 2020. 政府采购扶持中小企业发展研究[J]. 合作经济与科技，（18）：172-173.

杨思辉，程璟. 2007. 贵州电力行业税收征管情况的调查[J]. 贵州财经学院学报，（4）：96-101.

杨思辉，黎明. 2011-01-06. 动用税收政策促进战略性新兴产业发展[N]. 贵州日报，（11）.

易杏花，卢现祥. 2017. 当前我国产业发展中的若干重大问题——基于制度和组织层面的视角[J]. 学习与实践，（8）：5-14.

喻登科，涂国平，陈华. 2012. 战略性新兴产业集群协同发展的路径与模式研究[J]. 科学学与科学技术管理，33（4）：114-120.

郑江淮. 2010. 理解战略性新兴产业的发展——概念、可能的市场失灵与发展定位[J]. 上海金融学院学报，（4）：5-10.

周震虹，王晓国，谌立平. 2004. 西方产业结构理论及其在我国的发展[J]. 湖南师范大学社会科学学报，（4）：96-100.

Blank S C. 2008. Insiders' views on business models used by small agricultural biotechnology firms: economic implications for the emerging global industry[J]. Agbioforum，11（2）：71-81.

Chen J C. 2015. An empirical research: the determining factors of capital structure of strategic emerging industry, based on data of listed enterprises in China[J]. Modern Economy，6（4）：458-464.

Garavelli A C，Gorgoglione M，Scozzi B. 2002. Managing knowledge transfer by knowledge technologies[J]. Technovation，22（5）：269-279.

Ostergard R L. 2000. The measurement of intellectual property rights protection[J]. Journal of International Business Studies，31（2）：349-360.

Sun R，Wu J X，Liu B J. 2014. Analysis of strategic emerging industrial policies on the level of central government in China[J]. Open Journal of Social Sciences，2（9）：76-80.

Xu D B，Wang J M. 2015. Strategic emerging industries in China: literature review and research prospect[J]. American Journal of Industrial and Business Management，7（5）：486-506.

Yao Q T，Bao L L. 2014. Analyses on the patterns and countermeasures of strategic emerging industry development of China — based on a case study of a new generation of information technology industry[J]. International Journal of Business and Social Science，5（5）：50-56.

Yu Y C，Liu Q. 2016. The effect of psychological capital and organizational support on innovational behavior and silence behavior of technical innovation personnel in strategic emerging industry[J]. American Journal of Industrial and Business Management，6（6）：732-740.